선생님이 강력 추 천하는

사회

개념 + PLUS
단원평가

5-1

개념+단원평가 와
내 교과서 비교하기

단원 찾는 방법

- 내 교과서 출판사명을 확인하고 공부할 범위의 페이지를 확인하세요.
- 다음 표에서 내 교과서의 공부할 페이지와 개념+단원평가 사회 페이지를 비교하면 됩니다.
  예를 들어 아이스크림 미디어 58~79쪽이면 개념+단원평가 40~55쪽을 공부하시면 됩니다.

Search
단원찾기

단원	개념+단원평가	아이스크림 미디어	천재교육	비상교과서	미래엔	비상교육	천재교과서	금성출판사	지학사	동아출판	교학사	김영사
1. ① 우리 국토의 위치와 영역	8~23	10~31	10~27	10~27	12~33	10~29	16~35	12~27	10~29	6~25	10~29	10~27
1. ② 우리 국토의 자연환경	24~39	32~57	28~57	28~57	34~57	30~59	36~63	28~57	30~53	26~55	30~59	28~57
1. ③ 우리 국토의 인문환경	40~55	58~79	58~79	58~79	58~79	60~79	64~83	58~79	54~75	56~79	60~79	58~81
2. ① 인권을 존중하는 삶	66~81	88~107	86~105	88~111	88~113	88~107	94~115	88~109	82~103	88~113	90~111	88~109
2. ② 법의 의미와 역할	82~95	128~149	124~139	130~149	136~155	128~145	132~149	110~125	126~147	132~153	112~129	128~147
2. ③ 헌법과 인권 보장	96~109	108~127	106~123	112~129	114~135	108~127	116~131	126~143	104~125	114~131	130~149	110~127

여러분의 꿈을 응원합니다!!!

민들레에게는
하얀 씨앗을 더 멀리 퍼뜨리고 싶은 꿈이 있고,

연어에게는
고향으로 돌아가 알알이 붉은 알을 낳고 싶은 꿈이 있습니다.

여러분도 가지각색의 아름다운 꿈을 가지고 있지요?
꿈을 향한 마음으로
좋은 결과를 얻기 위해 달려 보아요.

여러분의 아름답고 소중한 꿈을 응원합니다.

구성과 특징

교과서 종합평가

사회 11종 검정 교과서를 완벽 분석한 종합평가를 단원별로 구성하였습니다.

1. 교과서 핵심 요점

교과서 내용을 이해하기
쉽도록 사진 자료와 함께
꾸몄습니다.

2. 개념을 확인해요

교과서 개념과 관련된 주
요 내용을 간단한 문제를
통하여 확인할 수 있습니
다.

3. 개념을 다져요

꼭 알아야 할 기본 개념이나 원리
를 간단한 개념 정리와 함께 문제
로 꾸몄습니다.

4. 실력을 쌓아요,
탐구 서술형 평가

기본 개념 문제를 통해 실력을 다지고, 서술형 평가에 대비할 수 있도록 다양한 문제로 구성하였습니다.

5. 단원 평가 연습 기출 실전

여러 가지 유형의 문제를 단원별로 구성하고, 연습, 기출, 실전으로 난이도를 구분하여 학습 목표를 이룰 수 있도록 하였습니다.

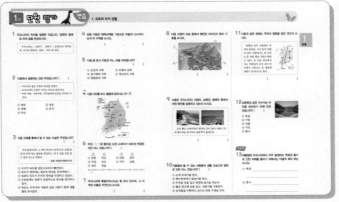

6. 100점 예상문제

핵심만 콕콕 짚어 단원별과 전체 범위로 구분하여 구성하였습니다.

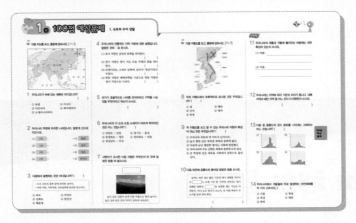

정답과 풀이

스스로 학습할 수 있도록 문제마다 자세한 풀이를 넣었으며 '더 알아볼까요' 코너를 두어 문제를 정확하고 쉽게 이해할 수 있도록 하였습니다.

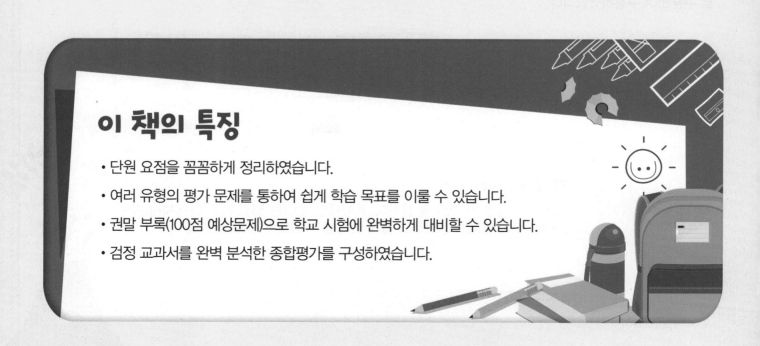

이 책의 특징

- 단원 요점을 꼼꼼하게 정리하였습니다.

- 여러 유형의 평가 문제를 통하여 쉽게 학습 목표를 이룰 수 있습니다.

- 권말 부록(100점 예상문제)으로 학교 시험에 완벽하게 대비할 수 있습니다.

- 검정 교과서를 완벽 분석한 종합평가를 구성하였습니다.

차례

5·1

5~6학년군

요점 정리
+ 단원 평가

사회 5-1

① 우리 국토의 위치와 영역 (1)

① 우리 국토의 위치

① 우리 국토의 위치 → 위도와 경도를 이용하면 지도에서 우리나라의 위치를 편리하게 알 수 있습니다.

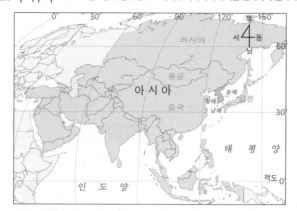

- 우리 국토 아시아 대륙의 동쪽에 위치한 반도입니다.
  └→ 육지가 바다 쪽으로 뻗어 나와 삼면이 바다이고, 한 면이 대륙에 접한 땅입니다.
- 우리나라는 북반구, 중위도에 있습니다.
- 우리나라는 북위 33°~43°, 동경 124°~132° 사이에 위치해 있습니다. **자료①**
- 우리나라의 주변에는 러시아, 몽골, 일본, 중국 등의 나라가 있습니다.
- 우리나라는 중국과 일본 사이에 있습니다.

② 우리나라 위치의 특징 **자료②** → 우리나라는 대륙과 바다로 쉽게 나아갈 수 있는 장점을 이용해 여러 나라와 교류하고 있습니다.

- 우리나라는 육지와 바다 모두 접하고 있습니다.
- 아시아 대륙과 연결되어 있어 도로나 철도를 이용해 대륙으로 나아가기
  유리합니다. └→ 아시안 하이웨이가 완공되면 자동차를 타고 넓은 아시아 대륙을 지나 유럽까지 다녀올 수 있게 될 것입니다.
- 삼면이 바다와 맞닿아 있어 해양으로 나아가기에도 좋은 위치에 있습니다.

② 우리나라의 영역

① 우리나라의 영역 → 영토는 땅, 영해는 바다, 영공은 하늘에서의 영역입니다.

영토	한반도와 한반도에 속한 여러 섬
영해	우리나라 영토 주변의 바다(영해를 설정하는 기준선으로부터 12해리까지임.) → 약 22km입니다.
영공	우리나라 영토와 영해 위에 있는 하늘

② 우리나라의 영역에는 우리 주권이 미치기 때문에 다른 나라에서 함부로
들어올 수 없습니다.

③ 우리나라 영토의 끝 → 우리나라 영토는 이야기할 때에는 북한을 포함하여 한반도 전체를 의미합니다.

동쪽 끝	서쪽 끝
경상북도 울릉군 독도 **자료③**	평안북도 용천군 마안도
남쪽 끝	북쪽 끝
제주특별자치도 서귀포시 마라도	함경북도 온성군 유원진

자료① 위선과 경선

위치를 찾기 편리하도록 지도나 지구본 위에 나타낸 가상의 선으로, 위도와 경도를 나타냅니다.

위선	가로로 그은 선으로, 위도를 나타내는 데 적도를 기준으로 북극까지를 북위, 남극까지를 남위라고 함.
경선	세로로 그은 선으로, 경도를 나타내는 데 본초 자오선을 기준으로 동쪽은 동경, 서쪽은 서경이라고 함.

자료② 우리나라 위치가 지니는 장점

- 도로나 철도를 이용해 대륙으로 이동하는 데 유리합니다.
- 러시아, 일본, 중국 등 가까운 나라에 여객선을 타고 갈 수 있습니다.
- 비행기를 타고 전 세계로 나아갈 수 있습니다.
- 바닷길을 이용해 큰 화물을 세계 여러 나라로 쉽게 운반할 수 있습니다.

자료③ 우리의 영토, 독도

- 독도는 화산 활동으로 생겨났으며 섬 전체를 천연기념물로 보호하고 있습니다.
- 영토에 따라 영해와 영공의 범위가 달라지기 때문에, 우리나라 동쪽 끝에 위치한 독도는 특별한 의미를 갖습니다.
- 독도는 수산 자원과 지하자원이 풍부하고 국토방위에 중요한 장소입니다.

우리나라의 위치

구분	우리나라의 위치
지리적 위치	아시아 대륙의 동쪽에, 북태평양의 서쪽에 위치함.
수리적 위치	북위: 33°~43° 동경: 124°~132°
관계적 위치	우리나라는 동북아시아의 지리적 요충지이며 태평양 시대의 중심 국가임.

아시안 하이웨이

▲ 아시안 하이웨이 도로 표지판

• 경부 고속 국도를 달리다 보면 '아시안 하이웨이'라는 표지판을 볼 수 있습니다.
• 아시안 하이웨이는 아시아와 유럽의 여러 나라를 연결하는 고속 국도를 뜻합니다.
• 아시안 하이웨이가 완공되면 우리나라에서 인도를 거쳐 튀르키예까지, 또는 러시아를 지나 유럽까지 자동차로 갈 수 있게 됩니다.

용어 풀이

❶ 영역 한 나라의 주권이 미치는 범위로 영토와 영해, 영공을 모두 포함함.
❷ 주권 다른 나라의 간섭 없이 나라의 중요한 일들을 스스로 결정하는 권리.

1 우리 국토는 ☐☐☐ 대륙의 동쪽에 위치하고 있습니다.

2 우리나라는 ☐☐ 33°~43°, ☐☐ 124° ~132° 사이에 위치해 있습니다.

3 우리나라는 중국과 ☐☐ 사이에 있습니다.

4 우리나라는 ☐☐이 바다와 맞닿아 있어 해양으로 나아가기에 좋습니다.

5 ☐☐☐☐☐가 완성되면 자동차를 타고 유럽까지 갈 수 있습니다.

6 우리나라의 ☐☐는 한반도와 한반도에 속한 여러 섬입니다.

7 우리나라의 ☐☐은 영토와 영해 위에 있는 하늘입니다.

8 우리나라의 영역에는 우리 ☐☐이 미치기 때문에 다른 나라에서 함부로 들어올 수 없습니다.

9 우리나라 영토의 동쪽 끝은 경상북도 울릉군 ☐ ☐입니다.

10 우리나라 영토의 남쪽 끝은 제주특별자치도 서귀포시 ☐☐☐입니다.

❶ 우리 국토의 위치와 영역 (2)

▶ 교과서 16~25쪽

❸ 우리 국토를 사랑하는 마음 표현하기

① 국토가 중요한 이유 자료 ❹

- 우리들의 삶의 터전이기 때문입니다.
- 국토가 없으면 국가도 존재할 수 없기 때문입니다.

② 우리 국토를 사랑하는 마음 표현하기 예 ┌→ 우리 국토에 관심을 갖고, 더 살기 좋은 곳이 될 수 있도록 노력합니다.

• 국토 사랑 신문 만들기	• 국토 사랑 캠페인 활동하기
• 국토 사랑 글짓기	• 국토 환경 보호하기

❹ 자연환경에 따른 우리 국토의 구분

① 남북으로 긴 우리나라는 큰 산맥과 하천을 중심으로 북부, 중부, 남부 지방으로 구분할 수 있습니다. 자료 ❺

북부 지방	지금의 북한 지역을 말함.
중부 지방	휴전선 남쪽으로 소백산맥과 금강 하류까지임.
남부 지방	중부 지방의 남쪽 지역을 의미함.

② 우리나라의 전통적인 지역 구분: 우리나라는 오래전부터 산이나 호수, 바다 등의 자연환경을 기준으로 지역을 구분했습니다. ┌→ 오늘날 행정 구역을 정하는 기초가 되었습니다.

철령관을 기준으로 서쪽 지방을 '관서', 북쪽 지방을 '관북'이라고 함.

경기만의 서쪽에 있어서 '해서'라고 함.

'경기'는 왕이 사는 도읍의 주변 지역을 뜻함.

의림지의 서쪽에 위치하고 금강(옛 이름 호강)의 서쪽에 있어서 '호서'라고 함.

금강(옛 이름 호강)의 남쪽에 있어서 '호남'이라고 함.

철령관 동쪽에 위치한 '관동' 지방은 태백산맥을 기준으로 영동 지방과 영서 지방으로 나뉨.

조령 고개의 남쪽에 있어서 '영남'이라고 함.

❺ 우리나라 행정 구역의 위치 자료 ❻

① 우리나라의 행정 구역: 북한 지역을 제외하면 특별시 1곳, 특별자치시 1곳, 광역시 6곳, 도 8곳, 특별자치도 1곳으로 이루어져 있습니다.

② 각 도의 도청 소재지 ┌→ 시청과 도청은 대부분 시·도의 중심에 위치하고 있습니다.

경기도	수원	강원도	춘천	충청북도	청주
충청남도	홍성	전라북도	전주	전라남도	무안
경상북도	안동	경상남도	창원	제주특별자치도	제주

자료 ❹ 비무장 지대

- 휴전선을 중심으로 남과 북에 각각 2km 내에 위치한 영역으로, 군인이나 무기를 원칙적으로 배치하지 않기로 한 곳입니다.
- 비무장 지대 부근에는 민간인 통제 구역이 있습니다.
- 비무장 지대 주변은 오랫동안 사람들의 발길이 닿지 않으면서 생태계가 보존되어 그 가치를 새롭게 인정받고 있습니다.

자료 ❺ 우리 국토의 구분

자료 ❻ 우리나라 행정 구역의 위치

🌵 **우리 국토를 가꾸고 지키기 위해 할 수 있는 일**
- 우리 국토를 지키느라 애쓰시는 국군에게 응원의 편지를 씁니다.
- 깨끗한 우리 국토를 만들기 위해 쓰레기를 함부로 버리지 않습니다.
- 우리 국토의 구석구석을 살펴보고, 국토에 관심을 가지고 공부합니다.

🌵 **각 도의 이름을 정한 방법**
- 지금 우리가 사용하는 행정 구역은 조선 시대 초기에 정한 행정 구역을 기본으로 하고 있습니다.
- 각 도의 명칭을 정할 때는 대부분 그 지역에서 중요한 도시의 이름을 따서 정했습니다.(예) 강원도는 강릉의 '강'자와 원주의 '원'자를 따서 지역의 명칭을 정했음.)

▲ 조선 시대의 행정 구역

용어 풀이

❸ **터전** 살림의 근거지가 되는 곳.
❹ **캠페인** 사회·정치적 목적 등을 위하여 조직적이고도 지속적으로 행하는 운동.
❺ **행정 구역** 나라를 효율적으로 관리하려고 나눈 지역.

---

1 단원

11 우리 국토는 우리들의 삶의 [ ][ ]이기 때문에 중요합니다.

12 북부 지방은 지금의 [ ][ ] 지역을 말합니다.

13 중부 지방은 휴전선 남쪽으로 [ ][ ][ ] [ ]과 [ ][ ] 하류까지입니다.

14 [ ][ ][ ]을 기준으로 서쪽 지방을 '관서', 북쪽 지방을 '관북'이라고 합니다.

15 '[ ][ ]'는 왕이 사는 도읍의 주변 지역을 뜻합니다.

16 [ ][ ][ ][ ]은 나라를 효율적으로 관리하려고 나눈 지역을 말합니다.

17 우리나라는 특별시 1곳, 특별자치시 1곳, 광역시 [ ]곳, 도 [ ]곳, 특별자치도 1곳이 있습니다.

18 '전라도'라는 이름은 [ ][ ]와 [ ][ ]의 앞 글자를 따서 명칭을 정했습니다.

19 우리나라의 특별시는 1곳이며 [ ][ ]특별시입니다.

20 충청북도의 도청은 [ ][ ]에 있습니다.

핵심 1　우리 국토의 위치

✱ 우리나라의 위치

- 아시아 대륙의 동쪽에 위치하고 있습니다.
- 북위 33°~43°, 동경 124°~132° 사이에 있습니다.
- 우리나라는 중국과 일본 사이에 있습니다.

✱ 우리나라 위치의 특징

- 육지와 바다모두 접하고 있습니다.
- 아시아 대륙과 연결되어 있습니다.
- 삼면이 바다와 맞닿아 있어 해양으로 나아가기에 좋습니다.

1 우리나라의 위치에 대한 설명으로 바르지 <u>않은</u> 것은 어느 것입니까? (　　　)

① 아시아 대륙의 동쪽에 있다.
② 러시아는 우리나라의 남쪽에 있다.
③ 우리나라는 북반구에 위치해 있다.
④ 우리나라는 중국과 일본 사이에 있다.
⑤ 우리나라의 주변에는 러시아, 몽골, 일본, 중국 등의 나라가 있다.

2 우리나라 위치의 특징에 대한 설명으로 옳은 것은 ○표, 옳지 않은 것은 ×표 하시오.

(1) 아시아 대륙과 연결되어 있다.　(　　　)
(2) 육지와 바다 모두 접하고 있다.　(　　　)
(3) 삼면이 바다와 맞닿아 있어 해양으로 나아가기에 어려운 위치이다.　(　　　)

핵심 2　우리나라의 영역

✱ 영역의 구성 요소

영토	한반도와 한반도에 속한 여러 섬
영해	우리나라 영토 주변의 바다
영공	영토와 영해 위에 있는 하늘

✱ 우리나라 영토의 끝

- 동쪽 끝: 경상북도 울릉군 독도
- 서쪽 끝: 평안북도 용천군 마안도
- 남쪽 끝: 제주특별자치도 서귀포시 마라도
- 북쪽 끝: 함경북도 온성군 유원진

3 우리나라의 영역에 대해 설명한 것입니다. 알맞게 선으로 이으시오.

(1) 영토　•　　　•㉠ 우리나라 영토 주변의 바다

(2) 영해　•　　　•㉡ 한반도와 한반도에 속한 여러 섬

(3) 영공　•　　　•㉢ 우리나라의 영토와 영해 위에 있는 하늘

4 우리나라의 동쪽 끝과 남쪽 끝은 어디인지 다음에서 찾아 기호를 쓰시오.

> ㉠ 경상북도 울릉군 독도
> ㉡ 평안북도 용천군 마안도
> ㉢ 함경북도 온성군 유원진
> ㉣ 제주특별자치도 서귀포시 마라도

(1) 동쪽 끝 (　　　　　　)

(2) 남쪽 끝 (　　　　　　)

핵심 3 자연환경에 따른 우리 국토의 구분

✽ **우리 국토의 구분**
- 북부 지방: 지금의 북한 지역을 말합니다.
- 중부 지방: 휴전선 남쪽으로 소백산맥과 금강 하류까지입니다.
- 남부 지방: 중부 지방의 남쪽 지역을 말합니다.

✽ **우리나라의 전통적인 지역 구분**

관북 지방	철령관을 기준으로 북쪽 지역을 말함.
관서 지방	철령관을 기준으로 서쪽 지역을 말함.
관동 지방	철령관 동쪽에 위치한 지역임.
해서 지방	경기해의 서쪽에 있는 지역임.
경기 지방	왕이 사는 도읍의 주변 지역임.
호서 지방	금강(옛 이름 호강)의 서쪽을 의미함.
호남 지방	금강(옛 이름 호강)의 남쪽을 의미함.
영남 지방	조령 고개의 남쪽에 위치한 지역임.

5 우리 국토를 북부, 중부, 남부의 세 지역으로 나눌 때 다음에서 설명하는 곳은 어디인지 쓰시오.

> 휴전선 남쪽으로 소백산맥과 금강 하류까지의 지역을 말한다.

(   )

6 우리나라의 전통적인 지역 구분에서 다음과 관계 깊은 곳은 어디인지 쓰시오.

> 조령 고개의 남쪽에 있어서 붙여진 이름이다.

(   )

핵심 4 우리나라의 행정 구역

- 특별시: 서울특별시
- 광역시: 부산광역시, 대구광역시, 인천광역시, 광주광역시, 대전광역시, 울산광역시
- 특별자치시: 세종특별자치시
- 도: 경기도, 강원도, 충청북도, 충청남도, 전라북도, 전라남도, 경상북도, 경상남도
- 특별자치도: 제주특별자치도

7 나라를 효율적으로 관리하려고 나눈 지역을 무엇이라고 하는지 쓰시오.

(   )

8 우리나라의 각 도와 도의 도청이 있는 곳입니다. 알맞게 선으로 이으시오.

(1) 경상남도 •   • ㉠ 전주

(2) 전라북도 •   • ㉡ 창원

(3) 강원도 •   • ㉢ 춘천

 다음 지도를 보고, 물음에 답하시오. [1~3]

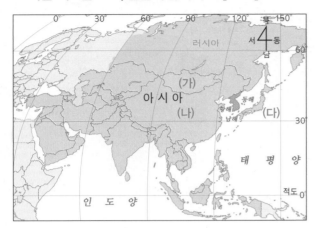

1 우리나라가 속해 있는 대륙은 어디인지 쓰시오.

(   )

2 우리나라의 주변에 위치하고 있는 (가)~(다) 나라는 어디인지 쓰시오.

(가): (   )
(나): (   )
(다): (   )

3 위 지도를 보고 우리나라의 위치를 말한 것입니다. ㉠, ㉡에 들어갈 말이 바르게 짝지어진 것은 어느 것입니까? (   )

우리 국토는 ㉠ 의 ㉡ 에 위치해 있다.

	㉠	㉡		㉠	㉡
①	남반구	저위도	②	남반구	중위도
③	남반구	고위도	④	북반구	중위도
⑤	북반구	고위도			

4 우리나라의 위치가 갖는 특징으로 알맞지 않은 것은 어느 것입니까? (   )

① 대륙으로도 바다로도 나아가기 쉽다.
② 주변의 가까운 나라에 여객선을 타고 갈 수 있다.
③ 도로나 철도를 이용해 대륙으로 나아가기 유리하다.
④ 삼면이 바다로 막혀 있어서 다른 나라의 도시로 가기에 불편하다.
⑤ 바닷길을 이용해 큰 화물을 세계 여러 나라로 쉽게 운반할 수 있다.

5 한 나라의 주권이 미치는 범위를 영역이라고 합니다. 영역을 이루는 세 가지 요소는 무엇인지 쓰시오.

(   )

6 우리나라 영해에 대한 설명으로 알맞지 않은 것은 어느 것입니까? (   )

① 국토방위를 위해 중요하다.
② 우리 영토 주변 바다의 영역이다.
③ 우리나라의 주권이 미치는 곳이다.
④ 기준선으로부터 12해리에 해당한다.
⑤ 허가를 받지 않고 다른 나라의 배들이 자유롭게 오갈 수 있는 곳이다.

7 영공의 범위를 가장 바르게 이야기한 친구는 누구인지 쓰시오.

• 상우: 영토와 영해 위에 있는 하늘이야. • 동현: 영토와 영해를 합친 공간을 의미해. • 서린: 영해를 제외한 영토 위에 있는 하늘이야.

(   )

다음 지도를 보고, 물음에 답하시오. [8~9]

8 위 지도에 ■로 표시된 지역을 무엇이라고 하는지 쓰시오.

( )

9 위 지도에 표시된 지역에 대한 설명입니다. 빈칸에 들어갈 알맞은 말을 쓰시오.

> 오랫동안 사람들의 발길이 닿지 않으면서 [   ] 가 보존되어 그 가치를 새롭게 인정받고 있다.

( )

10 오른쪽 섬에 대해 잘못 말한 것은 어느 것입니까?
( )

① 우리나라의 독립과 주권의 상징이다.
② 일본과 영유권 분쟁으로 해마다 군사적인 충돌이 일어나고 있다.
③ 화산 활동으로 생겨났으며 섬 전체가 천연기념물로 보호하고 있다.
④ 우리나라 영토의 동쪽 끝에 위치해 있어 국토방위에 중요한 장소이다.
⑤ 근처 바다는 한류와 난류가 만나는 곳으로 좋은 어장을 이루고 있어 수산 자원이 풍부하다.

11 우리 국토를 가꾸고 지키기 위해 우리들이 할 수 있는 일은 무엇인지 쓰시오.

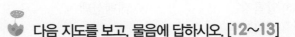

다음 지도를 보고, 물음에 답하시오. [12~13]

중요

12 우리나라를 북부 지방과 중부 지방으로 나누는 기준이 되는 것은 무엇입니까? ( )

① 한강
② 휴전선
③ 낙동강
④ 태백산맥
⑤ 소백산맥

13 위 지도를 보고 남부 지방에 대해 가장 바르게 설명한 것은 어느 것입니까? ( )

① 전라도 일대 지역
② 경상도 일대 지역
③ 제주도의 남쪽 지역
④ 중부 지방의 남쪽 지역
⑤ 북한 지역을 제외한 남한 지역

14 우리나라의 전통적인 지역 구분을 조사한 내용입니다. 빈칸에 들어갈 말은 무엇입니까? (   )

> ☐을 기준으로 서쪽 지방을 '관서', 북쪽 지방을 '관북'이라고 한다.

① 철령관
② 대동강
③ 압록강
④ 태백산맥
⑤ 개마고원

 서술형

15 우리나라의 지역 중 경기 지방이 의미하는 것은 무엇인지 쓰시오.

_____

중요

16 오른쪽과 같이 행정 구역을 정한 까닭은 무엇 때문입니까? (   )

① 인구 수를 늘리기 위해서
② 나라를 효율적으로 관리하기 위해서
③ 지역의 특색을 더욱 더 잘 살리기 위해서
④ 각 행정 구역을 나라로 독립시키기 위해서
⑤ 지역 간의 경쟁을 통해 나라를 발전시키기 위해서

17 우리나라의 특별자치시는 몇 곳이고, 그 명칭은 무엇인지 쓰시오.

(   )

🌸 다음 지도를 보고, 물음에 답하시오. [18~19]

18 위 지도의 (가)~(마)의 행정 구역 중에서 성격이 다른 하나는 무엇입니까? (   )

① (가)
② (나)
③ (다)
④ (라)
⑤ (마)

중요

19 경상남도의 도청이 있는 곳으로, 위 지도의 ㉠에 들어갈 도시는 어디입니까? (   )

① 밀양
② 창원
③ 김해
④ 거창
⑤ 의령

20 조선 시대에 각 도의 명칭을 정할 때는 대부분 그 지역에서 중요한 도시의 이름을 따서 정했습니다. 다음 지역의 명칭과 관계 있는 도시를 두 군데씩 쓰시오.

(1) 함경도 (   )

(2) 충청도 (   )

(3) 전라도 (   )

(4) 경상도 (   )

1 우리나라는 아시아 대륙의 어느 쪽에 위치하고 있습니까? ( )

① 동쪽 　　　　② 서쪽
③ 남쪽 　　　　④ 북쪽
⑤ 중앙

2 우리 주변에 있는 나라 중에서 육지에만 접한 나라는 어디입니까? ( )

① 일본 　　　　② 몽골
③ 중국 　　　　④ 러시아
⑤ 우즈베키스탄

3 우리나라의 위치를 위도와 경도를 이용하여 나타낸 것입니다. ㉠, ㉡에 들어갈 알맞은 말을 쓰시오.

> 우리 국토는 북위 ㉠ , 동경 ㉡ 사이에 위치해 있다.

㉠: (　　　　　　) ㉡: (　　　　　　)

4 우리나라의 위치에 대해 바르게 말한 친구는 누구입니까? ( )

① **현미**: 우리나라는 사방이 바다로 둘러싸여 있어.
② **은주**: 우리나라는 몽골과 국경선에 맞닿아 있어.
③ **상태**: 이웃나라 일본을 가려면 철도를 이용하는 것이 편해.
④ **민중**: 삼면이 바다로 둘러싸인 우리나라를 반도 국가라고 해.
⑤ **성주**: 러시아가 우리나라의 남쪽에 있어서 바닷길을 이용하기에 불편해.

5 아시안 하이웨이에 대한 설명으로 알맞지 않은 것은 어느 것입니까? ( )

① 경부 고속 국도도 아시안 하이웨이에 속해 있다.
② 아시아와 유럽의 여러 나라를 연결하는 고속 국도이다.
③ 아시아의 주요 공항을 무료로 이용할 수 있는 비행기 표이다.
④ 아시안 하이웨이를 이용하면 자동차를 타고 러시아를 거쳐 유럽 여행을 할 수 있다.
⑤ 아시안 하이웨이가 완공되면 아시아 지역의 인적 물적 교류에 많은 도움을 줄 것이다.

6 다른 나라의 간섭 없이 나라의 중요한 일들을 스스로 결정하는 권리를 무엇이라고 합니까? ( )

① 인권 　　　　② 자유
③ 주권 　　　　④ 참정권
⑤ 청원권

7 한 나라의 영역을 구성하는 요소를 그림으로 나타낸 것입니다. 해당하는 것을 보기 에서 골라 빈 곳에 써 넣으시오.

> 보기
>
> 영토 　　　　영해 　　　　영공

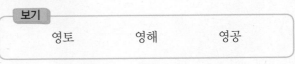

8 우리나라의 영토에 대해 바르게 말한 친구는 누구인지 쓰시오.

> • **상현**: 섬을 제외한 한반도 부분이야.
> • **미선**: 한반도와 한반도에 속한 여러 섬이야.
> • **기주**: 한반도와 독도를 제외한 모든 섬이야.

(   )

9 우리나라의 영공에 대한 설명으로 바르지 <u>않은</u> 것은 어느 것입니까? (   )

① 우리나라 영공에는 아무 비행기나 들어올 수 없다.
② 우리나라의 영공은 국토방위와 항공 교통에 중요한 곳이다.
③ 우리나라의 영공은 우리나라의 영토와 영해 위에 있는 하늘이다.
④ 다른 나라의 비행기가 우리나라의 영공을 통과하려면 허가를 받아야 한다.
⑤ 대기권 바깥도 우리 영공이기 때문에 다른 나라의 인공위성이 허가 없이 지나다니지 못한다.

10 우리나라 영토의 남쪽 끝은 어디인지 쓰시오.

(   )

11 우리나라의 영역이 갖는 의미를 바르게 말한 것에 ○표 하시오.

(1) 우리가 사는 삶의 터전이다. (   )
(2) 우리나라 영역 안에서 우리나라 사람들은 자유롭게 살 수 있다. (   )
(3) 다른 나라 사람들이나 군대가 자유롭게 들어올 수 있는 평화 지역이다. (   )

※ 다음 글을 읽고, 물음에 답하시오. [12~13]

> <u>이곳</u>은 휴전선을 중심으로 남과 북에 각각 2km 내에 위치한 영역으로, 군인이나 무기를 원칙적으로 배치하지 않기로 한 곳이다. 부근에는 민간인 통제 구역이 있다.
> 이곳 주변은 오랫동안 사람들의 발길이 닿지 않으면서 생태계가 보존되어 그 가치를 새롭게 인정받고 있다.

12 위 글의 밑줄 친 '이곳'이 가리키는 지역은 어디인지 쓰시오.

(   )

13 위 **12**번 답의 가치를 알맞게 말한 친구는 누구인지 이름을 쓰시오.

(   )

14 다음 자료가 갖는 의미는 무엇인지 쓰시오.

> "우산과 무릉 두 섬이 현의 정동쪽 바다 가운데에 있고 서로 간 거리가 멀지 않아 서로 왕래할 수 있으며 청명한 날에는 가히 바라볼 수 있다. 신라 시대에는 우산국이라 불렀으며, 울릉도라고도 했다."
> 『세종실록지리지(1454년)』

_____

_____

15 다음에서 설명하는 지역은 북부, 중부, 남부 지방 중 어디인지 쓰시오.

(1) 지금의 북한 지역　　　(　　　　　)
(2) 중부 지방의 남쪽 지역　(　　　　　)
(3) 휴전선 남쪽으로 소백산맥과 금강 하류까지의 지역　　　　　　　　(　　　　　)

16 다음 세 지방을 구분하는 기준이 되는 것은 무엇입니까? (　　　)

・관북 지방　　　・관서 지방　　　・관동 지방

① 조령
② 금강
③ 철령관
④ 휴전선
⑤ 태백산맥

다음 지도를 보고, 물음에 답하시오. [17~18]

17 위의 지도는 우리 국토를 무엇을 기준으로 구분하고 있는지 쓰시오.

(　　　　　　　　　)

18 앞의 지도에서 울릉도와 독도가 속해 있는 행정 구역은 어디입니까? (　　　)

① 경기도
② 강원도
③ 경상남도
④ 경상북도
⑤ 울산광역시

중요

19 다음 도의 도청이 위치한 곳이 바르게 정리된 것은 어느 것입니까? (　　　)

	㉠	㉡	㉢	㉣	㉤
①	안동	수원	무안	청주	홍성
②	수원	안동	무안	청주	홍성
③	홍성	무안	안동	청주	수원
④	청주	수원	무안	안동	홍성
⑤	무안	안동	청주	수원	홍성

20 우리나라의 행정 구역을 조사하여 정리한 것입니다. 빈 곳에 알맞은 말을 써 넣어 완성하시오.

특별시	(1)
특별자치시	(2)
광역시	부산광역시, 대구광역시, 인천광역시, 광주 광역시, 대전광역시, 울산광역시
특별자치도	(3)

1 다음 지도를 보고, 물음에 답하시오.

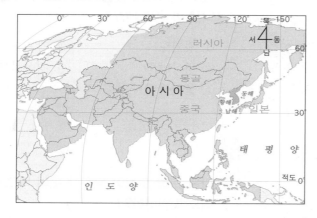

(1) 우리나라는 어느 대륙에 속해 있고 주변에는 어떤 나라들이 위치해 있는지 쓰시오.

① 속한 대륙: (   )

② 주변 나라: (   )

(2) 위의 지도를 보고, 알 수 있는 우리나라 위치의 특징은 무엇인지 쓰시오.

_____

_____

관련 핵심 개념

우리 국토의 위치

우리나라는 아시아 대륙에 위치하며, 북반구 중에서도 중위도에 위치해 있습니다.

2 오른쪽 지구본을 보고, 물음에 답하시오.

(1) 다음에서 설명하고 있는 것은 무엇인지 지구본에서 찾아 쓰시오.

> 지구본에 가로로 그은 선으로, 위도를 나타낸다. 적도를 기준으로 북극까지를 북위, 남극까지를 남위라고 한다.

(   )

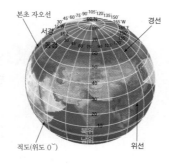

(2) 위의 지구본를 볼 때 위선과 경선을 이용하면 어떤 점이 좋은지 쓰시오.

_____

_____

관련 핵심 개념

우리나라의 수리적 위치

수리적 위치는 위도와 경도를 사용하여 나타내는 위치로, 우리 국토는 북위 33°~43°, 동경 124°~132° 사이에 위치해 있습니다.

3 한 나라의 영역을 나타낸 다음 그림을 보고, 물음에 답하시오.

(1) 한 나라의 영역은 영토, 영해, 영공으로 이루어집니다. 해당되는 것을 위 그림에서 찾아 기호를 쓰시오.

영토	영해	영공

(2) 우리나라의 영토, 영해, 영공의 범위는 어디까지인지 쓰시오.

① 영토: _____

② 영해: _____

③ 영공: _____

4 오른쪽 지도를 보고, 물음에 답하시오.

(1) 오른쪽 지도는 자연환경에 따라 우리나라를 어떻게 구분했는지 쓰시오.

_____

_____

(2) 위 지도를 보고, 중부 지방은 어느 지역을 말하는지 쓰시오.

_____

관련 핵심 개념

우리나라의 영역

한 나라의 주권이 미치는 범위를 그 나라의 영역이라고 합니다. 영역은 땅의 범위, 바다의 범위, 하늘의 범위로 이루어져 있습니다.

관련 핵심 개념

우리나라의 지역 구분

• 지역 구분은 대체로 큰 산맥이나 강 등 자연환경을 기준으로 구분하고 있습니다. 이러한 방식의 지역 구분은 오늘날 행정 구역을 정하는 기초가 되었습니다.

• 북부 지방은 멸악산맥을 기준으로 그 이북을 말하였지만 오늘날에는 휴전선이 경계의 기준이 됩니다.

탐구 서술형 평가 2회

1 우리나라의 위치를 나타낸 다음 그림을 보고, 물음에 답하시오.

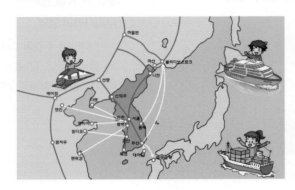

(1) 위 그림을 보고, 우리나라 위치의 특징은 무엇인지 쓰시오

_____

(2) 위와 같은 우리나라의 위치가 갖는 장점은 무엇인지 쓰시오.

_____

_____

관련 핵심 개념

우리나라 위치의 특징

　우리나라는 삼면이 바다로 둘러싸여 있는 반도입니다. 이러한 지리적 장점을 활용하여 세계 여러 나라와 교류하며 세계로 나아가고 있습니다.

2 다음 신문 기사를 읽고, 물음에 답하시오.

□□신문	20△△년 △△월 △△일

　우리 국토의 동쪽 끝에 위치한 독도는 우리나라 사람들이 살고 있는 삶의 터전이다. 독도는 화산 활동으로 생겨났으며 우리나라는 섬 전체를 천연기념물로 보호하고 있다. 독도는 수산 자원과 지하자원이 풍부하며 국토방위에 중요한 장소이다. 우리나라 사람들은 독도에 직접 방문하거나 독도 관련 행사에 참여하는 등 다양한 방법으로 독도 사랑을 실천하고 있다.

(1) 위 신문 기사의 빈 곳에 들어갈 알맞은 제목을 쓰시오.

(　　　　　　　　　　)

(2) 위 신문 기사를 참고하여, 우리나라 사람들은 독도 사랑을 실천하려고 어떤 노력을 하고 있는지 쓰시오.

_____

_____

관련 핵심 개념

독도의 가치

• 독도는 2개의 큰 섬과 89개의 작은 섬으로 이루어져 있습니다.

• 독도에는 괭이갈매기, 사철나무 등의 다양한 동식물이 살고 있습니다.

• 독도 근처의 바다는 한류와 난류가 만나는 곳으로 좋은 어장을 이루고 있어 수산 자원이 풍부합니다.

3 우리나라의 전통적인 지역 구분을 나타낸 다음 지도를 보고, 물음에 답하시오.

관련 핵심 개념

전통적인 지역 구분

대체로 큰 산맥이나 강 등 자연환경을 기준으로 지역을 구분하고 있습니다. 이러한 방식의 지역 구분은 오늘날 행정 구역을 정하는 기초가 되었습니다.

(1) 위 지도에서 관북 지방, 관서 지방, 관동 지방을 구분하는 기준은 무엇인지 찾아 쓰시오.

(   )

(2) 위 지도의 호남 지방, 영남 지방, 해서 지방의 명칭이 붙여진 까닭은 무엇인지 쓰시오.

① 호남 지방: _____

_____

② 영남 지방: _____

_____

③ 해서 지방: _____

_____

(3) 위 지도를 보고, 우리 조상들은 지역 구분을 할 때 무엇을 기준으로 하였는지 쓰시오.

_____

_____

❷ 우리 국토의 자연환경 (1)

▶ 교과서 26~38쪽

1 다양한 지형
•━바다로 둘러싸인 땅을 섬이라고 하며 우리나라에는 약 3,300여 개의 섬이 있습니다.

산지		• 높이 솟은 산들이 모여 이룬 지형 • 땅의 높이가 높은 곳과 낮은 곳의 차이가 큼.
해안		• 바다와 맞닿은 육지 부분 • 갯벌이 나타나거나 모래사장이 있는 곳도 있음.
평야 ❶		• 하천 주변의 넓고 평탄한 땅 • 농사짓기가 좋아서 사람들이 많이 모여 살고 있음.
하천 자료 ❶		• 빗물과 지하수가 낮은 곳으로 흘러가면서 만드는 크고 작은 물줄기 ❷ • 작은 물줄기가 내려오면서 넓은 강을 이룸.

2 우리나라 산지, 하천, 평야, 해안의 특징 　자료 ❷

① 우리나라는 국토의 약 70%가 산지입니다.

② 높고 험한 산은 대부분 북쪽에 많고, 비교적 낮은 평야는 서쪽에 발달했습니다.

③ 큰 하천은 대부분 동쪽에서 서쪽으로 흘러갑니다. ┌•물은 높은 곳에서 낮은 곳으로 흘러갑니다.

④ 하천 주변의 평야에는 농사지을 땅이 넓게 나타나며 사람이 많이 모여 사는 도시가 발달했습니다.

⑤ 다양한 <u>지형을 이용하는 모습</u> ┌•평지에는 옛날부터 많은 사람들이 모여들어 큰 도시들이 발달했습니다.

• 여가 생활을 즐길 수 있도록 높은 산지에 스키장과 휴양시설을 만듭니다.

• 하천 상류에 다목적 댐을 건설해 홍수를 방지하고 전기를 생산합니다.

• 하천 중·하류 주변 평야에서는 논농사를 많이 짓습니다.

⑥ <u>우리나라의 해안선</u> 살펴보기 ┌•동해안이 서해안, 남해안보다 단순해 보입니다.

서해안	해안선이 복잡하다. →밀물과 썰물의 차이가 커서 갯벌이 발달했습니다.
동해안	해안선이 단조롭다. →모래사장이 넓어 해수욕장이 많습니다.
남해안	해안선이 복잡하고 섬이 많다. →양식업이 발달했습니다.

3 우리나라의 기후
┌•날씨는 짧은 기간의 대기 상태를 말하고, 기후는 오랜 기간 한 지역에 나타나는 평균적인 대기 상태를 말합니다.

① 우리나라는 사계절이 나타나며 계절별로 기온의 차이가 큽니다. 　자료 ❸

② 여름에는 덥고 비가 많이 오며, 겨울에는 춥고 눈이 내립니다.

③ 여름에는 남동쪽에서 덥고 습한 바람이 많이 불어오고, 겨울에는 북서쪽에서 차갑고 건조한 바람이 불어옵니다.

자료 ❶ 하천의 의미

• '하'는 큰 강, '천'은 작은 강을 뜻합니다. 즉, 하천은 크고 작은 강을 모두 포함하는 말입니다.

• 보통 바다로 흘러드는 물길을 '강'이라고 하고, 강으로 흘러드는 지류를 '천'이라고 합니다. 청계천, 중랑천, 안양천 등의 작은 지류가 한강으로 흘러들고 있으며 한강은 황해 바다로 흘러갑니다.

자료 ❷ 우리나라의 지형도

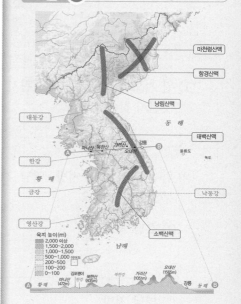

자료 ❸ 계절별 기후 특징

봄	온화한 날씨, 꽃샘추위, 황사
여름	장마철과 한여름으로 구분, 집중 호우, 열대야 현상
가을	청명한 하늘, 가을비
겨울	눈, 한파, 삼한사온

우리나라 땅 모형 만들기

① 교과서 활동 자료 ❹를 뜯어 준비합니다.
② 사회과 부도 56쪽을 보며 땅의 높낮이를 확인합니다.
③ 주요 산맥에는 밤색 점토를 붙입니다.
④ 주요 하천은 사인펜으로 따라 그립니다.

해안 지역과 사람들의 생활 모습

▲ 동해안의 해수욕장

- 동해안에는 모래사장이 펼쳐진 곳이 많아 여름에는 해수욕을 즐기려고 관광객이 몰려듭니다.
- 서해안은 밀물과 썰물의 차가 커서 갯벌이 발달했습니다.
- 남해안은 물이 깨끗하고 파도가 잔잔해 김, 조개류 등의 양식업이 발달했습니다.
- 해안 지역은 배를 이용하여 다른 곳으로 이동하기 편리해 일찍이 항구 도시나 공업 도시가 발달했습니다.

용어 풀이

❶ 평야 지형의 높고 낮음이 매우 작고, 땅의 표면이 평평하고 너른 들.

❷ 지하수 땅속의 흙이나 암석 등의 빈틈에 차 있는 물.

❸ 다목적 댐 수력 발전, 홍수 조절, 농업용이나 공업용 물의 공급, 상수원 등의 여러 목적을 겸하기 위해 만든 댐.

1 바다와 맞닿아 있는 육지 부분을 □□이라고 합니다.

2 우리나라는 국토의 약 70%가 □□입니다.

3 높고 험한 산은 대부분 □□에 많고, 비교적 낮고 평탄한 평야는 □□에 발달했습니다.

4 하천 주변의 □□에서는 논농사를 많이 짓습니다.

5 □□□은 해안선이 복잡하고 섬이 많습니다.

6 서해안은 밀물과 썰물의 차가 커서 □□이 발달하였습니다.

7 우리나라 □□□에는 모래사장이 펼쳐진 곳이 많아 해수욕을 즐기려고 관광객이 몰려듭니다.

8 남해안은 물이 깨끗하고 파도가 잔잔하여 김, 조개류 등의 □□□이 발달했습니다.

9 □□는 오랜 기간 한 지역에 나타나는 평균적인 대기 상태를 말합니다.

10 우리나라는 여름에 □□□에서 덥고 습한 바람이 많이 불어옵니다.

❷ 우리 국토의 자연환경 (2)

④ 우리나라 기온의 특징 자료 ④

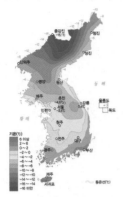

▲ 우리나라의 1월 평균 기온

▲ 우리나라의 8월 평균 기온

① 대체로 남쪽으로 갈수록 기온이 높아져 더 따뜻하고, 북쪽으로 갈수록 기온이 낮아져 더 춥습니다. → 우리나라는 남북으로 길게 뻗어 남쪽 지방과 북쪽 지방의 기온 차이가 큽니다.

② 동해안의 겨울 기온은 서해안보다 높은 편입니다. → 차가운 북서풍을 막아주는 태백산맥과 수심이 깊은 동해의 영향 때문입니다.

③ 대체로 해안 지역이 내륙 지역보다 겨울에 더 따뜻합니다.

⑤ 우리나라 강수량의 특징 → 우리나라의 연평균 강수량은 1,300mm 정도로 세계 평균인 880mm보다 많습니다.

① 우리나라는 연평균 강수량의 절반 이상이 여름에 집중됩니다. 자료 ⑤

② 대체로 남부 지방은 강수량이 많고, 북부 지방은 강수량이 적습니다.

③ 연평균 강수량이 1,300㎜ 이상인 지역은 제주도와 남해안 지역입니다.

④ 제주도와 영동 지방, 울릉도 등의 지역은 비나 눈이 많이 내려서 겨울에 강수량이 많은 편입니다.

⑥ 우리나라의 자연재해 → 봄에는 황사와 가뭄, 여름에는 폭염과 홍수, 겨울에는 폭설과 한파가 자주 발생합니다.

황사	사막에서 발생한 미세한 모래 먼지가 날아와 가라앉는 현상
가뭄	오랫동안 비가 오지 않거나 적게 오는 기간이 지속되는 현상
폭염	하루 최고 기온이 33℃ 이상 올라가는 매우 심한 더위
홍수	비가 많이 내려 하천이 흘러넘쳐 주변이 물에 잠기는 재해
태풍	이동하는 동안 많은 비가 내리고 강한 바람이 불어 큰 피해를 줌.
폭설	한꺼번에 눈이 많이 내리는 현상
한파	겨울철에 기온이 갑자기 내려가면서 발생하는 추위
지진	땅이 지구 내부의 힘을 받아 흔들리고 갈라지는 현상

⑦ 자연재해의 피해를 줄이기 위한 노력 자료 ⑥

① 행정 안전부와 기상청은 자연재해가 예상될 때 기상 특보를 발령해 국민이 대처하게 해 줍니다.

② 기상 특보는 휴대 전화의 긴급 재난 문자, 방송 매체, 행정 안전부나 기상청 누리집, 스마트폰 응용 프로그램 등에서 확인할 수 있습니다.

자료 ④ 기후도

• 기후가 지역에 따라서 어떻게 분포되어 있는지를 나타내려고 만든 지도입니다.

• 기온의 경우는 등온선으로 나타내는데 등온선은 지도상에서 온도가 같은 곳을 연결한 것입니다.

자료 ⑤ 우리나라의 강수량

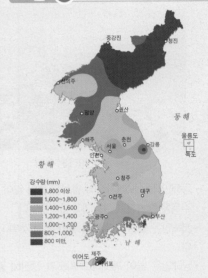

▲ 우리나라의 연평균 강수량

자료 ⑥ 지진 발생 시 행동 요령

• 집 안에 있을 때
 − 탁자 아래로 들어가 몸을 보호합니다.
 − 흔들림이 멈추면 전기와 가스를 차단하고 문을 열어 출구를 확보합니다.

• 등교나 하교 중일 때
 − 가방이나 손으로 머리를 보호합니다.
 − 건물과 떨어진 운동장이나 공원 같은 넓은 공간으로 대피합니다.

• 승강기(엘리베이터)에 있을 때
 − 모든 층의 단추를 눌러 가장 먼저 열리는 층에서 내립니다.
 − 계단을 이용해 건물 밖으로 신속하게 대피합니다.

기온의 차이에 따른 사람들의 생활 모습

▲ 모시옷

▲ 누비옷

• 더운 여름에는 바람이 잘 통하는 시원한 옷감으로 옷(모시옷)을 만들어 입었고, 겨울에는 솜을 넣어 누빈 두꺼운 옷(누비옷)으로 몸을 따뜻하게 했습니다.

• 기온이 높아 음식이 쉽게 상하는 남쪽 지방에는 소금과 젓갈이 많이 들어간 음식이 발달했고, 북쪽 지방에서는 싱거운 음식이 발달했습니다.

• 조상들은 여름에는 시원한 대청에서 더위를 피하고, 겨울에는 온돌로 난방을 했습니다.

강수량과 관련된 독특한 생활 모습

▲ 설피

• 여름철에 비가 많이 내리는 지역에서는 집터를 주변보다 높여서 터돋움집을 지었습니다.

• 눈이 많이 내리는 울릉도에서는 눈이 집으로 들어오는 것을 막기 위해 우데기라는 외벽을 설치했습니다.

• 눈이 많이 내리는 지역에서는 눈에 빠지거나 미끄러지지 않도록 설피를 신기도 했습니다.

용어 풀이

❹ 강수량 비, 눈, 우박, 안개 따위로 일정 기간 동안 일정한 곳에 내린 물의 총량. 단위는 mm임.

❺ 재해 재앙으로 말미암아 받는 피해. 지진, 태풍, 홍수, 가뭄, 해일, 화재, 전염병 따위에 의하여 받게 되는 피해를 말함.

❻ 특보 특별히 보도함. 또는 그런 보도.

11 우리나라는 ☐☐으로 갈수록 기온이 높아지고 ☐☐으로 갈수록 기온이 낮아집니다.

12 대체로 ☐☐ 지역이 내륙 지역보다 겨울에 더 따뜻합니다.

13 겨울에는 솜을 넣어 누빈 두꺼운 ☐☐☐으로 몸을 따뜻하게 했습니다.

14 우리나라는 계절에 따른 강수량의 차이가 커서 연평균 강수량의 절반 이상이 ☐☐에 집중됩니다.

15 눈이 많이 내리는 울릉도의 집에는 ☐☐☐라는 외벽을 설치했습니다.

16 ☐☐는 사막에서 발생한 미세 모래 먼지가 우리나라까지 날아와 가라앉는 현상입니다.

17 하루 최고 기온이 33℃ 이상 올라가는 매우 심한 더위를 ☐☐이라고 합니다.

18 ☐☐는 겨울철에 기온이 갑자기 내려가면서 발생하는 추위입니다.

19 집 안에 있을 때 지진이 발생하면 ☐☐ 아래로 들어가 몸을 보호합니다.

20 행정 안전부와 기상청에서는 자연재해가 예상될 때 기상 ☐☐를 발령합니다.

핵심 **1**   우리나라의 지형

❋ **우리나라 산지, 하천, 평야, 해안의 특징**
- 우리나라는 국토의 약 70%가 산지입니다.
- 높고 험한 산은 대부분 북쪽에 많고, 비교적 낮은 평야는 서쪽에 발달했습니다.
- 큰 하천은 대부분 동쪽에서 서쪽으로 흘러갑니다.
- 하천 주변의 평야에는 농사지을 땅이 넓게 나타나며 사람이 많이 모여 사는 도시가 발달했습니다.

❋ **서해안, 동해안, 남해안의 모습과 특징**

서해안	• 해안선이 복잡함. • 밀물과 썰물의 차가 커서 갯벌이 발달함.
동해안	• 해안선이 단조로움. • 모래사장이 넓어 해수욕장이 발달함.
남해안	• 해안선이 복잡하고 섬이 많음. • 김, 조개류 등의 양식업이 발달함.

1 우리나라 지형의 특징으로 알맞지 <u>않은</u> 것은 어느 것입니까? (   )

① 국토의 약 70%가 산지이다.
② 대체로 동쪽은 높고 서쪽은 낮다.
③ 높고 험한 산은 대부분 북쪽에 많다.
④ 큰 하천은 대부분 서쪽에서 동쪽으로 흐른다.
⑤ 하천 주변의 평야에는 농사지을 땅이 넓게 나타난다.

2 다음은 동해안, 서해안, 남해안 중 어느 해안 지역의 모습을 나타낸 것인지 쓰시오.

(1)   (2)

(   )   (   )

핵심 **2**   우리나라의 기온

❋ **우리나라 기온의 특징**
- 남쪽으로 갈수록 기온이 높아져 더 따뜻하고, 북쪽으로 갈수록 기온이 낮아져 더 춥습니다.
- 동해안의 겨울 기온은 서해안보다 높은 편입니다.
- 해안 지역이 내륙 지역보다 겨울에 더 따뜻합니다.

❋ **기온의 차이에 따른 사람들의 생활 모습**

의생활	더운 여름에는 모시와 같이 바람이 잘 통하는 옷감으로 옷을 만들어 입었고, 겨울에는 솜을 넣어 누빈 두꺼운 옷으로 몸을 따뜻하게 했음.
식생활	기온이 높아 음식이 쉽게 상하는 남쪽 지방에서는 소금과 젓갈이 많이 들어간 음식이 발달했음.
주생활	우리나라의 전통 가옥에는 여름을 시원하게 보내려고 대청을 만들었고 겨울에는 난방 시설인 온돌을 설치했음.

3 우리나라 기온의 특징에 대한 설명으로 옳은 것에 ○표, 옳지 않은 것에 ×표 하시오.

(1) 남쪽 지방과 북쪽 지방의 기온 차이가 크다.
        (   )
(2) 해안 지역이 내륙 지역보다 겨울에 더 춥다.
        (   )
(3) 서해안의 겨울 기온이 동해안보다 더 높은 편이다.   (   )
(4) 남쪽으로 갈수록 기온이 높아져 더 따뜻하고, 북쪽으로 갈수록 기온이 낮아져 더 춥다.
        (   )

4 솜을 넣어 누빈 오른쪽 옷을 만들어 입었던 계절은 언제인지 쓰시오.

(   )

▲ 누비옷

핵심 3 우리나라의 강수량

▲ 우리나라의 연평균 강수량

- 연평균 강수량의 절반 이상이 여름에 집중됩니다.
- 대체로 남부 지방은 강수량이 많고, 북부 지방은 강수량이 적습니다.
- 연평균 강수량이 1,300mm 이상인 곳은 제주도와 남해안 지역 등입니다.

5 우리나라에서 연평균 강수량의 절반 이상이 집중되는 계절은 언제인지 쓰시오.

( )

6 우리나라 강수량의 특징을 바르게 말한 것을 두 가지 고르시오. (,)

① 우리나라는 지역에 따라 강수량의 차이가 거의 없다.
② 대체로 남부 지방은 강수량이 많고, 북부 지방은 강수량이 적다.
③ 연평균 강수량이 1,400mm 이상인 지역은 중강진을 포함한 북쪽 지역 지역이다.
④ 우리나라의 연평균 강수량은 1,300mm 정도로 세계 평균인 880mm 보다 많은 편이다.
⑤ 제주도와 영동 지방, 울릉도는 비나 눈이 많이 내리지 않아 겨울에 강수량이 적은 편이다.

핵심 4 우리나라의 자연재해

❋ 자연재해의 종류

황사	사막에서 발생한 미세 모래 먼지가 우리나라까지 날아와 가라앉는 현상
가뭄	오랫동안 비가 오지 않거나 적게 오는 기간이 지속되는 현상
폭염	하루 최고 기온이 33℃ 이상 올라가는 매우 심한 더위
홍수	비가 많이 내려 하천이 흘러넘쳐 주변의 도로나 건물 등이 물에 잠기는 재해
태풍	많은 비가 강한 바람이 불어 많은 피해를 입힘.
폭설	한꺼번에 눈이 많이 내리는 현상
한파	겨울철에 기온이 갑자기 내려가면서 발생하는 추위

❋ 자연재해의 피해를 줄이기 위한 노력

- 행정 안전부와 기상청에서는 자연재해가 예상될 때 기상 특보를 발령해 미리 대처하게 해 줍니다.
- 기상 특보는 휴대 전화의 긴급 재난 문자, 방송 매체, 행정 안전부나 기상청 누리집, 스마트폰 응용 프로그램 등에서 확인할 수 있습니다.

7 우리나라에서 주로 봄에 발생하는 자연재해는 어느 것입니까? ( )

① 폭염   ② 한파
③ 황사   ④ 홍수
⑤ 태풍

8 자연재해가 예상될 때 행정 안전부와 기상청에서는 무엇을 발령하여 국민들이 미리 대처할 수 있도록 하는지 쓰시오.

( )

1 산지, 하천, 평야, 해안 등과 같은 땅의 생김새를 무엇이라고 합니까? (   )

① 기후   ② 지형
③ 날씨   ④ 지역
⑤ 기상

2 다음은 어떤 지형의 특징을 나타낸 것입니까?
(   )

- 바다와 맞닿은 육지 부분이다.
- 갯벌이 나타나거나 모래 사장이 있는 곳도 있다.

① 산지   ② 평야
③ 해안   ④ 하천
⑤ 고원

3 다음 지형에 대해 바르게 설명한 것은 어느 것입니까? (   )

① 바다와 접해 있어서 양식업이 발달한다.
② 농사짓기가 적당해서 많은 사람들이 모여 산다.
③ 땅의 높은 곳과 낮은 곳의 차이가 심하게 나타난다.
④ 모래사장이 펼쳐져 있어 해수욕을 즐기는 사람들이 많다.
⑤ 땅의 높이가 높고 평평한 땅이 있어서 고랭지 농업이 이루어진다.

4 오른쪽 모습과 관계 깊은 지형은 무엇인지 쓰시오.

(   )

우리나라의 지형도를 보고, 물음에 답하시오. [5~6]

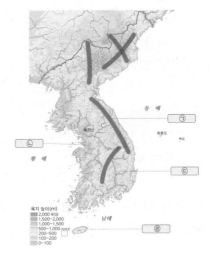

5 위 지도를 보고, 우리나라의 지형을 설명한 것으로 알맞지 않은 것은 어느 것입니까? (   )

① 비교적 낮은 평야는 서쪽에 발달했다.
② 우리나라 국토의 약 70%가 산지이다.
③ 하천 주변에는 산지가 넓게 펼쳐져 있다.
④ 높고 험한 산은 대부분 북쪽과 동쪽에 많다.
⑤ 하천은 대부분 동쪽에서 서쪽으로 흘러간다.

6 다음과 같은 모습을 볼 수 있는 지형은 위 지도의 ㉠~㉣ 중 어디인지 기호를 쓰시오.

사람들이 여가 생활을 즐길 수 있도록 스키장이나 휴양 시설을 만든다.

(   )

7 밀물과 썰물의 차이가 커서 갯벌이 발달한 해안은 어디인지 다음에서 찾아 쓰시오.

> 서해안   동해안   남해안

(   )

8 서해안, 동해안, 남해안 중에서 다음과 같은 모습을 많이 볼 수 있는 곳은 어디인지 쓰시오.

(   )

9 우리나라의 기후에 대한 설명으로 바르지 <u>않은</u> 것은 어느 것입니까? (   )

① 사계절이 나타난다.
② 봄과 가을의 기간이 길다.
③ 계절별로 기온의 차이가 크다.
④ 여름은 비가 많이 오고 기온이 높다.
⑤ 계절에 따라 불어오는 바람의 방향이 다르다.

10 다음은 여름과 겨울에 불어오는 바람을 나타낸 것입니다. 여름에 해당하는 것을 찾아 ○표 하시오.

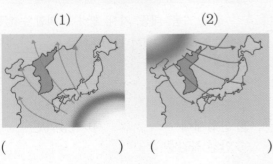

(1)   (2)

(   ) (   )

11 봄에 나타나는 기후 특징을 모두 찾아 기호를 쓰시오.

> ㉠ 황사   ㉡ 한파
> ㉢ 삼한사온   ㉣ 꽃샘추위
> ㉤ 집중 호우   ㉥ 열대야 현상

(   )

12 다음 계절과 계절에 따른 사람들의 생활 모습을 알맞게 선으로 이으시오.

(1) 봄 •   • ㉠ 꽃구경

(2) 여름 •   • ㉡ 단풍 구경

(3) 가을 •   • ㉢ 에어컨 사용

(4) 겨울 •   • ㉣ 두꺼운 옷 입기

 서술형

13 다음과 같은 현상이 일어나는 것은 무엇 때문인지 쓰시오.

> 한라봉, 녹차 등 따뜻한 남부 지방에서 자라던 작물의 재배 지역이 북쪽으로 이동하며 생산 범위가 넓어졌다. 또 더운 바다에서 사는 어류가 우리나라 바다에서 나타나는 등 생태계의 변화가 일어나기도 한다.

14 우리나라 기온에 대한 설명입니다. 바르게 완성되도록 알맞은 말에 ○표 하시오.

> 우리나라는 남북으로 길게 뻗어 있어 남쪽 지방과 북쪽 지방의 기온 차이가 크다. 대체로 (남쪽 , 북쪽)으로 갈수록 기온이 높아져 더 따뜻하고, (남쪽 , 북쪽)으로 갈수록 기온이 낮아져 더 춥다.

15 오른쪽 김치는 남부 지방과 북부 지방 중 어느 지방의 김치인지 쓰시오.

( )

우리나라 여러 지역의 강수 분포를 나타낸 다음 그래프를 보고, 물음에 답하시오. [16~18]

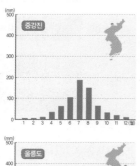
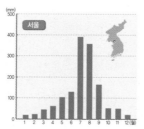
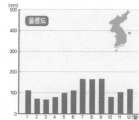
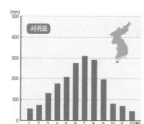

16 위 그래프의 가로축과 세로축이 나타내는 것은 무엇인지 각각 쓰시오.

(1) 가로축: ( )
(2) 세로축: ( )

17 위의 네 지역 중에서 여름과 겨울의 강수량 차이가 가장 큰 곳은 어디인지 쓰시오.

( )

주의
18 앞의 그래프를 보고, 알 수 있는 사실은 어느 것입니까? ( )

① 북쪽 지방이 강수량이 많다.
② 우리나라는 여름철에 비가 많이 온다.
③ 우리나라는 여름철에 가뭄이 발생한다.
④ 우리나라의 강수량은 겨울철에 많은 편이다.
⑤ 우리나라의 강수량은 지역별로 거의 차이가 없다.

중요
19 다음과 같은 집을 볼 수 있는 지역은 어디입니까?

( )

겨울에 눈이 많이 내리는 곳에서는 눈이 집으로 들어오는 것을 막고 집 안에서 생활하기 편리하도록 우데기라는 외벽을 설치했다.

① 울릉도 ② 중강진
③ 해운대 ④ 강화도
⑤ 서귀포

20 다음 빈칸에 들어갈 알맞은 말은 무엇입니까?

( )

홍수, 가뭄, 태풍, 지진, 황사 등 피할 수 없는 자연 현상으로 인해 일어나는 피해를 [ ](이)라고 한다.

① 자연재해 ② 안전사고
③ 산업재해 ④ 기상이변
⑤ 안전 불감증

1 다음 중 하천에 대해 바르게 설명한 것을 두 가지 고르시오. (,   )

① 갯벌이나 모래사장이 나타난다.
② 땅의 높은 곳과 낮은 곳의 차이가 크다.
③ 험준한 산들이 이어진 산맥을 볼 수 있다.
④ 빗물과 지하수가 모여서 물길을 따라 바다로 흘러간다.
⑤ 작은 물줄기도 있고 내려오면서 넓은 강을 이루기도 한다.

2 다음 특징을 지닌 지형은 어디입니까? (   )

> • 땅이 넓고 평탄하다.
> • 농사짓기에 적당하다.
> • 사람들이 많이 모여 산다.

① 고원   ② 평야
③ 산지   ④ 해안
⑤ 하천

🌸 다음 지형도를 보고, 물음에 답하시오. [3~5]

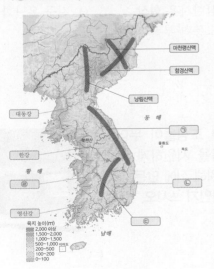

3 앞 지형도의 ㉠~㉣에 해당하는 산맥과 강은 무엇인지 쓰시오.

㉠	㉡
㉢	㉣

 중요

4 우리나라에서 산이 많이 분포하고 있는 곳은 어디인지 두 군데 고르시오. (,   )

① 남쪽   ② 동쪽
③ 서쪽   ④ 북쪽
⑤ 남서쪽

5 앞의 지형도를 보고, 바르게 말한 것에 ○표 하시오.

(1) 우리나라는 산지보다 평야가 많다.
                              (   )
(2) 우리나라는 대체로 동쪽이 높고 서쪽이 낮은 지형이다.   (   )
(3) 우리나라의 큰 하천은 대부분 동쪽에서 서쪽으로 흘러간다.   (   )

6 사람들이 홍수를 방지하고 전기를 생산하기 위해 하천 상류에 만든 것은 무엇인지 쓰시오.

                    (   )

중요

7 사람들이 평야를 이용하는 모습과 관계 깊은 것을 두 가지 고르시오. (,   )

① 도시   ② 논농사
③ 휴양림   ④ 양식장
⑤ 해수욕장

8 다음은 어느 해안의 지형과 사람들이 살아가는 모습을 나타낸 것인지 쓰시오.

> • 크고 작은 섬들이 많아 다도해라고 부른다.
> • 물이 깨끗하고 파도가 잔잔해 양식장에서는 굴이나 전복 등의 해산물을 기른다.

(   )

중요

9 우리나라 계절의 특징을 바르게 말한 것은 어느 것입니까? (   )

① 여름은 비가 적게 내린다.
② 계절별로 기온의 차이가 크지 않다.
③ 여름에는 북쪽에서 시원한 바람이 불어온다.
④ 봄과 가을은 기간이 짧지만 기온이 온화하다.
⑤ 겨울은 대체로 더우며 눈이 잘 내리지 않는다.

10 우리나라는 사계절이 뚜렷합니다. 그 까닭으로 가장 알맞은 것은 어느 것입니까? (   )

① 반도에 위치해 있기 때문이다.
② 산지가 많이 분포하기 때문이다.
③ 아시아 대륙에 위치해 있기 때문이다.
④ 중위도 지역에 위치해 있기 때문이다.
⑤ 삼면이 바다로 둘러싸여 있기 때문이다.

11 다음 기후 특징과 관계 깊은 계절은 언제인지 쓰시오.

> 눈, 한파, 삼한사온

(   )

다음 지도를 보고, 물음에 답하시오. [12~13]

주의

▲ 작물의 생산 지역 변화

12 위 지도에 나타난 작물의 생산 지역은 어떻게 변화하고 있습니까? (   )

① 한 곳에 머물러 있다.
② 다른 나라로 옮겨가고 있다.
③ 점점 위쪽으로 올라가고 있다.
④ 점점 아래쪽으로 내려가고 있다.
⑤ 동쪽에서 서쪽으로 이동하고 있다.

13 위와 같이 작물의 생산 지역이 변화하고 있는 것과 관계 깊은 것은 무엇입니까? (   )

① 열대야 현상   ② 물 부족 현상
③ 삼한사온 현상   ④ 지구 온난화 현상
⑤ 노동력 부족 현상

중요

14 우리 조상들이 무더운 여름을 시원하게 보내기 위해 집에 만든 것은 무엇인지 쓰시오.

(   )

다음 기후도를 보고, 물음에 답하시오. [15~17]

(가)   (나)

▲ 우리나라의 1월 평균 기온   ▲ 우리나라의 8월 평균 기온

15 위 기후도를 보고, 이야기한 것으로 바르지 않은 것은 어느 것입니까? (   )

① 대체로 북쪽으로 갈수록 기온이 낮다.
② 북쪽으로 갈수록 8월 기온이 낮아진다.
③ 등온선은 대체로 직선의 형태를 보인다.
④ 남쪽으로 갈수록 1월 평균 기온이 높아진다.
⑤ 해안 지역과 내륙 지역은 기온의 차이가 난다.

16 위 (나)에서 평균 기온이 춘천과 가장 비슷한 곳은 어디입니까? (   )

① 광주   ② 부산
③ 신의주   ④ 서귀포
⑤ 중강진

중요

17 위 (가)에서 0℃ 선을 살펴보았을 때 알 수 있는 점은 무엇입니까? (   )

① 북쪽으로 갈수록 기온이 따뜻하다.
② 내륙 지역이 해안 지역보다 따뜻하다.
③ 내륙 지역과 해안 지역은 기온 차이가 나지 않는다.
④ 같은 위도에 위치한 지역은 거의 같은 기온을 나타낸다.
⑤ 바다에 접한 지역이 그렇지 않은 지역보다 더 따뜻하다.

서술형

18 울릉도의 강수량이 겨울철에도 많은 까닭은 무엇 때문인지 쓰시오.

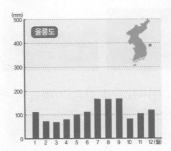

중요

19 다음과 같이 집터를 주변보다 높여서 지은 까닭은 무엇입니까? (   )

① 외부 침입자를 막기 위해서
② 지진에 잘 견디게 하기 위해서
③ 집이 물에 잠기는 것을 막기 위해서
④ 주변의 경치를 더 잘 감상하기 위해서
⑤ 바닥에서 올라오는 습기를 막기 위해서

20 황사의 피해를 줄이기 위한 방법을 바르게 말한 친구는 누구인지 쓰시오.

> • 성주: 외출할 때에는 반드시 마스크를 써야 해.
> • 형욱: 바람을 잘 막아 줄 수 있는 옷을 입고 다니는 것이 좋아.
> • 미선: 햇볕을 가릴 수 있는 챙이 넓은 모자를 쓰고 외출하는 것이 좋아.

(   )

탐구 서술형 평가 1회

1

지형을 나타낸 다음 사진을 보고, 물음에 답하시오.

(가)	(나)	(다)	(라)

(1) 위 (가)~(라)와 같은 지형을 무엇이라고 부르는지 쓰시오.
　① (가): (　　　　　　　)　② (나): (　　　　　　　)
　③ (다): (　　　　　　　)　④ (라): (　　　　　　　)

(2) 위 (가)~(라)의 지형에서 볼 수 있는 모습과 특징은 무엇인지 쓰시오.

(가)	
(나)	
(다)	
(라)	

관련 핵심 개념

우리나라의 지형

• 산지: 높이 솟은 산들이 모여 이룬 지형입니다.

• 하천: 빗물과 지하수가 낮은 곳으로 흘러가면서 크고 작은 물줄기를 만든 것입니다.

• 평야: 넓고 평평한 땅입니다.

• 해안: 바다와 맞닿아 있는 육지 부분입니다.

2

우리나라의 해안을 나타낸 다음 사진을 보고, 빈 곳에 알맞은 내용을 써넣어 완성하시오.

▲ 동해안	▲ 서해안	▲ 남해안

구분	동해안	서해안·남해안
해안선의 형태	단조롭다.	(1)
밀물과 썰물의 차	(2)	크다
사람들의 생활 모습	(3)	갯벌을 이용해 해산물을 얻고 양식업을 한다.

관련 핵심 개념

우리나라 해안의 특징과 사람들의 생활 모습

• 동해안: 모래사장이 많습니다.

• 서해안: 갯벌이 발달했습니다.

• 남해안: 섬이 많습니다.

3 다음 기후도를 보고, 물음에 답하시오.

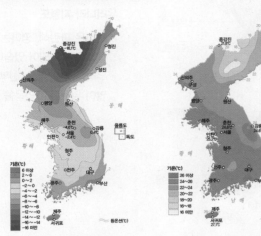

▲ 우리나라의 1월 평균 기온 　　▲ 우리나라의 8월 평균 기온

(1) 위의 두 기후도에 나타난 기온 분포의 공통점은 무엇인지 쓰시오.

_____

(2) 1월의 평균 기온을 살펴보면 강릉이 서울보다 더 따뜻합니다. 이러한 현상이 일어나는 까닭은 무엇 때문인지 쓰시오.

_____

_____

4 우리나라 여러 지역의 강수 분포를 나타낸 다음 그래프를 보고, 물음에 답하시오.

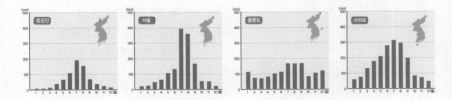

(1) 우리나라에서 강수량이 가장 많은 계절과 강수량이 가장 적은 계절은 언제인지 쓰시오.

　　　① 강수량이 가장 많은 계절: (　　　　　　　　　)
　　　② 강수량이 가장 적은 계절: (　　　　　　　　　)

(2) 위 그래프를 보고, 울릉도 지역의 강수량의 특징은 무엇인지 쓰시오.

_____

관련 핵심 개념

우리나라 1월과 8월의 평균 기온

• 1월의 평균 기온은 북쪽으로 갈수록 기온이 낮아집니다.
• 8월의 평균 기온이 20℃ 이하인 곳을 살펴보면 태백산맥, 백두산 일대, 함경산맥 일대이며, 주로 산지 지형입니다.

관련 핵심 개념

지역별 강수량 그래프

• 세로축은 강수량을 나타냅니다.
• 가로축은 월을 나타냅니다.
• 강수량은 일정한 장소에 일정 기간에 내린 눈, 비 등의 물의 양을 의미합니다.

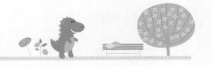

1 우리나라의 지형도를 보고, 물음에 답하시오.

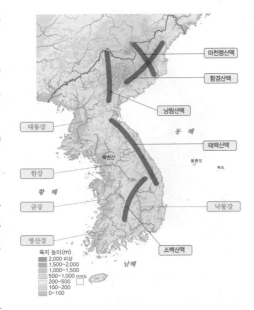

(1) 우리나라의 산지는 주로 국토의 어느 쪽에 많이 분포하고 있는지 쓰시오.

( )

(2) 우리나라의 큰 하천은 주로 어느 쪽으로 흘러가는지 쓰고, 그 까닭은 무엇 때문인지 쓰시오.

_____

_____

_____

관련 핵심 개념

우리나라 지형도

• 하천은 파란색, 평야는 초록색, 산지는 갈색으로 표시되어 있습니다.

• 우리나라의 주요 산맥이 북쪽과 동쪽에 많이 위치하고 있음을 알 수 있습니다.

2 우리나라의 기후와 관련된 다음 그림을 보고, 물음에 답하시오.

▲ 여름에 불어오는 바람

▲ 겨울에 불어오는 바람

(1) 여름과 겨울에 불어오는 바람은 어느 쪽에서 오는지 쓰시오.

① 여름: ( ) ② 겨울: ( )

(2) 여름에 불어오는 바람과 겨울에 불어오는 바람은 어떠한 특징이 있는지 쓰시오.

① 여름: _____

② 겨울: _____

관련 핵심 개념

우리나라의 계절별 기후

• 봄: 온화한 날씨, 꽃샘추위, 황사

• 여름: 장마철과 한여름으로 구분, 집중 호우, 열대야 현상

• 가을: 청명한 날씨, 가을비

• 겨울: 눈, 강한 추위, 삼한사온

3 우리나라의 연평균 강수량을 나타낸 오른
쪽 지도를 보고, 물음에 답하시오.

(1) 강수량의 뜻은 무엇인지 쓰시오.

_____

_____

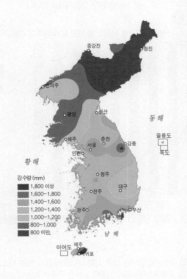

(2) 오른쪽 지도를 보고, 지역에 따라 강
수량의 차이가 어떻게 나타나는지 쓰
시오.

_____

_____

관련 핵심 개념

우리나라의 연평균 강수량

• 1,400mm 이상인 지역: 강릉, 서귀포 남해
안 등입니다.
• 1,000mm 미만인 지역: 중강진을 포함한
북쪽 지역과 대구 지역입니다.

4 우리나라의 자연재해를 나타낸 다음 사진을 보고, 물음에 답하시오.

(가)   (나)   (다)

(1) 위 사진에 나타난 자연재해의 종류와 주로 발생하는 계절은 언제인지
쓰시오.

구분	(가)	(나)	(다)
종류			
발생하는 계절			

(2) 위 (가)의 자연재해로 인한 피해를 줄일 수 있는 방법은 무엇인지 쓰
시오.

_____

_____

관련 핵심 개념

우리나라에서 발생하는 자연재해

• 홍수, 가뭄, 태풍, 지진, 황사 등 피할 수
없는 자연현상으로 인해 일어나는 피해를
자연재해라고 합니다.
• 우리나라는 3개 정도의 태풍이 여름부터
초가을 사이에 영향을 주기도 합니다.
• 자연재해의 피해를 줄이려면 자연재해에
대한 정확한 정보를 재빨리 알려 주는 예
보와 경보 체계를 갖추는 것이 필요합니다.

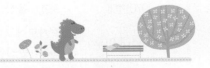

❸ 우리 국토의 인문 환경 (1)

▶ 교과서 59~69쪽

❶ 우리나라 인구 구성의 변화

┌→성, 연령 등을 기준으로 한 어떤 인구 집단의 구성 상태를 인구 구성이라고 합니다.

자료 ❶

① 14세 이하 유소년층 인구는 점점 줄어들고 있고, 65세 이상 노년층 인구는 점점 늘어가고 있습니다.

② 아이를 적게 낳는 가정이 늘면서 새로 태어나는 아기 수는 점점 줄고, 전체 인구에서 노년층이 차지하는 비율은 계속해서 늘고 있습니다.

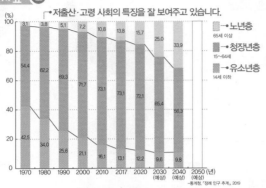

┌→저출산·고령 사회의 특징을 잘 보여주고 있습니다.

▲ 우리나라의 연령별 인구 구성 비율의 변화

❷ 우리나라 인구 분포의 특징

→14세 이하의 유소년층 인구는 많은 교육 혜택을 누릴 수 있는 대도시에 분포해 있고, 촌락 지역은 65세 이상의 노년층 인구의 비율이 높습니다.

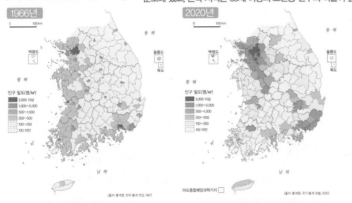

▲ 1966년의 인구 분포   ▲ 2020년의 인구 분포

① 1960년대 이전까지 남서쪽의 평야 지역에 인구가 많이 모여 살았고, 북동쪽의 산지 지역에는 인구가 적었습니다.

② 1960년대 이후 산업화가 되면서 대도시 지역의 인구 밀도가 높아졌고, 산지 지역과 농어촌 지역의 인구 밀도가 낮아졌습니다. →전체 인구의 약 70%가 대도시에 집중해 있습니다.

③ 인구가 가장 밀집한 지역은 서울을 중심으로 한 수도권입니다.

④ 인구 분포 불균형에 따라 발생하는 문제점

인구가 늘어나는 지역	주택 부족, 교통 혼잡, 환경 오염 등
인구가 줄어드는 지역	교육 시설 부족, 의료 시설 부족, 일손 부족 등

❸ 우리나라 도시 발달의 특징

자료 ❷

→본격적인 도시 발달은 1960년대 이후 공업이 발달하면서 시작되었습니다.

1960년대	사람들이 일자리를 찾아 도시로 이동하면서 서울, 부산, 대구, 인천 등의 인구가 급속히 증가했음.
1970년대	포항, 울산, 마산, 창원 등이 새로운 공업 도시로 성장함.
1980년대 이후	경기도에 신도시를 건설하여 인구와 기능 분산하였고, 국토의 균형 발전을 위해 공공 기관을 지방으로 옮겼음.

자료 ❶ 저출산과 관련된 자료

▲ 전국 초등학교의 학급당 평균 학생 수

아이를 적게 낳는 저출산 현상 때문에 초등학교에 입학하는 학생들이 줄어들었습니다.

자료 ❷ 도시 수와 도시별 인구의 변화

• 원은 도시를 나타내고, 원의 크기는 도시의 인구를 나타냅니다.

• 1970년에는 인구 100만 명 이상인 도시가 서울과 부산, 대구 3곳이었습니다.

• 2020년에는 인구 100만 명 이상인 도시가 서울, 부산, 인천, 대구, 대전, 광주, 울산, 수원, 창원, 고양, 용인 11곳입니다.

• 1970년에 비해 2020년에는 도시 수와 도시 인구가 크게 늘어났습니다.

인구의 고령화

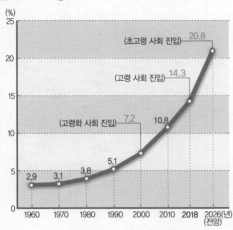

▲ 65세 이상 인구 비율의 변화

• 평균 수명이 길어지고 노인 인구가 늘어나면서 우리나라는 지난 2000년에 고령화 사회로 접어들었습니다.
• 2018년에는 노인 인구가 14%를 넘어서 고령 사회에 도달하였고, 비슷한 흐름으로 갈 때 2026년에는 초고령 사회에 진입할 것으로 것입니다.

인구가 대도시에 집중되면서 생기는 문제와 해결을 위한 노력

문제	주택 부족, 환경 오염, 교통 혼잡, 주차 문제, 쓰레기 문제, 범죄 발생 등
노력	• 대도시 주변에 신도시 건설함. • 공공 기관, 연구소, 기업 등을 지방으로 이전함. • 다른 지역의 교통이나 환경 개선을 통해 인구를 분산시킴.

용어 풀이

❶ 인구 밀도 일정한 넓이(1km²) 안에 거주하는 인구로 인구의 밀집 정도를 나타냄.
❷ 수도권 서울을 중심으로 하여 인천과 경기를 포함한 지역.

개념을 확인해요

1단원

1 우리나라는 ☐☐☐☐ 인구는 점점 줄어들고, ☐☐☐ 인구는 점점 늘어가고 있습니다.

2 초등학교에 입학하는 학생들이 줄어드는 까닭은 아이를 적게 낳는 ☐☐☐ 현상 때문입니다.

3 평균 수명이 길어지고 노인 인구가 늘면서 우리나라는 2000년에 ☐☐☐ 사회로 진입했습니다.

4 1960년대 이전까지 농사지을 땅이 넓은 ☐☐ 쪽의 평야 지역에 인구가 많이 모여 살았습니다.

5 우리나라에서 인구가 가장 밀집된 지역은 서울을 중심으로 한 ☐☐☐입니다.

6 14세 이하의 유소년층 인구는 많은 교육 혜택을 누릴 수 있는 ☐☐☐에 분포해 있습니다.

7 1960년대에는 사람들이 일자리를 찾아 ☐☐로 이동하면서 서울, 부산, 대구, 인천 등의 인구가 급속히 증가했습니다.

8 1980년대부터 경기도에 ☐☐☐를 건설하여 서울의 인구와 기능을 분산시켰습니다.

9 본격적인 도시 발달은 1960년대 이후 ☐☐이 발달하면서 시작되었습니다.

10 국토의 균형 발전을 위해 수도권에 집중되어 있는 공공 기관, 연구소, 기업 등을 ☐☐으로 옮깁니다.

❸ 우리 국토의 인문 환경 (2)

4 **우리나라의 산업 발달 모습** [자료 ❸]

① 과거: 재료를 쉽게 얻을 수 있는 원료 산지에 산업이 발달했습니다.

② 1960년대 이후: 필요한 원료를 배로 손질하거나 완성된 제품을 수출하기에 편리한 남동쪽 해안가에 새로운 중화학 공업 단지가 형성되었습니다.

③ 오늘날: 과학과 기술이 발달하면서 첨단 산업이 빠르게 성장하고 있습니다.

④ 다양한 산업의 발달 → 산업이 지역별로 서로 다르게 발달한 까닭은 지역마다 가진 자연환경과 교통이나 도시 분포 같은 인문 환경이 서로 다르기 때문입니다.

서울	편리한 교통, 넓은 소비 시장을 바탕으로 다양한 산업이 발달했음.
대전	연구소와 대학교가 협력해 첨단 산업이 성장했음.
광주	자동차 산업이 발달했으며 이와 관련된 여러 가지 시설을 볼 수 있음.
제주	독특하고 아름다운 자연환경 덕분에 관광 산업이 발달했음.
동해	시멘트의 주원료인 석회석이 풍부해 시멘트 산업이 발달했음.
부산	원료 수입과 제품 수출에 유리한 해안가에 위치해 물류 산업이 발달했음.

5 **우리나라의 교통 발달 모습** [자료 ❹]

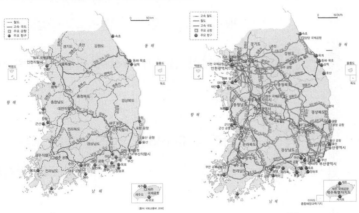

▲ 1980년대 우리나라의 교통도 　　　▲ 2020년 우리나라의 교통도

① 1970년에 경부 고속 국도가 완공되면서 전 국토가 1일 생활권이 되었고, 2004년에 고속 철도가 개통되면서 반나절 생활권이 가능해졌습니다.

② 1980년대에는 주로 철도가 발달했습니다.

③ 1980년대에 비해 2020년에는 고속 국도가 크게 증가했습니다.

④ 항구와 공항의 수가 늘어 지역 간 교류가 더욱 활발해졌습니다.

⑤ 사람과 물자의 이동이 활발해지고 지역 간의 이동 시간이 줄어들었습니다.

6 **인문 환경의 변화에 따라 달라진 국토의 모습**

① 우리나라는 인구가 많은 지역을 중심으로 교통망이 발달했으며, 교통망의 발달로 신속한 물자 이동이 가능해져 다양한 산업이 성장하면서 더욱 많은 도시가 생겨났습니다. → 교통이 발달하면 상품과 노동력의 이동이 더 빨라져 산업의 발전을 돕습니다.

② 도시의 성장으로 더 많은 인구가 일자리를 찾아 도시로 이동하면서 교통과 산업은 더욱 발달했습니다.

[자료 ❸] **우리나라의 주요 공업 지역**

오늘날에는 수도권과 남동쪽 해안가에 공업이 많이 발달했습니다.

[자료 ❹] **기차 이동 거리의 변화**

1970년대

새마을호를 타고 서울에서 부산까지 이동하는 데 5시간이 걸렸습니다.

2004년 이후

고속 열차가 등장하면서 서울에서 부산까지 이동하는 데 걸리는 시간은 약 2시간 40분으로, 전보다 훨씬 빠르게 두 지역을 오고갈 수 있게 되었습니다.

1단원

옛날과 오늘날의 인천과 포항

| 인천 | 염전이었던 곳을 메워 인천남동국가산업단지를 조성했음. |
| 포항 | 작은 어촌이었지만 오늘날 제철 산업이 발달한 도시로 성장했음. |

산업의 변화로 인해 달라진 국토의 모습

- 과거에는 주로 자연에서 얻는 산업이 발달했으나 오늘날에는 공장에서 사람들의 생활에 필요한 것들을 만들거나 생활에 편리함을 주는 산업들이 주로 발달하였습니다.
- 산업이 발달하면 일자리가 많아져 인구가 늘고 도시가 크게 성장합니다.

교통의 발달로 변화한 국토의 모습

- 원료 운송 시간과 비용이 줄어들었습니다.
- 사람들이 생활을 위해 이동하는 생활권이 넓어졌습니다.
- 지역 간에 연결이 더욱 원활해지고 교류가 활발해졌습니다.

용어 풀이

- ❸ **생활권** 통학, 통근 등 사람들이 일상생활을 같이 하는 범위.
- ❹ **반나절** 하루 낮의 반을 말함.
- ❺ **물자** 어떤 활동에 필요한 여러 가지 물건이나 재료.

11 오늘날에는 수도권과 □□□ 해안가에 공업이 많이 발달했습니다.

12 □□에서는 연구소와 대학교가 협력해 첨단 산업이 성장했습니다.

13 독특하고 아름다운 자연환경 덕분에 □□에서는 관광 산업이 발달했습니다.

14 □□는 시멘트의 주원료인 석회석이 풍부해 시멘트 산업이 발달했습니다.

15 □□□□과 인문 환경의 차이에 따라 지역별로 각기 다른 산업이 발달했습니다.

16 작은 어촌이었던 포항은 오늘날 □□ 산업이 발달한 도시로 성장했습니다.

17 1970년에 □□□□□□가 완공되면서 전 국토가 1일 생활권으로 연결되었습니다.

18 □□의 발달로 사람과 물자의 이동이 활발해지고 지역 간의 이동 시간도 줄어들었습니다.

19 2004년에 □□□□가 개통되면서 반나절 생활권이 가능해졌습니다.

20 산업이 발달한 곳에 □□가 많은 까닭은 일자리를 찾아 사람들이 모여들기 때문입니다.

핵심 1 우리나라 인구 구성의 변화

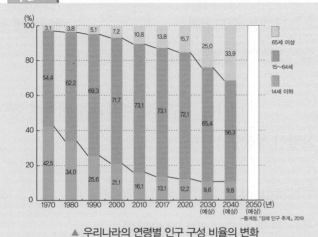

▲ 우리나라의 연령별 인구 구성 비율의 변화

- 14세 이하의 유소년층 인구는 점점 줄어들고, 65세 이상의 노년층 인구는 점점 늘어가고 있습니다.
- 저출산·고령 사회의 특징을 보여 주고 있습니다.

1 우리나라의 인구 구성의 변화에 대한 설명으로 옳은 것에 ○표, 옳지 않은 것에 ×표 하시오.

(1) 노년층이 늘어나고 있다.   (   )
(2) 유소년층이 늘어나고 있다.   (   )
(3) 저출산·고령 사회의 특징이 나타나고 있다.
                                       (   )

2 다음 그래프를 보고, 우리나라가 고령 사회로 진입한 때는 언제인지 쓰시오.

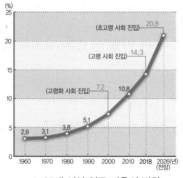

▲ 65세 이상 인구 비율의 변화

(   )

핵심 2 우리나라 인구 분포의 특징

✱ 우리나라의 인구 분포

- 1960년대 이전에는 농사지을 땅이 넓은 남서쪽의 평야 지역에 사람들이 많이 모여 살아 인구 밀도가 높았습니다.
- 도시를 중심으로 산업화가 되면서 촌락에 사는 사람들이 일자리를 찾아 도시로 이동했습니다. 그 결과 서울, 부산 등 대도시 지역의 인구 밀도는 급격하게 높아졌습니다.
- 우리나라에서 인구가 가장 밀집한 지역은 서울을 중심으로 인천과 경기를 포함한 수도권입니다.

✱ 인구 분포 불균형에 따른 문제점

인구가 늘어나는 지역	주택 부족, 교통 혼잡, 환경 오염 등
인구가 줄어드는 지역	교육 시설 부족, 의료 시설 부족, 일손 부족 등

3 오늘날 우리나라의 인구 분포에 대한 설명으로 바르지 않은 것은 어느 것입니까? (   )

① 산지 지역과 농어촌 지역의 인구 밀도는 낮다.
② 우리나라 인구의 70%가 대도시에 집중해 있다.
③ 우리나라에서 인구가 가장 밀집한 지역은 수도권이다.
④ 농사지을 땅이 넓은 남서쪽의 평야 지역에 사람들이 많이 모여 산다.
⑤ 사람들이 일자리를 찾아 도시로 이동하면서 대도시 지역의 인구 밀도는 매우 높아졌다.

4 인구가 늘어나는 지역에서 주로 발생하는 문제점을 보기 에서 모두 찾아 기호를 쓰시오.

보기
㉠ 주택 부족   ㉡ 교통 혼잡
㉢ 의료 시설 부족   ㉣ 교육 시설 부족

(   )

핵심 3 우리나라의 산업 발달 모습

✽ 우리나라의 산업 발달

• 과거에는 원료 산지에서 산업이 발달했습니다.
• 오늘날에는 수도권과 남동쪽 해안가에 공업이 많이 발달했습니다.
• 자연환경과 인문 환경의 차이에 따라 지역별로 각기 다른 산업이 발달했습니다.

✽ 다양한 산업의 발달

서울	편리한 교통, 넓은 소비 시장을 바탕으로 다양한 산업이 발달했음.
대전	연구소와 대학교가 협력해 첨단 산업이 발달했음.
광주	자동차 산업이 발달했으며 이와 관련된 여러 가지 시설을 볼 수 있음.
제주	독특하고 아름다운 자연환경 덕분에 관광 산업이 발달했음.
동해	시멘트의 주원료인 석회석이 풍부해 시멘트 산업이 발달했음.
부산	원료를 수입하고 제품을 수출하기 좋은 해안가에 위치해 물류 산업이 발달했음.

5 오늘날 우리나라에서 공업이 많이 발달한 지역은 어디인지 두 곳을 쓰시오.

( )

6 다음 지역과 그 지역에서 발달한 산업을 알맞게 선으로 이으시오.

(1) 부산 •   • ㉠ 자동차 산업

(2) 대전 •   • ㉡ 관광 산업

(3) 광주 •   • ㉢ 물류 산업

(4) 제주 •   • ㉣ 첨단 산업

핵심 4 우리나라의 교통 발달 모습

✽ 우리나라의 교통 발달

• 1970년에 경부 고속 국도가 완공되면서 전 국토가 1일 생활권으로 연결되었습니다.
• 2004년에 고속 철도가 개통되면서 반나절 생활권이 가능해졌습니다.
• 1980년대에는 주로 철도가 발달했습니다.
• 1980년대에 비해 2020년에는 고속 국도가 크게 증가하였습니다.

✽ 인문 환경의 변화에 따라 달라진 국토의 모습

• 교통이 발달하면 상품과 노동력의 이동이 더 빨라져 산업의 발전을 돕습니다.
• 산업이 발달한 곳에 인구가 많은 까닭: 일자리를 찾아 사람들이 모여들기 때문입니다.
• 도시로 인구가 모이는 까닭: 산업이 발달하여 일자리가 많고 교통이 편리하기 때문입니다.

7 다음 ㉠, ㉡에 들어갈 알맞은 말을 쓰시오.

1970년에 ㉠ 가 완공되면서 전 국토가 1일 생활권으로 연결되었고, 2004년에 ㉡ 가 개통되면서 반나절 생활권이 가능해졌다.

㉠: ( ) ㉡: ( )

8 도시로 인구가 모이는 까닭은 무엇 때문입니까?

( )

① 물과 공기가 깨끗하기 때문에
② 자연 경관이 아름답기 때문에
③ 일자리가 많고 교통이 편리하기 때문에
④ 살 수 있는 주택이 많이 공급되어 있기 때문에
⑤ 농사를 지을 수 있는 평야가 펼쳐져 있기 때문에

1 다음 그래프를 보고, 바르게 말한 것에 ○표 하시오.

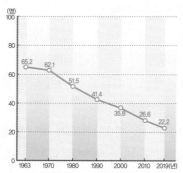

▲ 전국 초등학교의 학급당 평균 학생 수

(1) 1960년대에는 학급당 평균 학생 수가 60명을 넘었다.   (   )

(2) 2019년의 학급당 평균 학생 수는 약 22명이다.   (   )

(3) 교실이 부족해지는 현상은 앞으로도 계속 나타날 것이다.   (   )

(4) 학급당 평균 학생 수가 줄어드는 원인은 고령화 현상 때문이다.   (   )

🌷 다음 신문 기사를 읽고, 물음에 답하시오. [2~3]

○○신문   20△△년 △△월 △△일

이제는 초고령 사회를 대비해야 할 때

평균 수명이 길어지고 노인 인구가 늘어나면서 우리나라는 지난 2000년에 고령화 사회로 진입했다. 2018년에는 노인 인구가 14%를 넘어서 고령 사회에 도달했다. 지금과 비슷한 흐름으로 갈 때 2026년에는 초고령 사회에 진입할 것이다.

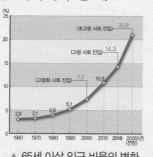

▲ 65세 이상 인구 비율의 변화

2 우리나라가 고령화 사회와 고령 사회로 진입한 때는 언제인지 쓰시오.

(1) 고령화 사회: (   )

(2) 고령 사회: (   )

3 앞의 신문 기사는 우리 사회의 인구 구성 변화를 어떻게 전망하고 있습니까? (   )

① 노인 인구의 비율이 떨어질 것이다.

② 노인이 사회의 중심 역할을 할 것이다.

③ 몇 년 후에 초고령 사회로 진입할 것이다.

④ 노인을 위한 일자리가 점점 증가할 것이다.

⑤ 인간의 평균 수명이 늘어나면서 인구가 증가할 것이다.

🌷 다음 그래프를 보고, 물음에 답하시오. [4~5]

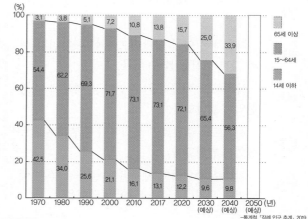

▲ 우리나라의 연령별 인구 구성 비율의 변화

4 위 그래프를 보고, 우리나라의 연령별 인구 구성 비율은 어떻게 변화하고 있는지 쓰시오.

_____

_____

5 위 그래프와 같은 현상이 나타나는 원인과 가장 관계 깊은 것은 무엇입니까? (   )

① 저출산과 고령화

② 남녀 성비의 불균등

③ 노년층의 일자리 부족

④ 정부의 복지 혜택 확대

⑤ 학생들의 학력 수준 저하

다음 지도를 보고, 물음에 답하시오. [6~7]

▲ 1966년의 인구 분포

6 위의 지도로 볼 때, 1960년대에 남서쪽과 북동쪽 중 인구 밀도가 높았던 곳은 어디인지 쓰시오.

(   )

중요

7 위의 지도로 볼 때, 1960년대에는 어느 지역에 인구가 가장 많았습니까? (   )

① 평야 지역   ② 산지 지역
③ 고원 지역   ④ 사막 지역
⑤ 공업 지역

8 다음에서 설명하는 것은 무엇인지 쓰시오.

> 일정한 넓이(1km²) 안에 거주하는 인구로 인구의 밀집 정도를 나타낸다.

(   )

9 65세 이상 노년층 인구가 많이 분포해 있는 지역은 촌락과 대도시 중 어디인지 쓰시오.

(   )

중요

10 인구가 늘어나는 지역에서 발생할 수 있는 문제로 알맞지 않은 것은 어느 것입니까? (   )

① 주택 부족   ② 주차 문제
③ 일손 부족   ④ 환경 오염
⑤ 교통 혼잡

다음 지도를 보고, 물음에 답하시오. [11~13]

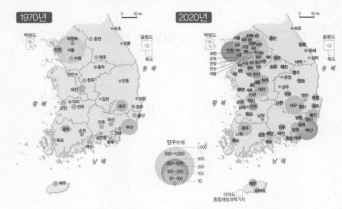

▲ 우리나라 도시 수와 도시별 인구의 변화

11 위 지도에서 원과 원의 크기는 각각 무엇을 나타내는지 쓰시오.

(1) 원: (   )
(2) 원의 크기: (   )

12 1970년에 인구가 100만 명 이상인 도시를 모두 찾아 쓰시오.

(   )

13 1970년과 비교했을 때 2020년에 도시 수가 가장 많이 늘어난 지역은 어디인지 기호를 쓰시오.

> ㉠ 수도권   ㉡ 남서쪽 해안   ㉢ 북동쪽 산지

(   )

14 인구가 서울이나 대도시에 집중되면서 발생할 수 있는 문제로 알맞지 **않은** 것은 어느 것입니까?

( )

① 주택 부족　　　② 교통 혼잡
③ 범죄 발생　　　④ 주차 문제
⑤ 학생 수 감소

15 다음 중 제주에서 가장 발달한 산업은 무엇입니까?

( )

① 물류 산업　　　② 첨단 산업
③ 관광 산업　　　④ 섬유 산업
⑤ 교육 산업

16 광주에서 자동차 산업이 발달할 수 있었던 까닭으로 알맞은 것은 어느 것입니까? ( )

① 자동차 관련 연구 시설이 많아서
② 항공 교통망이 잘 연결되어 있어서
③ 바다와 접해 있어 원료의 운송이 쉬워서
④ 조상들이 남긴 문화유산 많이 남아 있어서
⑤ 자동차를 만드는 원료가 되는 철이 많이 생산되어서

17 오늘날 산업이 지역별로 각기 다르게 발달한 까닭으로 가장 알맞은 것은 어느 것입니까? ( )

① 지역마다 인구수가 다르기 때문에
② 지역마다 먹는 음식이 다르기 때문에
③ 지역마다 좋아하는 직업이 다르기 때문에
④ 지역마다 사람들이 가지는 생각이 다르기 때문에
⑤ 지역마다 가진 자연환경과 인문 환경이 다르기 때문에

다음 교통도를 보고, 물음에 답하시오. [18~20]

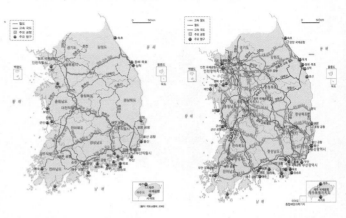

▲ 1980년대 우리나라의 교통도　　　▲ 2020년 우리나라의 교통도

18 1980년대와 2020년의 교통을 비교했을 때, 그 변화로 알맞지 **않은** 것은 어느 것입니까? ( )

① 철도가 크게 줄었다.
② 항구의 수가 늘어났다.
③ 공항의 수가 늘어났다.
④ 고속 철도가 생겨났다.
⑤ 고속 국도가 더 많아졌다.

19 위의 두 지도를 비교했을 때, 2020년에 가장 크게 증가한 교통 시설은 무엇입니까? ( )

① 철도　　　　　② 공항
③ 항구　　　　　④ 고속 국도
⑤ 자전거 도로

서술형

20 위 지도와 같이 교통이 발달하면서 산업에는 어떤 영향을 끼쳤는지 쓰시오.

_____

_____

다음 신문 기사를 읽고, 물음에 답하시오. [1~2]

○○신문   20△△년 △△월 △△일

콩나물 교실은 옛말, 남는 교실이 걱정

초등학교의 학급당 평균 학생 수가 2019년에 약 22명까지 떨어졌다. 초등학생 수가 이처럼 줄어든 것은 저출산 현상 때문이다. 1950~1960년대에는 출산율이 높아 학생 수가 크게 늘면서 전국적으로 교실 부족 문제가 심각했다. 이때의 교실 모습을 콩나물이 자랄 때의 모습에 비유해 '콩나물 교실'이라 불렸다. 하지만 2000년대 이후 출산율이 세계 최저 수준으로 떨어져 앞으로는 남는 교실을 걱정해야 할 형편이다.

1 위 신문 기사를 통해 알 수 있는 우리나라의 사회 문제는 무엇입니까? ( )

① 저출산 현상
② 지나친 교육열
③ 학생 인권 문제
④ 모자라는 교실 수
⑤ 남는 교실의 사용 문제

주의

2 위와 같은 흐름이 계속된다면 초등학교의 학급 당 평균 학생 수는 어떻게 변화하겠습니까? ( )

① 계속해서 조금씩 늘어날 것이다.
② 학생 수가 늘어나다가 줄어들 것이다.
③ 교사 한 명이 맡는 학생 수가 많아질 것이다.
④ 학생 수가 점점 줄어 20명 이하로 떨어질 것이다.
⑤ 큰 변화 없이 22명 정도의 학생 수를 유지할 것이다.

3 65세 이상 인구가 전체 인구의 몇 %를 넘어야 고령화 사회라고 하는지 쓰시오.

( )%

중요

4 우리나라의 65세 이상 노인 인구의 비율은 어떻게 변화하고 있습니까? ( )

① 꾸준히 증가하고 있다.
② 급격하게 줄어들고 있다.
③ 큰 폭으로 늘어나고 있다.
④ 큰 변화 없이 유지되고 있다.
⑤ 1년마다 올랐다 내렸다를 반복하고 있다.

서술형

5 1960년대에는 우리나라의 남서쪽에 인구가 많이 모여 살았습니다. 그 까닭은 무엇 때문인지 쓰시오.

_____

_____

6 인구가 많은 지역에서 볼 수 있는 시설로 알맞지 않은 것은 어느 것입니까? ( )

① 공장   ② 대학교
③ 논과 밭   ④ 공공 기관
⑤ 문화 시설

중요

7 인구가 줄어드는 지역에서 발생할 수 있는 문제로 알맞지 않은 것은 어느 것입니까? ( )

① 일손 부족   ② 교통 혼잡
③ 의료 시설 부족   ④ 편의 시설 부족
⑤ 교육 시설 부족

다음 인구분포도를 보고, 물음에 답하시오. [8~9]

▲ 2020년의 인구 분포

8 위의 지도를 보고, 다음 빈칸에 들어갈 알맞은 말을 쓰시오.

> 우리나라에서 인구가 가장 밀집한 지역은 서울을 중심으로 인천과 경기도를 포함한 [   ]이다.

(   )

9 위 지도와 같이 대도시 지역의 인구 밀도가 높은 까닭은 무엇 때문입니까? (   )

① 자연환경이 좋기 때문에
② 집값과 땅값이 싸기 때문에
③ 산업이 발달하여 일자리가 많기 때문에
④ 농사를 지을 수 있는 평야가 넓기 때문에
⑤ 바다를 끼고 있어 수산물을 쉽게 구할 수 있기 때문에

다음 지도를 보고, 물음에 답하시오. [10~11]

▲ 우리나라 도시 수와 도시별 인구의 변화

10 앞의 지도를 설명한 다음 글의 알맞은 곳에 ○표 하여 완성하시오.

> 1970년에 비해 2020년에는 도시 수와 도시 인구가 크게 (줄어들었는데 , 늘어났는데) 특히 수도권과 (남동쪽 , 남서쪽) 해안 지역의 도시 수와 도시 인구가 크게 증가했다.

11 2020년에 인구가 100만 명을 넘은 도시가 아닌 곳은 어디입니까? (   )

① 광주   ② 대전
③ 춘천   ④ 창원
⑤ 수원

12 1980년대부터 서울에 집중된 인구와 기능을 분산시키기 위해 경기도에 건설한 것은 무엇입니까?
(   )

① 신도시   ② 친환경 도시
③ 개발 제한 구역   ④ 국가 산업 단지
⑤ 수출 자유 지역

13 다음 빈칸에 들어갈 말을 무엇입니까? (   )

> 본격적으로 산업화가 되기 이전의 공업은 주로 가내 수공업 형태로 이뤄졌다. 과거의 공업은 대부분 원료를 쉽게 구할 수 있는 [   ]에 위치하였으며 그 규모도 작았다.

① 원료 산지   ② 판매 지역
③ 산악 지역   ④ 평야 지역
⑤ 내륙 지역

다음 지도를 보고, 물음에 답하시오. [14~17]

14 위 지도는 무엇을 나타내고 있는지 쓰시오.

( )

15 위 지도의 공업 지역 중에서 중화학 공업 단지가 형성된 곳은 어디인지 쓰시오.

( )

16 위 지도의 도시 중 동해에서 발달한 산업은 무엇인지 쓰시오.

( )

서술형

17 우리나라의 주요 공업 지역과 주요 항구가 가까이 있는 까닭은 무엇 때문인지 쓰시오.

_____

_____

18 산업의 발달로 변화한 국토의 모습으로 알맞은 것을 두 가지 고르시오. (,)

① 농사를 지을 땅이 넓어졌다.
② 인구가 증가하고 도시가 성장했다.
③ 공장이나 건물 등의 시설이 늘어났다.
④ 어업이나 농업에 종사하는 사람이 증가했다.
⑤ 국토의 대부분을 국립공원으로 지정해 동식물을 보호하고 있다.

다음 인구분포도를 보고, 물음에 답하시오. [19~20]

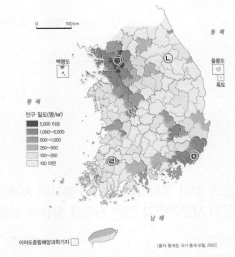

▲ 2020년 우리나라의 인구분포도

19 위의 ㉠~㉤ 지역 중에서 인구가 많아 교통망이 발달한 지역이 <u>아닌</u> 곳은 어디인지 기호를 쓰시오.

( )

20 위 지도를 보고 알 수 있는 사실은 무엇입니까?

( )

① 섬의 인구수는 다른 지역에 비해 많다.
② 도시의 인구수는 다른 지역에 비해 많다.
③ 농촌의 인구수는 다른 지역에 비해 많다.
④ 수도권의 인구수는 다른 지역에 비해 적다.
⑤ 큰 강 주변 지역의 인구 수는 다른 지역에 비해 적다.

1 다음 그래프와 같은 흐름이 계속될 경우 2050년에는 유소년층 인구와 노년층 인구는 어떻게 변화하게 될지 예상하여 쓰시오.

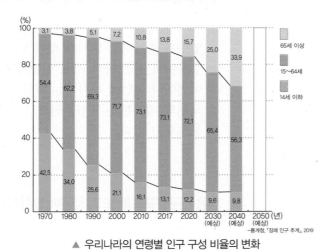

▲ 우리나라의 연령별 인구 구성 비율의 변화

관련 핵심 개념

연령별 인구 구성의 변화

• 인구 구성이란 성, 연령 등을 기준으로 한 어떤 집단의 인구 구성 상태입니다.
• 14세 이하의 유소년층은 1970년 42.5%에서 2018년 12.8%로 크게 줄었습니다.
• 65세 이상 노년층은 1970년 3.1%에서 2018년 14.3%로 늘어났습니다.

_____

_____

2 다음과 같이 우리나라의 인구 분포가 서로 다르게 나타난 까닭은 무엇 때문인지 자연환경과 인문 환경을 활용해 설명하시오.

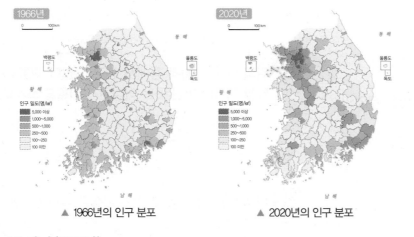

▲ 1966년의 인구 분포   ▲ 2020년의 인구 분포

관련 핵심 개념

우리나라 인구 분포의 특징

• 1960년대 이전까지 우리나라는 벼농사 중심의 농업 사회였습니다. 그래서 농사를 지을 땅이 넓은 남서쪽의 평야 지역에 인구가 많았습니다.
• 1960년대 이후 도시를 중심으로 산업화가 되면서 촌락에 사는 사람들이 일자리를 찾아 도시로 이동했습니다.
• 오늘날에는 과학 기술이 발달하고 경제 성장이 가속화되면서 인구 분포에 있어 자연적 요인보다 사회·경제적 요인의 중요성이 커졌습니다.

(1) 과거(1966년): _____

_____

(2) 오늘날(2020년): _____

_____

3 다음 지도를 보고, 물음에 답하시오.

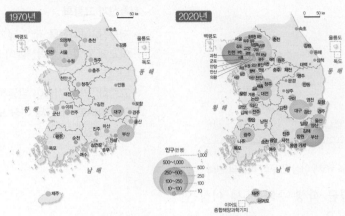

▲ 우리나라 도시 수와 도시별 인구의 변화

(1) 위의 두 지도에서 인구 100만 명이 넘는 도시는 어디인지 모두 찾아 쓰시오.

① 1970년: (　　　　　　　　　　　　　　　　　　)

② 2020년: (　　　　　　　　　　　　　　　　　　)

(2) 위의 두 지도를 비교하여 어느 지역의 도시 수와 도시 인구가 많이 늘어났는지 쓰시오.

_____

_____

관련 핵심 개념

우리나라 도시 발달의 특징

· 1960년대 이후 우리나라는 제조업의 발달과 함께 사람들이 일자리를 찾아 도시로 이동하면서 도시의 인구가 빠르게 증가하였습니다.

· 1960년대에는 서울, 부산, 대구, 인천 등의 도시 인구가 급속히 성장했고, 1970년대에는 남동쪽 해안 공업 도시들의 인구가 크게 늘어났습니다.

4 다음 사진을 보고, 포항의 모습이 어떻게 변화하였는지 쓰시오.

| 옛날 포항의 모습 | 오늘날 포항의 모습 |

_____

_____

관련 핵심 개념

산업의 발달에 따른 지역 모습의 변화

과거에는 주로 자연에서 얻는 산업이 발달했으나 오늘날에는 공장에서 사람들의 생활에 필요한 것들을 만들거나 편리함을 주는 산업들이 주로 발달합니다.

탐구 서술형 평가 2회

1 다음 두 그래프를 보고, 물음에 답하시오.

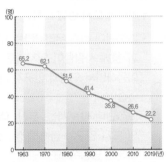

▲ 전국 초등학교의 학급당 평균 학생 수

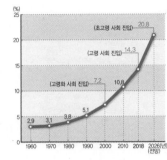

▲ 65세 이상 인구의 비율의 변화

(1) 위 그래프를 보고, 초등학교의 학급당 평균 학생 수와 65세 이상 인구의 비율은 어떻게 변화하고 있는지 쓰시오.

　① 초등학교의 학급당 평균 학생 수: (　　　　　　　　　　　　　)

　② 65세 이상 인구의 비율: (　　　　　　　　　　　　　)

(2) 위 그래프를 참고하여, 앞으로 10년 뒤에는 초등학교의 학급당 평균 학생 수와 65세 이상 인구의 비율은 어떻게 변화할 지 쓰시오.

_____

_____

관련 핵심 개념

저출산과 고령화

• 저출산: 아이들을 적게 낳기 때문에 초등 학교에 입학하는 학생들이 줄어들고 있습 니다.

• 고령화: 의료 기술이 발달하고 평균 수명 이 길어지면서 65세 이상 노인 인구가 증 가하고 있습니다.

2 다음 그래프의 ⬚ 지역에서 나타나고 있는 문제는 무엇인지 쓰시오.

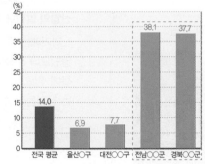

▲ 65세 이상 노년층 인구 비율이 낮은 시군구와 높은 시군구

_____

_____

관련 핵심 개념

인구가 늘어나는 지역과 줄어드는 지역에서 발생하는 문제

• 인구가 늘어나는 지역: 주택 부족, 교통 혼잡, 환경 오염 등

• 인구가 줄어드는 지역: 교육 및 편의 시설 부족, 일손 부족 등

3 자연환경과 인문 환경의 차이에 따라 지역별로 각기 다른 산업이 발달했습니다. 다음 지역에서 발달한 산업은 무엇인지 쓰고, 그 산업이 발달한 이유도 함께 정리하시오.

	지역	발달한 산업	산업이 발달한 이유
(1)	동해		
(2)	대전		
(3)	부산		
(4)	제주		

4 다음 교통도를 보고, 물음에 답하시오.

▲ 1980년대 우리나라의 교통도   ▲ 2020년 우리나라의 교통도

(1) 1980년대와 비교했을 때 2020년에 새로 생긴 교통 시설과 가장 크게 증가한 교통 시설은 무엇인지 각각 쓰시오.

        ① 새로 생긴 교통 시설: (   )

        ② 가장 크게 증가한 교통 시설: (   )

(2) 위와 같이 우리나라의 교통이 발달하면서 옛날과 비교해 어떤 점이 달라졌는지 쓰시오.

_____

_____

1 우리나라의 위치를 설명한 것입니다. 알맞은 말에 ○표 하여 글을 완성하시오.

> 우리나라는 (남반구 , 북반구) 중위도에 위치하며, 아시아 대륙의 (동쪽 , 서쪽)에 있다.

2 다음에서 설명하는 것은 무엇입니까? (   )

> • 우리나라 영토 주변의 바다를 말한다.
> • 우리나라의 주권이 미치는 바다의 범위이다.
> • 수산 자원, 지하자원, 국토방위에 중요한 의미를 가진다.

① 영토
② 영공
③ 영해
④ 토지
⑤ 국민

3 다음 자료를 통해서 알 수 있는 사실은 무엇입니까?
(   )

> 죽도(울릉도)와 그 외의 하나의 섬(독도)은 본방(일본)과 관계 있는 없음을 명심하고, 위 두 섬을 일본 판도 밖의 것으로 정한다.
>
> – 일본, 태정관지령(1877년)

① 우리가 독도를 일본으로부터 빼앗았다.
② 독도가 예전에는 일본의 땅임을 선언하였다.
③ 일본도 독도가 우리의 땅임을 인정하고 있었다.
④ 오늘날에는 일본이 실질적으로 독도를 점거하고 있다.
⑤ 독도는 우리나라 사람과 일본 사람이 함께 생활했던 곳이었다.

4 관동 지방은 태백산맥을 기준으로 어떻게 나누어지는지 두 지역을 쓰시오.

(,   )

5 다음 중 호서 지방은 어느 곳을 의미합니까?
(   )

① 금강의 서쪽
② 조령의 남쪽
③ 경기해의 서쪽
④ 영산강의 서쪽
⑤ 철령관의 서쪽

🌸 다음 지도를 보고, 물음에 답하시오. [6~7]

6 위의 ㉠, ㉡에 들어갈 도청 소재지가 바르게 연결된 것은 어느 것입니까? (   )

	㉠	㉡		㉠	㉡
①	안동	익산	②	안동	전주
③	의성	군산	④	구미	남원
⑤	경산	정읍			

7 우리나라에 특별자치시도는 몇 곳이 있으며, 그 지역의 이름은 무엇인지 쓰시오.

(   )

8 다음 고장의 지형 중에서 해안은 어디인지 찾아 기호를 쓰시오.

(   )

9 다음은 우리나라의 서해안, 남해안, 동해안 중에서 어느 해안을 설명하고 있는지 쓰시오.

길게 뻗은 모래사장이 펼쳐진 곳이 많아 여름이 되면 해수욕을 즐기려고 관광객이 몰려든다.

(   )

10 가을철에 볼 수 있는 사람들의 생활 모습으로 알맞은 것은 어느 것입니까? (   )

① 논에 모내기를 한다.
② 해수욕장에서 물놀이를 한다.
③ 두꺼운 옷을 입고 따뜻한 음식을 먹는다.
④ 짧은 반소매 옷을 입고, 선풍기를 사용한다.
⑤ 농작물을 수확하고 산으로 단풍 구경을 간다.

11 다음과 같은 변화는 무엇의 영향을 받은 것인지 쓰시오.

한라봉, 녹차 등 따뜻한 남부 지방에서 자라던 작물의 재배 지역이 북쪽으로 이동하여 생산 범위가 넓어졌다. 또 더운 바다에서 사는 어류가 우리나라 바다에서 나타나는 등 생태계 변화가 일어나기도 한다.

(   )

12 오른쪽과 같은 저수지는 무엇을 대비하기 위해 만든 것입니까? (   )

① 폭설
② 가뭄
③ 산불
④ 지진
⑤ 황사

서술형

13 여름철에 우리나라에서 자주 발생하는 폭염과 홍수로 인한 피해를 줄이기 위해서는 어떻게 해야 하는 쓰시오.

(1) 폭염: _____

_____

(2) 홍수: _____

_____

다음 그래프를 보고, 물음에 답하시오. [14~15]

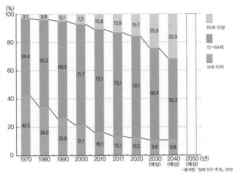

▲ 우리나라의 연령별 인구 구성 비율의 변화

14 위 그래프에서 14세 이하는 무엇으로 구분되는지 보기 에서 찾아 기호를 쓰시오.

보기
　㉠ 노년층　　　㉡ 유소년층　　　㉢ 청장년층

(　　　　　　　　　　)

15 위 그래프를 보고, 바르게 설명하지 <u>않은</u> 것은 어느 것입니까? (　　　　)

① 1970년의 노년층 인구 비율은 3.1%이다.

② 2020년의 노년층 인구 비율은 15.7%이다.

③ 우리나라의 저출산·고령 사회의 특징을 잘 보여 준다.

④ 2040년에는 노년층 인구 비율이 33.9%가 될 것 으로 예상된다.

⑤ 2050년이 되면 유소년층 인구 비율은 늘어나고 노년층 인구 비율은 줄어들 것이다.

16 1960년대에 오른쪽과 같은 인구 분포를 보이는 것은 자 연적 요인과 사회·경제적 요 인 중 무엇과 관련이 있는지 쓰시오.

▲ 1966년의 인구 분포

(　　　　　　　　　　)

17 오른쪽 도시는 서울의 어떤 문제를 해결하기 위해 만든 것입니까? (　　　　)

▲ 아파트 주거 단지(고양시)

① 주택 부족

② 범죄 발생

③ 일손 부족

④ 환경 오염

⑤ 일자리 부족

18 해안가에 위치한 지역은 어떤 점에서 공업 발달에 유리합니까? (　　　　)

① 노동력을 얻기 쉽다.

② 생활용수를 얻기가 편리하다.

③ 산업에 필요한 원료가 풍부하다.

④ 연구소 및 대학교와 협력하기에 좋다.

⑤ 제품을 수출하고 원료를 수입하기에 편리하다.

19 1970년에 완공되어 전 국토를 1일 생활권으로 연결 한 교통 시설은 무엇인지 쓰시오.

(　　　　　　　　　　)

20 교통, 도시, 인구, 산업의 관계를 바르게 설명한 것을 모두 골라 기호를 쓰시오.

㉠ 교통이 발달한 곳에는 인구가 많다.

㉡ 교통이 발달한 곳은 이동이 쉬워 다른 곳에 비해 인구가 적다.

㉢ 도시는 산업이 발달하여 일자리가 많기 때문에 인 구가 늘어난다.

㉣ 교통이 발달하면 상품과 노동력의 이동이 더 빨라 져 산업이 발전한다.

㉤ 산업이 발달한 곳은 산업 시설이 밀집해 있어서 교 통이 발달하기가 어렵다.

(　　　　　　　　　　)

1 우리나라의 위치 특징과 거리가 먼 것은 어느 것입니까? (   )

① 반도 국가이다.
② 아시아 대륙과 떨어져 있다.
③ 육지와 바다 모두 접하고 있다.
④ 삼면이 바다로 열려 있어 해양으로 나아가기 좋다.
⑤ 도로나 철도를 이용해 대륙으로 진출하기에 유리하다.

2 다른 나라의 배나 비행기가 함부로 우리나라의 영역에 들어올 수 없는 까닭으로 가장 알맞은 것은 어느 것입니까? (   )

① 우리나라의 주권이 미치기 때문이다.
② 영토가 높은 지대에 위치하고 있기 때문이다.
③ 우리나라 국군이 철저하게 막고 있기 때문이다.
④ 우리나라 사람들과 의사소통을 하기 힘들기 때문이다.
⑤ 우리나라에 들어오기 위해서는 많은 비용을 지불해야 하기 때문이다.

3 휴전선을 중심으로 남과 북에 각각 2 km내에 위치한 영역으로, 오랫동안 사람들의 발길이 닿지 않으면서 생태계가 보존되어 그 가치를 받고 있는 곳은 어디인지 쓰시오.

(   )

4 다음에서 설명하는 지역은 어디인지 쓰시오.

• 휴전선 남쪽으로 소백산맥과 금강 하류까지이다.
• 경기 지방, 호서 지방, 관동 지방으로 구분된다.

(   )

오른쪽 지도를 보고, 물음에 답하시오. [5~6]

5 영남 지방과 다른 지방을 구분하는 기준이 되는 자연환경은 무엇입니까?
(   )

① 금강
② 철령
③ 조령
④ 소백산맥
⑤ 태백산맥

6 위 지도의 경기 지방이 뜻하는 것은 무엇입니까?
(   )

① 경상북도 주변을 의미한다.
② 우리 국토의 중심을 의미한다.
③ 조령(문경 새재)의 북쪽 지역을 의미한다.
④ 좋은 경치가 많은 곳이라는 의미를 가진다.
⑤ 왕이 사는 도읍(한양) 주변의 땅을 의미한다.

7 다음 ㉠~㉣에 들어갈 행정 구역의 이름을 쓰시오.

우리나라는 북한 지역을 제외하면 특별시 1곳과 특별자치시 1곳, 광역시 6곳 그리고 도 8곳과 특별자치도 1곳으로 이루어져 있다.
특별시 1곳은 [㉠]이고, 특별자치시 1곳은 세종특별자치시이며, 광역시 6곳은 인천광역시, 대전광역시, 대구광역시, 광주광역시, [㉡], 부산광역시이다. 도 8곳은 경기도, [㉢], 충청남도, 충청북도, 전라남도, 전라북도, 경상북도, 경상남도이다. 특별자치도 1곳은 [㉣]이다.

㉠: (   ) ㉡: (   )
㉢: (   ) ㉣: (   )

8 우리나라 땅 모형을 만들기를 할 때 산맥은 어떤 색의 점토로 표현하는 것이 좋습니까? (   )

① 밤색
② 빨강색
③ 노란색
④ 파란색
⑤ 주홍색

9 하천 상류에 다음과 같은 다목적 댐을 건설하는 까닭으로 알맞은 것을 두 가지 고르시오. (,   )

① 김 양식
② 전기 생산
③ 소금 생산
④ 홍수 방지
⑤ 지진 대비

🌸 다음 기후도를 보고, 물음에 답하시오. [10~11]

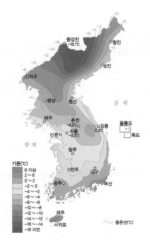

▲ 우리나라의 1월 평균 기온

10 위 지도에서 서울과 강릉의 평균 기온을 비교했을 때 어느 곳의 기온이 더 높은지 쓰시오.

(   )

11 앞의 **10**번과 같은 결과가 나타나는 까닭은 무엇 때문인지 두 가지 고르시오. (,   )

① 지형이 높기 때문이다.
② 바다의 영향 때문이다.
③ 땅의 면적이 넓기 때문이다.
④ 기온을 재는 기관이 다르기 때문이다.
⑤ 태백산맥이 찬바람을 막아 주기 때문이다.

12 우리 조상들이 더운 여름과 추운 겨울에 있었던 다음 옷의 이름은 무엇인지 쓰시오.

(1)   (2)

(   ) (   )

서술형

13 울릉도에서 볼 수 있는 다음 집의 특징을 쓰시오.

_____

_____

14 겨울에는 주로 어떤 자연재해가 발생해 피해를 끼칩니까? (   )

① 한파
② 홍수
③ 가뭄
④ 열사병
⑤ 대기 오염

15 황사 피해를 줄이기 위한 노력으로 알맞은 것은 어느 것입니까? (   )

① 댐이나 보를 만든다.
② 시원한 곳에서 휴식을 취한다.
③ 염화칼슘이나 소금을 준비한다.
④ 가벼운 옷차림을 하고 물을 자주 마신다.
⑤ 외출하고 돌아오면 손발을 깨끗이 씻는다.

17 65세 이상 인구의 비율로 볼 때, 현재 우리 사회는 어디에 해당하는지 쓰시오.

> 65세 이상 인구가 전체 인구의 7%를 넘으면 고령화 사회, 14%를 넘으면 고령 사회, 20%를 넘으면 초고령 사회로 구분한다.

(   )

18 1960년대에 사람들이 많이 모여 살았던 남서쪽 지역에서 발달한 산업은 무엇이었는지 쓰시오.

(   )

🌸 다음 신문 기사를 읽고, 물음에 답하시오. [16~17]

○○신문   20△△년 △△월 △△일

콩나물 교실은 옛말, 남는 교실이 걱정

초등학교의 학급당 평균 학생 수가 2019년에 약 22명까지 떨어졌다. 초등학생 수가 이처럼 줄어든 것은 저출산 현상 때문이다. 1950~1960년대에는 출산율이 높아 학생 수가 크게 늘면서 전국적으로 교실 부족 문제가 심각했다. 이때의 교실 모습을 콩나물이 자랄 때의 모습에 비유해 '콩나물 교실'이라 불렸다. 하지만 2000년대 이후 출산율이 세계 최저 수준으로 떨어져 앞으로는 남는 교실을 걱정해야 할 형편이다.

이제는 초고령 사회를 대비해야 할 때

평균 수명이 길어지고 노인 인구가 늘어나면서 우리나라는 지난 2000년에 고령화 사회로 진입했다. 2018년에는 노인 인구가 14%를 넘어서 고령 사회에 도달했다. 지금과 비슷한 흐름으로 갈 때 2026년에는 초고령 사회에 진입할 것이다.

19 다음 지도를 보고, 알맞은 말에 ○표 하시오.

▲ 2020년의 인구 분포

> 오늘날 인구가 밀집된 지역은 (촌락 , 도시)로/으로 이 지역은 공업 및 서비스업이 발달해 있고, 교육이나 생활 편의 시설이 (풍부하다 , 부족하다).

16 위 신문 기사와 관계 깊은 사회 문제를 두 가지 고르시오. (,   )

① 저출산   ② 고령화
③ 환경 오염   ④ 주택 문제
⑤ 식량 부족

20 옛날에는 작은 어촌이었지만 오늘날 제철 산업이 발달한 도시로 성장한 곳은 어디입니까? (   )

① 인천   ② 포항
③ 동해   ④ 광주
⑤ 군산

서술형

1 다음과 같은 위치에 있는 우리나라가 가지는 장점은 무엇인지 쓰시오.

> 우리나라는 아시아 대륙의 동쪽에 위치한 반도이다.

_____

_____

2 위도와 경도를 사용하여 우리나라의 위치를 바르게 나타낸 것은 어느 것입니까? (   )

	위도	경도
①	북위 33°~43°	동경 124°~132°
②	남위 33°~43°	동경 124°~132°
③	남위 33°~43°	서경 124°~132°
④	북위 33°~43°	서경 124°~132°
⑤	동위 33°~43°	북경 124°~132°

3 다음은 우리나라 영토의 끝을 나타낸 지도입니다. ㉠, ㉡에 들어갈 지역은 어디인지 쓰시오.

㉠: (   )

㉡: (   )

4 우리들이 국토 사랑을 실천할 수 있는 방법과 거리가 먼 것은 어느 것입니까? (   )

① 환경 오염 시키지 않기
② 국토 구석구석 여행하기
③ 우리 국토에 자부심 갖기
④ 국토 개발 계획 수립하기
⑤ 국군과 독도 해양 경찰들께 편지 쓰기

🌍 우리나라의 국토를 구분한 다음 지도를 보고, 물음에 답하시오. [5~6]

5 우리나라를 북부, 중부, 남부 지방으로 나눌 때 위의 (가), (나), (다)는 어느 지역에 속하는지 쓰시오.

(가)	(나)	(다)

6 위의 (가)와 (나) 지역을 구분하는 기준선이 되는 ㉠은 무엇인지 쓰시오.

(   )

7 '전라도'라는 명칭은 어느 도시의 이름을 따서 정한 것입니까? (   )

① 전주, 나주   ② 전주, 순천
③ 광주, 목포   ④ 순천, 광양
⑤ 여수, 나주

8 우리나라 지형의 특징을 나타낸 다음 단어와 관계 깊은 것은 무엇입니까? ( )

> 동고서저(東高西低)

① 동쪽에 평야가 발달하였다.
② 서쪽에 높은 산들이 많이 있다.
③ 하천 주변에 평야가 넓게 펼쳐져 있다.
④ 하천은 대부분 동쪽에서 서쪽으로 흘러간다.
⑤ 큰 도시는 대부분 동쪽에서 먼저 발달하여 서쪽으로 확장되었다.

9 다음과 같은 이용 모습을 볼 수 있는 지형은 어디입니까? ( )

① 하천   ② 해안
③ 산지   ④ 평야
⑤ 고원

10 다음 ㉠, ㉡에 들어갈 말로 알맞은 것은 어느 것입니까? ( )

> 우리나라의 전통 가옥에는 시원한 여름을 보내려고 ㉠ 을/를 만들었고, 겨울을 따뜻하게 보내려고 난방 시설인 ㉡ 을/를 설치했다. 또한 지역마다 집의 구조에도 차이가 난다.

	㉠	㉡
①	온돌	설피
②	대청	온돌
③	우데기	온돌
④	구들장	아궁이
⑤	아궁이	우데기

우리나라 여러 지역의 강수 분포를 나타낸 다음 그래프를 보고, 물음에 답하시오. [11~12]

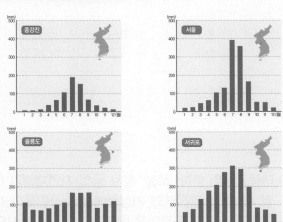

11 위 그래프의 네 지역 중에서 여름에 비가 가장 많이 내리는 곳은 어디인지 쓰시오.

( )

서술형

12 위 그래프를 보고 알 수 있는, 울릉도 강수량의 특징은 무엇인지 쓰시오.

_____

_____

13 오른쪽과 같은 설피는 주로 어느 지역에서 신고 다녔습니까? ( )

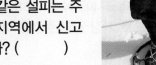 

① 습기가 많은 지역
② 매우 건조한 지역
③ 눈이 많이 내리는 지역
④ 바람이 많이 부는 지역
⑤ 비가 많이 내리는 지역

14 여름에 주로 발생하는 자연재해를 다음에서 모두 골라 기호를 쓰시오.

| ㉠ 홍수 | ㉡ 황사 | ㉢ 폭염 |
| ㉣ 한파 | ㉤ 가뭄 | ㉥ 태풍 |

(   )

15 태풍, 폭염, 한파, 폭설, 황사 등의 자연재해가 예상될 때 행정 안전부와 기상청에서는 국민들이 미리 대처할 수 있도록 무엇을 발령하고 있는지 쓰시오.

(   )

서술형

16 다음 공익 광고를 보고 알 수 있는, 우리나라의 연령별 인구 구성 변화 모습은 무엇인지 쓰시오.

이런 모습, 상상은 해보셨나요?

_____

_____

17 수도권이나 대도시에 14세 이하의 유소년층 인구가 많은 까닭으로 가장 알맞은 것은 어느 것입니까?
(   )

① 외국으로 쉽게 나갈 수 있어서
② 많은 교육 혜택을 누릴 수 있어서
③ 아이들이 쉴 수 있는 공간이 많아서
④ 경쟁을 통해 성적을 향상시킬 수 있어서
⑤ 교육비가 다른 지역에 비해 적게 들어서

18 서울에 인구가 집중되면서 발생하는 문제를 해결하기 위해 한 노력으로 알맞은 것에 ○표 하시오.

(1) 경기도에 신도시를 건설해 인구와 기능을 분산시켰다. (   )
(2) 수도권에 집중되어 있던 공공 기관을 지방으로 옮겼다. (   )
(3) 수도권에 거주하는 사람들을 지방으로 강제로 이주시켰다. (   )
(4) 다른 지역의 교통이나 환경을 개선하여 인구를 분산시켰다. (   )

19 교통의 발달로 인해 달라진 모습과 거리가 먼 것은 어느 것입니까? (   )

① 지역 간의 교류가 활발해졌다.
② 물자의 이동이 더욱 활발해졌다.
③ 사람들이 활동 범위가 넓어졌다.
④ 공업 원료의 운송 시간이 줄어들었다.
⑤ 지역 간 거리는 점점 멀게 느껴지고 있다.

20 산업과 교통의 관계에 대해 바르게 말한 친구는 누구인지 쓰시오.

교통이 발달하면 원료 운송 시간과 비용이 줄어 산업이 발달하기에 유리할 거야.
수영

발달한 교통수단을 이용하는 교통비가 비싸서 원료 운송비가 많이 들어 산업 발전이 더뎌질 거야.
기태

(   )

우주인의 생활 모습

우주선에는 우주 비행사들이 장시간 생활하는 데 불편함이 없도록 쾌적한 온도와 습도, 생활 편의 시설 등이 잘 갖추어져 있다.

우주선의 실내 공간은 지상에서와 똑같이 질소와 산소가 4:1 정도의 비율로 혼합된 공기로 채워져 있다. 이때 산소는 물을 전기 분해해서 공급되는데, 전류가 물 저장고를 통과하면서 수소와 산소로 분해하는 방법을 이용한다.

우주선 안의 온도와 습도는 생명 유지 장치를 통하여 조절된다. 그래서 어떠한 상황에서도 항상 일정하게 유지된다. 공기가 탁해지거나 냄새가 발생하면 정화 장치가 작동하며, 호흡에 필요한 산소는 우주선 안에 보관되어 있는 액체 산소로부터 계속 공급된다.

취침 시설, 화장실, 샤워 시설, 냉장고와 식탁 등이 갖추어진 부엌 등 우주 비행사들이 생활하는 데 필요한 기본 시설이 우주선 안에 모두 갖추어져 있다. 이밖에도 우주 비행사들의 건강을 위한 운동 기구도 설치되어 있다.

① 인권을 존중하는 삶 (1)

▶ 교과서 90~100쪽

1 인권 └ 외모, 성별, 나이, 건강 상태 등에서 오는 서로의 차이점과 개성이 존중되고, 사람으로서 당연히 가지는 인간답게 살 권리를 말합니다.

① 인권의 의미 [자료 ①]

• 사람이기 때문에 당연히 누리는 기본적인 권리입니다.

• 태어날 때부터 갖는 사람이기 때문에 존중되는 권리입니다.

• 사람으로서 인간답게 살아갈 권리를 침해당하지 않는 것입니다.

② 인권(서로의 차이)을 존중해 주어야 할 대상: 몸이 불편한 장애인, 몸이 약하고 아픈 사람이나 어린이, 힘없는 노인 등입니다. [자료 ②]
→ 이밖에도 노숙인, 난민, 외국인 근로자 등이 서로의 차이를 존중해 주어야 할 대상입니다.

2 인권 신장을 위해 노력했던 옛사람들

① 우리나라의 인권 신장을 위해 노력한 인물

허균	『홍길동전』을 통해 신분이 천하다는 이유로 능력을 펼칠 기회조차 주지 않는 당시의 사회 제도를 고쳐야 한다고 주장했음.
방정환	어린이를 미래 사회를 이끌어 갈 주인공으로 생각해 소중히 여겼고, 모든 어린이가 꿈과 희망을 품고 행복하게 자라기를 바라는 마음으로 어린이날을 만들었음. →과거에는 어린이를 어른의 소유물로 생각하고 어린이의 인권을 무시하는 경향이 있었습니다.

② 다른 나라의 인권 신장을 위해 노력한 인물 [자료 ③]

테레사 수녀	가난하고 아픈 사람들을 위해 평생을 바쳤고, 환자를 위한 요양원과 무료 급식소, 고아원 등을 세워 봉사 활동을 했음.
마틴 루서 킹	백인에게 차별받는 흑인의 인권을 신장하고자 노력했음.

3 인권 신장을 위한 옛날의 여러 제도 → 조선 시대에는 신분이 높은 사람은 상소를 올리거나 나라의 여러 기관에서 자신의 억울함을 말할 수 있었습니다.

① 인권 신장을 위한 여러 가지 제도

격쟁	억울한 일을 당한 사람이 임금의 행차 때 징이나 꽹과리를 쳐서 임금에게 억울함을 호소할 수 있었음.	
신문고 제도	백성들은 억울한 일이 있을 때 대궐 밖에 설치된 북을 쳐서 임금에게 알릴 수 있었음.	
상언 제도	신분과 관계없이 억울한 일을 문서를 써서 임금에게 호소할 수 있었음.	

② 인권 신장을 위한 재판 제도(삼복제): 큰 죄를 지은 사람에게 사형과 같은 무거운 형벌을 내릴 때는 신분과 관계없이 세 번의 재판을 거치도록 했습니다. → 생명은 옛날이나 지금이나 소중하기 때문에 세 번까지 재판하는 제도는 오늘날까지 이어지고 있습니다.

자료 ① 인권 존중의 의미

• 나와 다른 사람을 배려하고 인격적으로 대해 주는 것입니다.

• 외국인이나 몸이 불편한 사람에게 친절을 베푸는 것입니다.

• 서로의 개성과 생각을 존중해 주는 것입니다.

자료 ② 생활 속에서 인권(서로의 차이)을 존중하는 모습

키가 작은 어린이를 위해 낮은 세면대를 설치한다.	노약자와 몸이 불편한 사람을 위해 공공장소에 승강기를 설치한다.

장애인을 위해 장애인 전용 주차 구역을 따로 만든다.	임신, 출산 등으로 직장 생활을 쉬어야 할 때 법으로 휴가를 보장한다.

자료 ③ 헬렌 켈러와 넬슨 만델라

• 헬렌 켈러: 시각, 청각 장애가 있었지만 여성 인권과 노동자들의 인권을 보호하기 위해 힘썼으며, 자신의 일생을 장애인들을 위해 바쳤습니다.

• 넬슨 만델라: 인종 차별에 맞서 인권 운동을 펼쳤으며, 민주화 운동에 앞장섰습니다.

✿ 인권 보호를 위한 국가의 노력

「국민 기초 생활 보장법」	생활이 어려운 사람에게 필요한 돈을 주어 최저 생활을 보장하고 자활을 조성하는 것을 목적으로 제정된 법률
「재해 구호법」	비상 재해가 발생했을 때, 국민이 자발적으로 내는 의연금과 정부의 보조금으로 재해를 당한 사람을 돕는 내용의 법률
「의료 보호법」	생활 유지의 능력이 없거나 생활이 어려운 사람에게 의료 보호를 시행해 국민 보건의 향상과 사회 복지를 증진시키려고 제정한 법
「아동 복지법」	만 18세 미만의 아동이 건전하게 출생해 행복하고 건강하게 자랄 수 있는 복지를 보장하려고 제정한 법

✿ 유엔 아동 권리 협약

- 세계 여러 나라가 모여 만 18세 미만 어린이와 청소년의 권리가 담긴 '유엔 아동 권리 협약'을 만들었습니다.
- 아동을 단순한 보호 대상이 아닌 권리를 가진 인간 존재로 규정하고 있습니다.
- 마땅히 누려야 할 어린이의 권리

생존의 권리	적절한 생활 수준, 안전한 주거지, 영양 섭취, 기본적인 보건 서비스
보호의 권리	과도한 노동 금지, 학대 및 방임 금지, 부당한 형사 처분 금지
발달의 권리	문화생활을 즐길 권리, 교육받을 권리
참여의 권리	자신에게 영향을 미칠 수 있는 문제에 대해 말할 권리.

용어 풀이

❶ **침해**(侵 침범할 **침** 害 해칠 **해**) 남의 권리나 재산을 함부로 침범하여 손해를 끼침.
❷ **신장**(伸 펼칠 **신** 張 베풀 **장**) 세력이나 권리 따위가 늘어남.

개념을 확인해요

1 사람이기 때문에 당연히 누리는 권리를 □□이라고 합니다.

2 임신, 출산 등으로 직장 생활을 잠시 쉬어야 할 때 □□으로 휴가를 보장하고 있습니다.

3 인권 □□은 나와 다른 사람을 배려하고 인격적으로 대해 주는 것입니다.

4 □□은 『홍길동전』에서 당시의 사회 제도를 고쳐야 한다고 주장했습니다.

5 □□□은 모든 어린이가 꿈과 희망을 품고 행복하게 자라기를 바라는 마음으로 어린이날을 만들었습니다.

6 □□□ 수녀는 가난하고 아픈 사람들을 위해 평생을 바쳤습니다.

7 마틴 루서 킹은 백인에게 차별받는 □□의 인권을 신장하고자 노력했습니다.

8 □□은 억울한 일을 당한 사람이 임금의 행차 때 징이나 꽹과리를 쳐서 임금에게 억울함을 호소하는 것을 말합니다.

9 백성들은 억울한 일이 있을 때 대궐 밖에 설치된 □을 쳐서 임금에게 알릴 수 있었습니다.

10 조선 시대에는 큰 죄를 지은 사람에게 사형과 같은 무거운 형벌을 내릴 때는 □번의 재판을 거치도록 했습니다.

❶ 인권을 존중하는 삶 (2)

❹ 인권이 침해된 사례 → 인권을 보장받으면 누구나 행복할 수 있기 때문에 모든 사람이 행복하게 살아가려면 주변의 인권에 관심을 가져야 합니다.

① 개인 정보 유출, 편견이나 차별, 사생활 침해, 사이버 폭력을 포함한 학교 폭력 등은 상대방의 인권을 존중하지 않는 대표적인 모습입니다.

내가 저 아이 몸 무게 알려 줄까?
→ 개인 정보 유출의 모습입니다.

친구의 수첩이니까 봐도 되겠지?
→ 사생활 침해의 모습입니다.

② 우리 주변에서 인권이 침해된 사례 ⓞ

외모로 놀리지 않았으면 좋겠어요

은서는 한국인 아버지와 외국인 어머니 사이에서 태어났습니다. 같은 반 친구들과 잘 지내지만 가끔 짓궂은 친구들이 은서의 외모를 놀릴 때가 있습니다. 은서는 그럴 때마다 속상합니다.

가고 싶은 곳에 가기 힘들어요

시각 장애가 있는 민준이의 삼촌이 혼자서 수영장까지 가는 것은 힘든 일입니다. 집에서 수영장까지 가는 순환 버스를 타기 때문에 수영장 건물 입구까지는 잘 갈 수 있지만, 건물 안에는 점자 블록이 설치되지 않아 누군가의 도움이 필요합니다.

❺ 인권 보장을 위한 노력

인권 개선 활동	시민 단체의 노력으로 낡고 위험한 놀이터가 안전하고 즐거운 놀이터로 바뀌었음.
인권 교육 활동	학교에서는 인권 교육 활동으로 다문화 가족에 대한 편견을 없애고 문화적 다양성을 인정하며 존중하도록 함.
장애인 공공 편의 시설 설치 [자료 ❹]	국가와 지방 자치 단체에서는 장애인이 안전하고 편리하게 공공시설을 이용할 수 있도록 편의 시설을 설치하여 운영함.
다양한 사회 보장 제도 시행	국가와 지방 자치 단체는 국민이 빈곤, 질병, 생활 불안 등에서 벗어나 안정적으로 살 수 있도록 사회 보장 제도를 만들어 시행함.

❻ 인권 보호를 생활에서 실천하는 방법

① 우리들이 할 수 있는 인권 보호 실천 방법 [자료 ❺]

- 인권 포스터 그리기
- 인권 동영상 만들기
- 인권 표어 만들기
- 인권 사진 찍기

② 인권을 보호하기 위한 다양한 실천 방법

- 일상생활에서 인권을 존중하는 말을 사용합니다. → 차이를 인정해 주는 말, 차별하지 않는 말 등이 인권을 존중하는 말입니다.
- 인권 침해 상황을 봤을 때 관련 있는 관공서에 인권 개선을 위한 편지를 씁니다.

[자료 ❹] 장애인 공공 편의 시설

시각 장애인용 점자 안내도

시각 장애인에게 건물의 기본적인 위치와 구조에 관한 정보를 제공하는 안내판

점자 블록

시각 장애인이 안전하게 다닐 수 있도록 건물의 바닥이나 도로에 깐 블록

시각 장애인용 음향 신호기

시각 장애인이 안전하게 횡단보도를 건널 수 있도록 소리로 신호등의 변화를 알려 주는 장치

휠체어 리프트

몸이 불편한 사람이 계단을 쉽게 오르내릴 수 있게 만든 시설

장애인 콜택시

1, 2급 장애인과 보호자 및 동반 가족이 이용할 수 있는 운송 수단

[자료 ❺] 어린이가 할 수 있는 인권 관련 캠페인 주제 ⓞ

- 어린이의 놀 권리
- 안전한 등굣길
- 학교 폭력 예방
- 아동 학대

🌵 국가인권위원회

• 우리나라의 국가 기관 중 어디에도 속하지 않은 독립적인 기구로 2001년 11월에 출범했습니다.

• 국가인권위원회는 모든 개인의 기본적 인권을 보호하고 향상함으로써 인간으로서의 존엄과 가치를 실현하려고 만들었습니다.

• 국가인권위원회는 인권 침해 사안이 발생하면 이를 조사하고 인권 침해를 당한 사람을 도와줍니다.

• 우리나라의 인권 정책에 의견을 제시해 개선될 수 있도록 하고, 국민의 인권 의식을 향상하고자 인권 교육과 홍보 활동을 벌입니다.

• 각국에 설치된 인권 기구와 협력해 우리나라 국민의 인권이 향상되도록 노력하고 있습니다.

🌵 인권을 무시하는 차별과 편견의 말

어린이를 무시하는 말	'넌 몰라도 돼.'
몸으로 마음을 판단하는 말	'몸매가 나빠.'
도시 중심으로 판단하는 말	'서울 사람'의 반대말은 시골 사람'
성 고정 관념을 강요하는 말	'남자는 평생 세 번만 운다.', '엄마는 집사람'

📎 용어 풀이

❸ 유출 중요한 내용이나 물품이 외부로 새어 나감.

❹ 편견(偏 치우칠 편 見 볼 견) 공정하지 못하고 한쪽으로 치우친 생각.

11 학교에서 신체검사를 할 때 다른 친구의 키나 몸무게와 같은 개인 정보를 허락 없이 확인하는 것은 인권을 ☐☐ 하는 행동입니다.

12 사이버 폭력을 포함한 학교 폭력은 상대방의 ☐☐ 을 존중하지 않는 모습입니다.

13 다문화 가정의 친구가 우리와 피부색이 다르다고 해서 우리나라 사람이 아니라는 ☐☐ 을 갖는 것은 인권 침해입니다.

14 ☐☐☐ 의 노력으로 낡고 위험한 놀이터가 안전하고 즐거운 놀이터로 바뀌었습니다.

15 학교에서는 인권 교육 활동으로 ☐☐☐ 가족에 대한 편견을 없애고 문화적 다양성을 존중하도록 합니다.

16 국가와 지방 자치 단체에서는 ☐☐☐ 이 안전하고 편리하게 공공시설을 이용할 수 있도록 편의 시설을 설치하여 운영합니다.

17 점자 블록은 ☐☐☐☐ 이 안전하게 다닐 수 있도록 건물의 바닥이나 도로에 깝니다.

18 ☐☐☐☐☐ 는 몸이 불편한 사람이 계단을 쉽게 오르내릴 수 있게 만든 시설입니다.

19 국가와 지방 자치 단체는 국민이 안정적인 삶을 살아갈 수 있도록 ☐☐☐☐ 제도를 만들어 시행합니다.

20 인권 ☐☐ 를 실천하기 위해서는 일상생활에서 인권을 존중하는 말을 사용해야 합니다.

핵심 1 인권

✱ 인권의 의미
- 사람이기 때문에 당연히 누리는 권리입니다.
- 태어날 때부터 갖는, 사람이기 때문에 존중되는 권리입니다.
- 사람으로서 인간답게 살아갈 권리를 침해당하지 않는 것입니다.

✱ 인권(서로의 차이)을 존중하는 모습 예

키가 작은 어린이를 위해 낮은 세면대를 설치한다.

장애인을 위해 장애인 전용 주차 구역을 따로 만든다.

1 태어날 때부터 갖는, 사람이기 때문에 당연히 누리는 권리를 무엇이라고 하는지 쓰시오.

(   )

2 다음 사람들의 공통점으로 알맞은 것은 어느 것입니까? (   )

- 몸이 불편한 장애인
- 몸이 약하고 아픈 사람이나 어린이

① 경제적으로 넉넉한 사람들이다.
② 일할 의욕과 능력이 없는 사람들이다.
③ 사회에서 많은 관심을 받는 사람들이다.
④ 법의 보호를 충분히 받고 있는 사람들이다.
⑤ 인권(서로의 차이)을 존중해 주어야 할 사람들이다.

핵심 2 인권 신장을 위해 노력했던 옛사람들

✱ 우리나라의 인권 신장을 위해 노력한 인물

허균	양반 신분임에도 『홍길동전』을 지어 신분이 천하다는 이유로 능력을 펼칠 기회조차 주지 않는 당시의 사회 제도를 고쳐야 한다고 주장함.
방정환	어린이를 소중히 여기고 어린이를 위해 동화책을 지었으며, 어린이날을 만들어 모든 어린이가 꿈과 희망을 품고 행복하게 자랄 수 있도록 도와주었음.

✱ 다른 나라의 인권 신장을 위해 노력한 인물

테레사 수녀	가난하고 아픈 사람들을 위해 평생을 바쳤고 환자를 위한 요양원과 무료 급식소, 고아원, 학교 등을 세워 봉사 활동을 했음.
마틴 루서 킹	백인에게 차별받는 흑인의 인권을 신장하고자 노력했음.

3 어린이의 인권 신장을 위해 노력했던 오른쪽 인물은 누구인지 쓰시오.

(   )

4 테레사 수녀가 한 일을 바르게 설명한 것은 어느 것입니까? (   )

① 민주화 운동에 앞장섰다.
② 평생을 정치인들을 위해 일했다.
③ 흑인의 인권을 신장하고자 노력했다.
④ 인종 차별에 맞서 인권 운동을 펼쳤다.
⑤ 가난하고 아픈 사람들을 위해 평생을 바쳤다.

핵심 3 인권 신장을 위한 옛날의 여러 제도

격쟁	신문고 제도

억울한 일을 당한 사람이 임금의 행차 때 징이나 꽹과리를 쳐 임금에게 억울함을 호소했음.	백성들은 억울한 일이 있을 때 대궐 밖에 설치된 북을 쳐서 임금에게 알릴 수 있었음.
상언 제도	삼복제

신분과 관계없이 억울한 일을 문서에 써서 임금에게 호소할 수 있었음.	사형과 같은 무거운 형벌을 내릴 때는 신분과 관계없이 세 번의 재판을 거치도록 했음.

5 인권 신장을 위한 옛날 제도 중 격쟁은 어떤 방법으로 억울함을 알렸습니까? (　　　)

① 북을 쳐서 알렸다.
② 글을 써서 올렸다.
③ 춤으로 표현하여 알렸다.
④ 징과 꽹과리를 쳐서 알렸다.
⑤ 재판을 하여 잘잘못을 따졌다.

6 다음에서 설명하는 조선 시대의 제도는 무엇인지 쓰시오.

> 큰 죄를 지은 사람에게 사형과 같은 무거운 형벌을 내릴 때는 세 번의 재판을 거치도록 했다.

(　　　　　　　)

핵심 4 인권 보장을 위한 노력

인권 개선 활동	시민 단체의 노력으로 낡고 위험한 놀이터가 안전하고 즐거운 놀이터로 바뀌었음.
인권 교육 활동	학교에서는 인권 교육 활동으로 다문화 가족에 대한 편견을 없애고 문화의 다양성을 존중하도록 함.
장애인 공공 편의 시설 설치	국가와 지방 자치 단체에서는 장애인이 안전하고 편리하게 공공시설을 이용할 수 있도록 편의 시설을 설치하여 운영함.
다양한 사회 보장 제도 시행	국가와 지방 자치 단체는 국민이 빈곤, 질병, 생활 불안 등에서 벗어나 안정적으로 살 수 있도록 사회 보장 제도를 만들어 시행함.

7 학교에서 다문화 이해 교육을 실시하고 있는 까닭으로 알맞지 <u>않은</u> 것은 어느 것입니까? (　　　)

① 문화의 다양성을 인정하도록 하기 위해서
② 다양한 문화를 존중하는 태도를 길러 주기 위해서
③ 다문화 가족에 대한 사회적 차별을 예방하기 위해서
④ 다문화 가족에 대한 사회적 편견을 예방하기 위해서
⑤ 우리나라 사람과 다른 나라 사람을 구분할 수 있도록 하기 위해서

8 오른쪽 사진의 장애인 공공 편의 시설은 무엇입니까? (　　　)

① 점자 블록
② 휠체어 리프트
③ 장애인 콜택시
④ 시각 장애인용 점자 안내도
⑤ 시각 장애인용 음향 신호기

다음 그림을 보고, 물음에 답하시오. [1~3]

(가)

(나)

(다)

(라)

1 위 (가)~(라)의 공통점으로 가장 알맞은 것은 어느 것입니까? (　　)

① 생활 속에서 불편함을 겪는 모습
② 생활 속에서 인권을 존중하는 모습
③ 생활 속에서 자신의 개성을 발휘하는 모습
④ 생활 속에서 입장이 달라 갈등을 겪는 모습
⑤ 생활 속에서 다양한 사람들이 서로 도움을 주고 받는 모습

2 위의 (가)와 같이 낮은 세면대를 설치하는 것은 어떤 사람을 존중하기 위한 것입니까? (　　)

① 노인
② 장애인
③ 임산부
④ 어린이
⑤ 외국인

3 위의 (가)~(라) 중에서 장애인을 존중하는 모습을 찾아 기호를 쓰시오.

(　　　　　　　)

4 다음에서 설명하는 것은 무엇인지 쓰시오.

> • 인간으로서 행복과 안전을 누릴 수 있는 권리이다.
> • 태어날 때부터 모든 사람에게 평등하게 보장되는 것이며 다른 사람이 힘이나 권력으로 함부로 빼앗을 수 없다.

(　　　　　　　)

5 학교생활에서 인권 존중을 바르게 실천하는 모습은 어느 것입니까? (　　)

① 친구가 발표할 때 딴 짓을 한다.
② 친구의 의견을 끝까지 들어준다.
③ 나보다 성적이 낮은 친구는 무시한다.
④ 친구와 친하게 지내기 위해 욕을 한다.
⑤ 장애를 가진 친구를 놀리며 함께 놀아 준다.

6 허균이 당시의 신분 제도를 비판하기 위해 쓴 책은 무엇입니까? (　　)

① 『춘향전』
② 『흥부전』
③ 『홍길동전』
④ 『별주부전』
⑤ 『장화홍련전』

서술형

7 방정환이 어린이날을 정한 까닭은 무엇인지 쓰시오.

_____

8 일생을 빈민가에서 봉사 활동을 하며 가난한 사람과 아이들의 인권 신장을 위해 노력한 사람은 누구입니까? (   )

① 헬렌 켈러　　　　② 로자 파크스
③ 테레사 수녀　　　④ 넬슨 만델라
⑤ 마틴 루서 킹

9 조선 시대의 여러 가지 제도 중 성격이 다른 하나는 무엇입니까? (   )

① 격쟁　　　　　　② 상소
③ 삼복제　　　　　④ 상언 제도
⑤ 신문고 제도

10 옛날의 인권 신장을 위한 대표적인 제도와 그 방법을 알맞게 선으로 이으시오.

(1) 격쟁　·

　　　　　·㉠

(2) 상언 제도　·

　　　　　·㉡

(3) 신문고 제도　·

　　　　　·㉢

11 옛날에 큰 죄를 지은 사람에게 사형과 같은 무거운 형벌을 내릴 때 세 번의 재판을 거치도록 한 까닭으로 알맞은 것은 어느 것입니까? (   )

① 억울하게 벌을 받는 일이 없도록 하기 위해서
② 죄를 지은 사람에게 더 무거운 형벌을 내리기 위해서
③ 죄를 지은 사람에게 반성의 시간을 갖도록 하기 위해서
④ 죄를 지은 사람의 잘못을 모든 백성들이 알 수 있도록 하기 위해서
⑤ 죄를 지은 사람으로 인해 피해를 입은 사람은 없는지 조사하기 위해서

12 인권 보호를 위해 제정된 법이 <u>아닌</u> 것은 어느 것입니까? (   )

①「아동 복지법」　　　②「국세 징수법」
③「의료 보호법」　　　④「재해 구호법」
⑤「국민 기초 생활 보장법」

13 '유엔 아동 권리 협약'에 규정되어 있는 어린이의 권리와 거리가 <u>먼</u> 것은 어느 것입니까? (   )

① 힘든 노동을 하거나 학대를 금지하는 '보호의 권리'가 있다.
② 교육을 받고 문화생활을 즐길 수 있는 '발달의 권리'가 있다.
③ 자신이 하고 싶은 대로 행동하고 책임을 지지 않는 '행동의 권리'가 있다.
④ 자신에게 영향을 미칠 수 있는 문제를 말할 수 있는 '참여의 권리'가 있다.
⑤ 적절한 생활수준과 안전한 주거지, 건강을 유지할 수 있도록 영향을 섭취하고 보건 혜택을 받을 수 있는 '생존의 권리'가 있다.

14 다음과 같은 상황에서 여자아이의 기분이 상한 까닭은 무엇 때문인지 쓰시오.

내가 저 아이 몸무게 알려 줄까?

_____

_____

15 다음은 인권 개선 활동에 대한 설명입니다. 빈칸에 들어갈 알맞은 말은 무엇인지 쓰시오.

> ☐ 의 노력으로 낡고 위험한 놀이터가 안전하고 즐거운 놀이터로 바뀌었다.

( )

16 오른쪽 사진의 장애인 공공 편의 시설은 무엇입니까?
( )

① 점자 블록
② 휠체어 리프트
③ 장애인 콜택시
④ 시각 장애인용 점자 안내도
⑤ 시각 장애인용 음향 신호기

중요

17 인권 보장을 위해 다양한 사회 보장 제도를 만들어 시행하는 곳을 두 군데 고르시오. (,)

① 학교   ② 국가
③ 법원   ④ 시민 단체
⑤ 지방 자치 단체

🌸 다음 글을 읽고, 물음에 답하시오. [18~19]

> 우리나라의 국가 기관 중 어디에도 속하지 않은 독립적인 기구로 2011년에 출범했다. 이 기구는 모든 개인의 기본적 인권을 보호하고 향상함으로써 인간으로서의 존엄과 가치를 실현하려고 만들어졌다.

18 위에서 설명하고 있는 기구는 어디인지 쓰시오.

( )

19 위 18번 답의 기구에서 하는 일로 알맞지 않은 것은 어느 것입니까? ( )

① 인권 침해를 당한 사람을 도와준다.
② 인권 침해 상황이 발생하면 이를 조사한다.
③ 인권 정책에 의견을 제시해 개선될 수 있도록 한다.
④ 인권과 관련된 법을 직접 만들어 지방 자치 단체에 전달해 준다.
⑤ 국민의 인권 의식을 향상하고자 인권 교육과 홍보 활동을 벌인다.

중요

20 오른쪽과 관계 깊은 인권 보호 실천 방법은 무엇입니까? ( )

① 인권 사진 찍기
② 인권 표어 만들기
③ 인권 캠페인 하기
④ 인권 동영상 만들기
⑤ 인권 포스터 그리기

1 인권에 대한 설명으로 알맞은 것을 두 가지 고르시오. (,)

① 일정한 나이가 되면 갖게 되는 권리이다.
② 다른 사람에게 넘겨 줄 수 있는 권리이다.
③ 어떤 이유로도 침해당하지 않는 권리이다.
④ 모든 사람이 태어나면서부터 갖는 권리이다.
⑤ 인종, 성별, 신분에 따라 다르게 주어지는 권리이다.

2 오른쪽은 생활 속에서 어떤 사람의 인권을 존중하는 모습입니까? ( )

① 노인 ② 어린이
③ 임산부 ④ 장애인
⑤ 청소년

3 다음 중 인권을 존중하는 태도가 <u>아닌</u> 것은 어느 것입니까? ( )

① 나와 다른 사람을 배려한다.
② 서로의 개성과 생각을 존중해 준다.
③ 나와 다른 사람을 인격적으로 대해 준다.
④ 외국인이나 몸이 불편한 사람에게 친절을 베푼다.
⑤ 나와 신체적 조건이 다른 사람과는 어울리지 않는다.

4 『홍길동전』을 써서 신분이 천하다는 이유로 능력을 펼칠 기회조차 주지 않는 당시의 사회 제도를 고쳐야 한다고 주장한 조선 시대의 인물은 누구인지 쓰시오.

( )

5 방정환은 누구의 인권 신장을 위해 노력했던 인물입니까? ( )

① 여성 ② 노인
③ 어린이 ④ 노동자
⑤ 장애인

6 다른 나라의 인권 신장을 위해 노력한 인물 중 다음과 같은 이야기를 한 사람은 누구인지 쓰시오.

세상에는 빵 한 조각이 없어서 죽어 가는 사람도 많지만 작은 사랑조차 받지 못해 죽어 가는 사람이 더 많습니다.
가난한 사람들에게 필요한 것은 동정이 아니라 사랑입니다. 그들은 다른 사람들보다 당신들이 존중받는 것을 느낄 필요가 있습니다.

( )

7 다음 인물의 공통점으로 가장 알맞은 것은 어느 것입니까? ( )

• 마틴 루서 킹 • 넬슨 만델라

① 흑인의 인권 신장을 위해 노력했다.
② 여성 인권을 보호하기 위해 힘썼다.
③ 장애인의 인권 신장을 위해 노력했다.
④ 노동자들의 인권을 보호하기 위해 힘썼다.
⑤ 가난한 사람들의 인권 신장을 위해 노력했다.

다음 그림을 보고, 물음에 답하시오. [8~9]

8 인권 신장을 위한 옛날의 제도 중에서 위 그림과 관계있는 것은 어느 것입니까? (　　　)

① 상소　　　　　② 격쟁
③ 신문고　　　　④ 상언 제도
⑤ 삼복제언 제도

서술형

9 옛날에 위와 같은 제도를 만들어 시행했던 까닭은 무엇인지 쓰시오.

_____

_____

중요

10 다음에서 설명하는 옛날의 제도는 무엇인지 쓰시오.

> 오늘날의 삼심제와 같은 성격으로, 사형과 같은 무거운 형벌을 내릴 때는 신분과 관계없이 세 차례의 재판을 거치도록 하여 억울하게 벌을 받는 일이 없도록 하였다.

(　　　　　　　　　)

11 다음 중 「국민 기초 생활 보장법」을 제정한 목적으로 알맞은 것은 어느 것입니까? (　　　)

① 국민 보건의 향상과 사회 복지를 증진시키기 위해서
② 비상 재해가 발생했을 때 재해를 당한 사람을 돕기 위해서
③ 생활이 어려운 사람에게 필요한 돈을 주어 최저 생활을 보장해 주기 위해서
④ 생활 유지 능력이 없거나 생활이 어려운 사람에게 의료 보호를 시행하기 위해서
⑤ 만 18세 미만의 아동이 건전하게 출생해 행복하고 건강하게 자라도록 하기 위해서

주의

12 는 '유엔 아동 권리 협약'에서 제시되어 있는 어린이의 권리입니다. 다음 생활 모습과 관계 깊은 것을 보기 에서 찾아 기호를 쓰시오.

보기
⊙ 생존의 권리　　　ⓒ 발달의 권리
ⓒ 보호의 권리　　　ⓔ 참여의 권리

(1) 부모님께서 맛있는 음식과 편안한 잠자리를 제공해 주신다. (　　　)
(2) 학교에 다니면서 공부하고 여가 시간에는 영화도 보면서 쉰다. (　　　)

13 인권 신장을 위한 옛날의 제도에 대한 설명으로 옳은 것에 ○표, 옳지 않은 것에 ×표 하시오.

(1) 천한 사람들은 재판을 받지 못했다. (　　　)
(2) 신문고 제도는 북을 쳐서 알리는 제도이다.
(　　　)
(3) 글을 모르는 백성은 억울한 사정을 알릴 방법이 없었다.
(　　　)
(4) 임금이 행차할 때 백성들이 징이나 꽹과리를 쳐 환영 인사를 했다.
(　　　)

14 학교생활에서 인권이 침해된 사례라고 볼 수 <u>없는</u> 것은 어느 것입니까? (　　　)

① 친구의 누리 사랑방에 나쁜 댓글을 단다.
② 친한 친구의 비밀 일기장을 몰래 훔쳐 본다.
③ 남자는 공기놀이를 하면 안 된다고 이야기한다.
④ 학급 청소는 학급 친구들 모두가 힘을 합쳐서 한다.
⑤ 신체검사를 할 때 친구의 개인 정보를 허락 없이 확인한다.

다음 글을 읽고, 물음에 답하시오. [15～16]

> 기자: 요즘 무엇이 가장 힘드신가요?
> 할머니: 나이가 들면 아픈 데가 많아서 병원을 자주 가게 되거든. 그런데 나 같이 다리가 불편한 노인이 편하게 이용할 수 있는 교통수단이 없어.
> 기자: 택시를 이용하면 좋을 텐데요.
> 할머니: 택시비가 비싼데 만날 어찌 타겠어. 그러니 아파도 꼭 참고 집에 일을 때가 많지. 그게 제일 힘들어.

15 위 글의 할머니께서 겪고 있는 문제는 무엇입니까? (　　　)

① 혼자 살기 때문에 외롭다.
② 겨울에 따뜻하게 지낼 수 없다.
③ 자유롭게 놀 수 있는 곳이 없다.
④ 마음대로 여행을 다닐 수가 없다.
⑤ 병원에 가기 위해 편하게 이용할 수 있는 교통수단이 없다.

서술형

16 위 글의 할머니가 겪는 문제를 해결할 수 있는 방법은 무엇인지 쓰시오.

_____

_____

17 학교에서 이루어지고 있는 인권 교육 활동의 내용으로 알맞지 <u>않은</u> 것은 어느 것입니까? (　　　)

① 인성 교육　　　　② 인권 침해 활동
③ 다문화 이해 교육　④ 친구 사랑 편지 쓰기
⑤ 학교 폭력 예방 교육

18 다음과 관계 깊은 인권 보호 실천 방법은 무엇인지 쓰시오.

> 인권은 쌓을수록 낮아지는 담장입니다.

(　　　　　　　　　　　)

중요

19 인권을 무시하는 차별과 편견의 말이 <u>아닌</u> 것은 어느 것입니까? (　　　)

① '몸매가 나빠.'
② '넌 몰라도 돼.'
③ '남자는 평생 세 번만 운다.'
④ '서울 사람의 반대말은 시골 사람'
⑤ '가는 말이 고와야 오는 말이 곱다.'

20 유엔 아동 권리 협약의 주요 조항이 <u>아닌</u> 것은 어느 것입니까? (　　　)

① 어린이는 타고난 생명을 보호받고 건강하게 자랄 권리가 있다.
② 부모님이나 다른 어른들은 어린이를 지도할 권리와 책임이 있다.
③ 어린이는 사생활을 어른들에게 간섭 받아야 바르게 자랄 수 있다.
④ 어린이는 어린이에게 영향을 미치는 문제를 결정할 때 의견을 말할 권리가 있다.
⑤ 어린이와 관련된 일을 하는 모든 기관은 어린이에게 가장 이익이 되는 점을 먼저 생각해야 한다.

탐구 서술형 평가 1회

1 다음 그림을 보고, 물음에 답하시오.

(가)

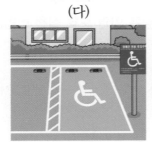

(나)

(다)

(라)

(1) 위의 (가)~(라) 중 우리 생활 속에서 장애인의 인권을 존중하는 모습을 찾아 기호를 쓰시오.

(   )

(2) 위의 (나)는 우리 생활 속에서 어떤 방법으로 인권 존중을 실천하는 모습인지 쓰시오.

_____

_____

2 오른쪽 책을 쓴 사람의 이름과 이 책에 담긴 내용은 무엇인지 쓰시오.

(1) 책을 쓴 사람의 이름

(   )

(2) 책에 담긴 내용: _____

_____

관련 핵심 개념

인권 존중

• 인권은 모든 사람이 태어날 때부터 평등하게 가지는 것이며 다른 사람이 힘이나 권력으로 함부로 빼앗을 수 없습니다.

• 모든 사람은 나와 똑같은 권리를 가지고 있으므로 다른 사람의 권리를 존중하는 태도도 중요합니다.

• 인권 존중은 나와 다른 사람을 배려하고 인격적으로 대해 주며, 서로의 개성과 생각을 존중해 주는 것입니다.

관련 핵심 개념

『홍길동전』

최초의 한글 소설로, 허균은 서얼 출신의 홍길동을 통해 당시의 신분 제도를 비판하고 사회 제도를 고쳐야 한다고 주장했습니다.

3 다음 연설문을 읽고, 물음에 답하시오.

> 나에게는 꿈이 있습니다.
> 내 아이들이 피부색이 아니라 인격으로 평가받는 나라에서 사는 꿈입니다.
> 나에게는 꿈이 있습니다.
> 흑인 어린이들이 백인 어린이들과 함께 마치 형제자매처럼 손을 맞잡을 수 있는 날이 올 것이라는 꿈입니다.

(1) 위와 같은 연설을 한 사람은 누구인지 쓰시오.

( )

(2) 위와 같은 연설을 한 사람이 인권 신장을 위해 어떤 일을 하였는지 쓰시오.

_____

_____

관련 핵심 개념

마틴 루서 킹

• 미국의 흑인 운동 지도자이자 목사입니다.
• 버스의 차별적 좌석제에 대한 버스 보이콧 운동을 비폭력적인 방법으로 이끌어 승리를 거두었으며, 이를 계기로 전국적인 인권 신장 운동의 지도자가 되었습니다.
• 흑인의 인권 신장을 위해 노력한 공로로 1964년에 노벨 평화상을 받았습니다.

2 단원

4 인권 보장을 위해 노력하는 다음 모습을 보고, 물음에 답하시오

(가)   (나)

▲ 다문화 이해 교육   ▲ 노인 무료 예방 접종

(1) 인권 보장을 위해 위 (가)와 같은 노력을 기울이는 곳은 어디인지 쓰시오.

( )

(2) 국가나 지방 자치 단체에서 위 (나)와 같이 사회 보장 제도를 만들어 시행하는 까닭은 무엇인지 쓰시오.

_____

_____

관련 핵심 개념

학교에서 이루어지는 인권 교육 활동

• 인성 교육
• 친구 사랑 편지 쓰기
• 학교 폭력 예방 교육

1 학교생활에서 인권 존중을 실천할 수 있는 방법은 무엇인지 다음 빈 곳에 알맞은 말을 써 넣어 완성하시오.

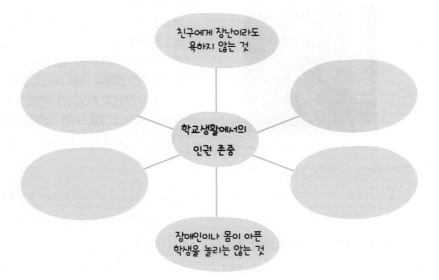

친구에게 장난이라도 욕하지 않는 것

학교생활에서의 인권 존중

장애인이나 몸이 아픈 학생을 놀리지 않는 것

관련 핵심 개념

인권을 존중하는 태도

• 사람들은 각자 자신의 행복을 누리며 살아갈 권리가 있으며 종교, 성별, 인종, 외모, 생활 방식 등을 이유로 차별받거나 인권이 무시 받아서는 안 됩니다.

• 인권은 행복한 삶을 누리기 위한 소중한 권리이며, 누구에게든지 존중하는 태도를 보여야 하고, 각자의 다양성을 이해하고 수용하는 자세를 갖도록 해야 합니다.

2 다음은 제1회 어린이날 선전문 중의 일부분입니다. 선전문을 읽고, 물음에 답하시오.

> • 어린이를 내려다보지 마시고 쳐다보아 주시오.
> • 어린이에게 경어를 쓰시되 부드럽게 하여 주시오.
> • 잠자는 것과 운동하는 것을 충분히 하게 하여 주시오.
> • 어린이를 책망하실 때에는 쉽게 성만 내지 마시고 자세히 타일러 주시오.
> • 어린이들이 서로 모여 즐겁게 놀 만한 놀이터와 기관 같은 것을 지어 주시오.

(1) 위와 같은 어린이날 선전문을 쓰고, 우리나라 어린이들의 인권을 신장시키기 위해 노력한 인물은 누구인지 쓰시오.

(   )

(2) 위 (1)번 답의 인물은 어른들은 어린이를 어떻게 대해야 한다고 주장했는지 쓰시오.

_____

_____

관련 핵심 개념

방정환

• 본래 아동 문학가로서 아동 문학의 보급에 힘쓴 아동 보호 운동의 선구자입니다.

• 호인 소파는 '작은 물결'이라는 뜻입니다.

• '어린이'라는 용어를 처음으로 만들어 '늙은이', '젊은이'와 대등하게 격상시켰습니다.

• 우리나라에서 아동 인권을 최초로 고민한 인물이며, 유교 도덕에 얽매여 있던 어린이들을 어린이다운 감성으로 해방하고자 했습니다.

3 다음 그림을 보고, 물음에 답하시오.

(가)

(나)

(1) 위의 (가), (나)는 인권 신장을 위한 옛날의 여러 제도 중 무엇을 나타
낸 것인지 쓰시오.

① (가): (   ) ② (나): (   )

(2) 조선 시대에 위의 (가), (나)와 같은 제도를 만들고 시행했던 까닭을
쓰시오.

_____

_____

2
단원

4 인권 보장을 위해 만든 다음 시설을 보고, 물음에 답하시오.

(가)

(나)

(1) 위의 (가), (나)는 시각 장애인이 안전하고 편리하게 이용할 수 있도록
만든 편의 시설입니다. 어떤 시설인지 쓰시오.

① (가): (   ) ② (나): (   )

(2) 국가와 지방 자치 단체에서 위의 (가), (나)와 같은 장애인 공공 편의
시설을 설치하는 까닭을 쓰시오.

_____

_____

② 법의 의미와 역할 (1)

▶ 교과서 111~119쪽

① 법 →국가에 속한 사람들의 행동 기준으로서 누구나 무조건 지켜야 하는 규범입니다.

① 법의 의미 자료 ①

의미	• 사회의 질서를 유지하고 국가에 속한 사람들의 안전을 위해 만들어진 규칙 • 국가가 만든 강제성이 있는 규칙
만든 까닭	질서를 유지하고 사람들의 안전을 지켜 주기 위해서

② 법의 성격→ 법은 지키지 않았을 때 제재를 받는다는 점에서 사람들이 자율적으로 지키는 도덕 등과 구별됩니다.

• 사람들이 사회생활에서 지켜야 할 행동 기준으로서 이를 어겼을 때는 제재를 받습니다. 자료 ②

• 사회의 변화에 맞지 않거나 인권을 침해할 때에는 법을 바꾸거나 다시 만들 수 있습니다.

② 우리 생활 속의 법

① 우리 생활에 적용되는 다양한 법→ 법은 우리의 권리를 보호해 주면서 사람들이 안심하고 살 수 있도록 도와줍니다.

학교 급식과 관련된 법

「식품 위생법」: 식품이 안전하게 보관되고 유통되도록 하며, 소비자에게 식품에 관한 올바른 정보를 제공해 국민의 건강 증진을 목적으로 하는 법
└→ 함께 먹는 기숙사, 병원, 사회 복지 시설, 산업체, 공공 기관, 식당 등에도 식품 위생법을 적용해야 합니다.

어린이들을 보호하기 위한 법

• 「어린이 놀이 시설 안전 관리법」: 어린이 놀이 시설을 안전하게 짓고 관리하는 법
• 「어린이 식생활 안전 관리 특별법」: 어린이의 건강을 해치는 식품과 불량 식품 등의 판매를 금지하는 법

소수자의 인권을 보호하기 위한 법

「장애인 차별 금지법」: 장애인들이 차별받지 않고 일할 수 있도록 하는 장애인 차별 금지와 권리 구제 등에 관한 법률이 있음.

저작권자의 권리를 보호하기 위한 법

「저작권법」: 음악이나 영화, 출판물 등 창작물을 만든 사람의 저작권을 보호하는 법으로, 문화 관련 산업 발전에 이바지하기 위한 법

② 법이 적용된 사례를 나타내는 여러 가지 방법: 작은 책 만들기, 포스터 만들기, 점토로 만들기, 노래 가사 바꾸기 등이 있습니다. 자료 ③

자료 ① **사회 규범**

• 사람들이 사회생활에서 지켜야 할 행동 기준을 사회 규범이라고 합니다.
• 사회 규범에는 관습, 종교, 도덕, 법 등이 있는데 이들 중 법은 국가가 강제력을 가지고 지키도록 요구하는 특징이 있습니다.
• 법은 인간 내면의 동기와 양심을 중시하는 도덕과는 달리 외적으로 보이는 행동을 규율하며 이를 지키지 않을 경우 일정한 제재를 받습니다.

자료 ② **법과 다른 규범의 성격 비교**

• 법을 지키지 않으면 범칙금을 내거나 사회봉사를 하고, 경찰에 잡혀갈 수도 있습니다.
• 어른을 보고 인사를 하지 않거나 버스를 탈 때 줄을 서지 않으면 주위 사람들의 따가운 시선을 받지만 벌을 받지는 않습니다.

자료 ③ **우리 생활과 관련된 법을 나타내는 여러 가지 방법**

▲ 작은 책 만들기

▲ 포스터 만들기

🌵 법의 분류

법은 '개인과 개인 간의 관계'를 규율하는 지 '개인과 국가 간의 관계'를 규율하는지에 따라 크게 사법, 공법, 사회법으로 구분됩니다.

사법	민법	가족 관계와 재산 관계를 규정한 법
	상법	기업의 경제생활 관계를 규정한 법
공법	헌법	국가의 최고 법규
	형법	범죄의 종류와 형벌의 정도를 정해 놓은 법
	소송법	재판의 절차를 정해 놓은 법
	행정법	행정의 조직과 작용 및 구제에 관한 법
사회법		사법, 공법과 달리 개인 생활 영역에 국가가 개입해 권리와 의무 관계를 규정한 법

🌵 우리 생활과 관련된 법에 대한 사례집(작은 책)을 만드는 방법

1 우리 사회에서 법이 적용된 사례 찾기
2 찾은 사례를 글로 표현할 내용과 그림으로 표현하고 싶은 내용 정하기
3 작은 책(소책자) 형태 정하기
4 형태에 적절한 방식으로 사례를 글과 그림으로 나타내기
5 친구들과 돌려 읽기

용어 풀이

❶ 제재(制 절제할 제 裁 마를 재) 규칙이나 관습을 지키지 않는 것을 제한하거나 금지함.

❷ 관습 어떤 사회에서 오랫동안 지켜 내려와 그 사회 구성원들이 널리 인정하는 질서나 풍습.

❸ 도덕 사회의 구성원들이 양심 등에 비추어 스스로 마땅히 지켜야 할 모든 규범.

1 국가가 만든 강제성이 있는 규칙을 ☐☐이라고 합니다.

2 법은 사람들이 사회생활에서 지켜야 할 행동 기준으로서 이를 어겼을 때는 ☐☐☐를 받습니다.

3 ☐☐은 어떤 사회에서 오랫동안 지켜 내려와 그 사회 구성원들이 널리 인정하는 질서나 풍습입니다.

4 ☐☐은 사회의 구성원들이 양심 등에 비추어 스스로 마땅히 지켜야 할 모든 규범입니다.

5 ☐☐☐☐☐은 식품이 안전하게 보관되고 유통되도록 하고, 소비자에게 올바른 식품 정보를 제공하기 위해 만든 법입니다.

6 법은 우리의 ☐☐를 보호해 주면서 사람들이 안심하고 살 수 있도록 도와줍니다.

7 「어린이 식생활 ☐☐ 관리 특별법」은 학교와 학교 주변에서 어린이의 건강을 해치는 식품과 불량 식품 등의 판매를 금지하는 법입니다.

8 장애인 ☐☐☐☐은 장애인들이 차별받지 않고 일할 수 있도록 하는 법입니다.

9 ☐☐☐☐은 음악이나 영화 등 창작물을 만든 사람의 저작권을 보호하는 법입니다.

10 우리의 생활에서 법이 적용된 ☐☐를 살펴보면 일상생활의 많은 부분이 법의 적용을 받고 있다는 것을 알 수 있습니다.

❷ 법의 의미와 역할 (2)

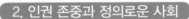

▶ 교과서 120~129쪽

❸ 법의 역할 〔자료 ④〕

① 개인의 권리 보장 〔자료 ⑤〕 → 법은 개인의 생명이나 재산 등을 보호해 주어 안정된 삶을 살 수 있게 해 줍니다.

| 개인의 생명이나 재산을 보호해 줌. | 개인 간에 발생한 분쟁을 해결해 줌. | 개인 정보를 보호해 줌. |

② 사회 질서 유지 → 법은 사고나 범죄로부터 사람들을 보호하고 안전하게 살아갈 수 있게 해 주며 사회 질서를 유지시켜 줍니다.

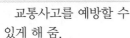

| 교통사고를 예방할 수 있게 해 줌. | 범죄로부터 안전하게 지켜 줌. | 환경 파괴와 오염을 예방해 줌. |

❹ 법을 준수해야 하는 까닭 〔자료 ⑥〕 → 법을 어기는 행동은 다른 사람에게 피해를 주고 권리를 침해하며 사람들 간의 갈등을 유발합니다.

① 법을 어긴 사람을 재판하는 까닭: 사회 질서를 바로잡고, 그 사람이 정말로 죄를 지었는지 확인하기 위해서입니다.

② 재판: 법은 자유와 권리를 보장해 주지만 법을 지키지 않을 때는 재판을 해 타인에 피해를 준 사람의 권리를 제한하기도 합니다.

공소 사실	재판을 받게 된 범죄 사실	
재판에 참여하는 사람	판사	재판을 진행하고 법에 따라 판결을 내리는 사람
	검사	법을 위반한 점에 대해 심판을 요청하는 사람
	변호인	피고인을 대신해 권리를 주장하는 사람
	피고인	범죄를 저지른 것으로 의심이 되어 재판을 받는 사람

③ 법을 지켜야 하는 까닭 → 법을 지키면 다른 사람의 권리를 보장하고 나의 권리도 보장받을 수 있기 때문에 많은 사람이 더불어 행복하게 살려면 법을 지켜야 합니다.

• 법을 지키지 않으면 남에게 피해를 주기 때문입니다.

• 법을 어기면 다른 사람의 권리를 침해하기 때문입니다.

• 법을 지키지 않으면 사회 질서가 유지될 수 없고 처벌을 받을 수도 있기 때문입니다.

〔자료 ④〕 **우리 생활에 법이 필요한 까닭**

• 사회 질서를 유지하기 위해서

• 범죄를 저지르지 못 하게 하기 위해서

• 개인의 재산과 생명을 보호해 주기 위해서

〔자료 ⑤〕 **개인의 권리를 보장해 주는 법이 없을 때 발생하는 일**

• 불이 나서 사람이 다치거나 죽어도 도움을 받기 어렵습니다.

• 구매한 물건에 이상이 있어도 보상받기 어렵습니다.

• 나의 개인 정보가 다른 사람에게 함부로 알려질 수 있습니다.

〔자료 ⑥〕 **누리집 영화 불법 유포의 문제점**

• 영화를 만든 사람들이 돈을 벌 수 있는 기회를 잃어버리고 그들의 권리가 존중받지 못합니다.

• 돈을 내고 영화를 보는 사람들이 손해 보는 것 같고 억울해지는 상황이 발생합니다.

• 이러한 문제를 해결하기 위해 경찰은 온라인 사이트에 대한 수사를 벌여 법을 어긴 사람을 찾아냅니다.

• 법원에서는 법을 어긴 사람을 재판하여 자신의 행동에 맞는 책임을 지게 합니다.

사회법

- 「노동법」, 「사회 보장법」과 같은 사회법은 사회, 경제적으로 불리한 위치에 있는 약자의 권리를 보호하기 위해 만든 법입니다.
- 사회적 약자인 청소년이나 장애인, 외국인 노동자를 위한 법률을 따로 제정해 이들의 권리가 침해되지 않도록 예방하고 권리를 구제받을 수 있는 길을 열어 놓았습니다.
- 오늘날은 국민 누구나 인간답게 살 권리를 보장받을 수 있도록 국가가 적극적으로 기본권을 보장해야 한다는 공감대가 형성되고 있으므로 사회적 약자를 위한 법의 중요성이 점차 커지고 있습니다.

판사, 검사, 변호인, 경찰의 역할

판사	재판을 진행하는 주체이며 재판에 관련된 자료들을 검토하고 법률에 근거해 판결을 내리는 역할을 함.
검사	범죄 수사, 공소 제기와 그 유지에 필요한 사항, 범죄 수사에 관한 사법 경찰 관리의 지휘 및 감독 등을 그 주요 직무 권한으로 함.
변호인	형사 소송을 할 때 피고인 등에게 선임되거나 국가로부터 선정되어 피고인을 변호하는 사람
경찰	범죄 용의자를 추적하고 검거하는 역할, 범죄 예방 활동, 사고 예방과 긴급 구조 활동, 생활 주변의 불법 행위 추방 활동, 수사 활동, 원활한 교통 체계 확보와 교통질서 유지 등의 역할을 함.

용어 풀이

❹ 개인 정보 개인에 관한 정보 가운데 직·간접적으로 각 개인을 식별할 수 있는 정보.

❺ 예방(豫 미리 예 防 막을 방) 질병이나 재해 따위가 일어나기 전에 대처하여 막는 일

11 ☐은 개인의 생명이나 재산 등을 보호해 주어 안정된 삶을 살 수 있게 해 줍니다.

12 법은 재판을 통해 개인 간에 발생한 ☐☐을 해결해 줍니다.

13 법은 어린이 보호 구역을 지정해 교통사고를 ☐☐할 수 있게 해 줍니다.

14 법은 사고나 범죄로부터 사람들을 보호하고 ☐☐하게 살아갈 수 있도록 해 줍니다.

15 법을 어기는 행동은 다른 사람에게 피해를 주고 사람들 간의 ☐☐을 유발합니다.

16 법을 지키지 않을 때는 ☐☐을 하여 타인에게 피해를 준 사람의 권리를 제한하기도 합니다.

17 ☐☐☐☐은 재판을 받게 된 범죄 사실을 말합니다.

18 재판에서 ☐☐는 재판을 진행하고 법에 따라 판결을 내립니다.

19 재판에서 ☐☐는 법을 위반한 점에 대해 심판을 요청합니다.

20 법을 지키지 않으면 ☐☐☐☐가 유지될 수 없고 처벌을 받을 수도 있기 때문에 법을 지켜야 합니다.

핵심 1 법의 의미와 특징

✱ 법의 의미

법
• 사회의 질서를 유지하고 국가에 속한 사람들의 안전을 위해 만들어진 규칙 • 모든 사람이 함께 지키기로 약속한 국가의 규칙 • 국가가 만든 강제성을 가진 규칙

✱ 법의 특징

• 사람들이 사회생활에서 지켜야 할 행동 기준으로서 이를 어겼을 때는 제재를 받습니다.

• 사회의 변화에 맞지 않거나 인권을 침해할 때에는 법을 바꾸거나 다시 만들 수 있습니다.

• 법은 지키지 않았을 때 제재를 받는다는 점에서 사람들이 자율적으로 지키는 도덕 등과 구별됩니다.

핵심 2 우리 생활과 관련된 법

「식품 위생법」	• 소비자에게 올바른 식품 정보를 제공하도록 함. • 식품이 안전하게 보관되고 유통되도록 함. • 건강한 사람이 음식을 위생적으로 조리하도록 함.
「어린이 놀이 시설 안전 관리법」	어린이 놀이 시설을 안전하게 짓고 관리하는 법
「어린이 식생활 안전 관리 특별법」	학교와 학교 주변에서 어린이의 건강을 해치는 식품과 불량 식품 등의 판매를 금지하는 법
「장애인 차별 금지법」	장애인들이 차별받지 않고 일할 수 있도록 하는 법
「저작권법」	음악이나 영화, 출판물 등 창작물을 만든 사람의 저작권을 보호하는 법

1 다음에서 설명하는 사회 규범은 무엇입니까?
(   )

사회의 질서를 유지하고 국가에 속한 사람들의 안전을 위해 국가가 만든 강제성을 가진 규칙이다.

① 법 ② 도덕
③ 가훈 ④ 관습
⑤ 교훈

2 다음 중 법의 특징으로 알맞은 것을 두 가지 고르시오. (,   )

① 새로운 법은 만들 수 없다.
② 한 번 만들어진 법은 바꿀 수 없다.
③ 법을 지키지 않았을 때는 제재를 받는다.
④ 인권을 침해하더라도 법은 꼭 지켜야 한다.
⑤ 사회의 변화에 맞지 않으면 바꾸거나 다시 만들 수 있다.

3 다음 설명과 관련 있는 법은 어느 것입니까?
(   )

학교와 학교 주변에서 어린이의 건강을 해치는 식품과 불량 식품 등의 판매를 금지하는 법이 있다.

① 「저작권법」
② 「식품 위생법」
③ 「장애인 차별 금지법」
④ 「어린이 놀이 시설 안전 관리법」
⑤ 「어린이 식생활 안전 관리 특별법」

4 창작물을 만든 사람의 권리를 보호하고 저작물의 공정한 이용을 도모해 문화와 관련 산업의 향상 발전에 이바지하기 위해 만든 법은 무엇인지 쓰시오.

(   )

핵심 3 법의 역할

개인의 권리 보장
• 개인의 생명이나 재산을 보호해 줌.
• 개인 간에 발생한 분쟁을 해결해 줌.
• 개인 정보를 보호해 줌.

사회 질서 유지
• 교통사고를 예방할 수 있게 해 줌.
• 범죄에서 안전하게 지켜 줌.
• 환경 파괴와 오염을 예방해 줌.

5 다음 모습과 관련 있는 법의 역할은 어느 것입니까?
( )

① 개인 정보를 보호해 준다.
② 개인의 생명을 보호해 준다.
③ 개인의 재산을 보호해 준다.
④ 안전한 사회를 만들어 준다.
⑤ 개인 간에 발생한 분쟁을 해결해 준다.

6 교통사고를 예방하기 위해 지정한 다음과 같은 곳을 무엇이라고 하는지 쓰시오.

( )

핵심 4 재판하기

법을 어긴 사람을 재판하는 까닭	• 사회 질서를 바로잡기 위해서 • 그 사람이 정말로 죄를 지었는지 확인하기 위해서 • 법을 어기는 행동을 했으므로 자신의 행동에 맞는 책임을 지게 하기 위해서

재판에 등장하는 사람	판사	재판을 진행하고 법에 따라 판결을 내림.
	검사	법을 위반한 점에 대해 심판을 요청함.
	변호인	피고인을 대신해서 권리를 주장함.
	피고인	범죄를 저지른 것으로 의심이 되어 재판을 받는 사람

7 법을 어긴 사람을 재판하는 까닭으로 알맞지 <u>않은</u> 것은 어느 것입니까? ( )

① 사회 질서를 바로잡기 위해서
② 법을 어긴 사람의 상황에 맞게 법을 바꾸기 위해서
③ 법을 어기면 권리가 제한된다는 사실을 알리기 위해서
④ 법을 어긴 사람이 정말로 죄를 지었는지 확인하기 위해서
⑤ 법을 어긴 사람에게 자신의 행동에 맞는 책임을 지게 하기 위해서

8 재판에 참여하는 사람 중에서 피고인이 법을 위반한 점에 대해 심판을 요청하는 사람은 누구인지 쓰시오.

( )

중요

1 다음 빈칸에 들어갈 알맞은 말은 무엇입니까?

( )

> 사람들이 도로 위에서 반드시 지켜야 하는 규칙처럼 국가가 만든 □□□을 가진 규칙을 법이라고 한다.

① 특수성
② 강제성
③ 자율성
④ 보편성
⑤ 중립성

2 법을 바꾸거나 다시 만들어야 하는 경우를 두 가지 고르시오. (,)

① 사회의 변화에 맞지 않는 경우
② 사회 질서가 잘 유지되는 경우
③ 사람들이 모두 법을 잘 지키는 경우
④ 사람들이 법을 어겼을 때 받는 제재가 엄격하지 않은 경우
⑤ 법의 내용이 다른 사람의 인권을 침해한다고 판단되는 경우

3 법을 지키지 않을 때 받는 제재가 아닌 것은 어느 것입니까? ( )

① 벌을 받는다.
② 범칙금을 낸다.
③ 경찰에 잡혀간다.
④ 사회봉사를 한다.
⑤ 주위 사람들의 따가운 시선을 받는다.

서술형

4 다음과 같은 사례를 통해 알 수 있는 사실을 무엇인지 쓰시오.

> • 아기가 태어나면 출생 신고를 해야 한다.
> • 일정한 나이가 되면 학교에 입학해야 한다.

_____

다음 신문 기사를 읽고, 물음에 답하시오. [5~7]

> ○○신문　　　　　　　　20△△년 △△월 △△일
>
> □ ㉠ □ **위반한 학교 급식 시설 등 36곳 적발**
>
> 식품의약품안전처는 가을 신학기에 학교 식중독 예방하려고 초·중·고등학교 급식 시설, 학교 매점, 식재료 공급 업체 등 총 7,577곳을 점검했다. 그 결과 유통 기한이 지난 제품을 보관하는 등 법을 위반한 학교 총36곳(0.5%)을 적발해 행정 조치를 내릴 예정이다.

5 위 신문 기사의 ㉠에 들어갈 알맞은 법은 무엇인지 쓰시오.

( )

중요

6 위의 ㉠과 같은 법을 정해 놓은 까닭으로 알맞은 것은 어느 것입니까? ( )

① 쌀 소비량을 늘리기 위해서
② 쾌적한 환경을 만들기 위해서
③ 음식물 쓰레기를 줄이기 위해서
④ 농산물을 수입하지 못하게 하기 위해서
⑤ 식품이 안전하게 보관되고 유통되도록 하기 위해서

7 학교 이외에 위 ㉠의 적용을 받는 장소와 거리가 먼 곳은 어디입니까? ( )

① 병원
② 식당
③ 가정집
④ 기숙사
⑤ 공공 기관

8 소수자의 인권을 보호하기 위해 만들어진 법을 두 가지 고르시오. (,   )

① 「저작권법」
② 「장애인 차별 금지법」
③ 「어린이 놀이 시설 안전 관리법」
④ 「어린이 식생활 안전 관리 특별법」
⑤ 「북한 이탈 주민의 안정적인 정착을 도와주기 위한 법」

9 우리 생활과 관련된 법을 조사하는 방법으로 알맞지 않은 것은 어느 것입니까? (   )

① 어른들께 여쭤본다.
② 인터넷을 이용해 검색한다.
③ 법과 관련된 책을 찾아본다.
④ 법원에 직접 근무하면서 알아본다.
⑤ 뉴스나 신문에서 법과 관련된 기사를 조사한다.

10 다음은 우리 생활에서 법이 적용된 사례를 어떤 방법으로 나타낸 것입니까? (   )

① 점토로 꾸미기
② 역할극 하기
③ 포스터 만들기
④ 신문 기사 쓰기
⑤ 작은 책 만들기

11 앞 **10**번의 자료를 만들 때 가장 먼저 해야 할 일은 무엇입니까? (   )

① 친구들과 돌려 읽기
② 작은 책 형태 정하기
③ 우리 생활에서 법이 적용된 사례 찾기
④ 형태에 적절한 방식으로 사례를 글과 그림으로 표현하기
⑤ 찾은 사례를 글로 표현할 내용과 그림으로 표현하고 싶은 내용 정하기

12 다음 빈칸에 들어갈 알맞은 말을 쓰시오.

종이를 준비하고 조사한 사례를 표현할 수 있는 그림과 문장을 정한 다음, □□□를 만들어서 우리 생활과 관련된 법이 적용된 사례를 나타낸다.

(   )

서술형

13 다음에서 설명하는 착한 사마리아인의 법이 필요하다고 생각하는지 자신의 입장을 정리하여 쓰시오.

> **착한 사마리아인의 법**
>
> 자신이 위험해지지 않는데도 위험에 처한 사람을 고의로 구조하지 않은 사람을 처벌하는 법이다. 이 법은 강도를 만나 길에서 죽어가는 사람을 착한 사마리아인이 구해 줬다는 성서의 이야기에서 비롯됐다.

_____

_____

_____

법의 역할을 보여 주는 다음 사진을 보고, 물음에 답하시오. [14~15]

(가)

(나)

(다)

공공기관·기업의 주민번호 수집 금지

중요

14 위의 (가)~(다)와 관련 있는 법의 역할은 무엇입니까? (   )

① 사회 질서 유지   ② 유교 전통 계승
③ 민주주의의 실현   ④ 국가의 경제 발전
⑤ 개인의 권리 보장

서술형

15 위의 (가)와 같이 소방관이 위험에 처한 사람을 구조하도록 법으로 정해 둔 까닭을 쓰시오.

_____

_____

16 다음 빈칸에 들어갈 알맞은 말을 쓰시오.

> 법을 어기는 행동은 다른 사람에게 피해를 주고 다른 사람의 [   ]를 침해하며 사람들 간의 갈등을 유발한다.

(   )

17 주차 금지 구역에 불법 주차를 할 때 발생할 수 있는 문제점은 어느 것입니까? (   )

① 길이 막힌다.
② 교통사고가 사라진다.
③ 쓰레기를 버릴 곳이 없어진다.
④ 주차 금지 구역이 지저분해진다.
⑤ 아이들이 놀 수 있는 공간이 사라진다.

중요

18 다음과 같은 목적을 가지고 하는 일은 무엇인지 쓰시오.

> 그 사람이 정말로 죄를 지었는지 확인하고, 법을 어기는 행동을 했을 때에는 자신의 행동에 맞는 책임을 지게 하기 위해서이다.

(   )

19 재판에서 피고인을 대신해서 권리를 주장하고 억울한 부분이 없도록 노력하는 사람은 누구인지 쓰시오.

(   )

중요

20 법을 지켜야 하는 까닭으로 알맞지 않은 것은 어느 것입니까? (   )

① 법을 지키지 않으면 남에게 피해를 주기 때문에
② 법을 지키지 않으면 처벌을 받을 수 있기 때문에
③ 법을 지키지 않으면 나의 권리가 사라지기 때문에
④ 법을 지키지 않으면 사회 질서가 유지될 수 없기 때문에
⑤ 법을 지키면 많은 사람이 다 함께 행복하게 살 수 있기 때문에

1 사람들이 도로 위에서 규칙을 지키지 않을 때 일어날 수 있는 일과 거리가 먼 것은 어느 것입니까? ( )

① 도로가 혼란스러워진다.
② 자동차 수가 줄어들게 된다.
③ 다른 사람들에게 피해를 준다.
④ 교통사고 등의 위험이 발생할 수 있다.
⑤ 자동차들이 운행하는 데 불편을 겪는다.

2 다음에서 설명하고 있는 것은 무엇입니까? ( )

> 사회의 구성원들이 양심 등에 비추어 스스로 마땅히 지켜야 할 모든 규범이다.

① 법 ② 도덕
③ 관습 ④ 종교
⑤ 규율

3 법으로 제재를 받는 행동에는 ○표, 아닌 것에는 ×표 하시오.

(1) 형제끼리 싸우는 것 ( )
(2) 돈을 내지 않고 물건을 가져오는 것
( )
(3) 이웃 어른을 보고도 인사하지 않는 것
( )

4 다음 중 법으로 정해져 있지 않은 일은 어느 것입니까? ( )

① 이사를 가면 신고를 하는 것
② 일정한 나이가 되면 학교에 가는 것
③ 일정한 나이가 되면 군대에 가는 것
④ 아기가 태어나면 출생 신고를 하는 것
⑤ 다른 지역을 여행하려면 허가를 받는 것

5 우리 생활에서 다음과 같은 도움을 주는 법은 무엇인지 쓰시오.

> • 식품이 안전하게 보관되고 유통되도록 한다.
> • 소비자에게 올바른 식품 정보를 제공하도록 한다.
> • 건강한 사람이 음식을 위생적으로 조리하도록 한다.
> • 학생에게 영양적으로 균형 잡힌 식단을 제공하도록 한다.

( )

6 다음 빈칸에 공통으로 들어갈 알맞은 말을 쓰시오.

> • 「어린이 놀이 시설 ▢ 관리법」: 어린이 놀이 시설을 안전하게 관리하는 법이다.
> • 「어린이 식생활 ▢ 관리 특별법」: 학교와 학교 주변에서 어린이의 건강을 해치는 식품과 불량 식품 등의 판매를 금지하는 법이다.

( )

7 「장애인 차별 금지법」에 대한 설명으로 알맞은 것은 어느 것입니까? ( )

① 장애인들이 차별받지 않고 일할 수 있는 법이다.
② 북한 이탈 주민의 안정적인 정착을 도와주기 위한 법이다.
③ 노인 요양 시설을 안전하게 짓고 관리하도록 하기 위한 법이다.
④ 음악이나 영화 등 창작물을 만든 사람의 권리를 보호하기 위한 법이다.
⑤ 장애인들이 언제, 어디서나 다른 사람들에게 도움을 청할 수 있도록 하기 위한 법이다.

8 다음 중 「저작권법」을 만든 까닭으로 가장 알맞은 것은 어느 것입니까? (   )

① 어린이를 보호하기 위해서
② 산업을 발전시키기 위해서
③ 소수자의 인권을 보호하기 위해서
④ 국민의 건장을 증진시키기 위해서
⑤ 창작물의 만든 사람의 권리를 보호하기 위해서

9 법으로 정해져 있기 때문에 오른쪽과 같이 아기가 태어나면 반드시 해야 하는 것은 무엇인지 쓰시오.

(   )

10 우리 생활에서 법이 적용된 사례를 나타내는 방법으로 알맞지 <u>않은</u> 것은 어느 것입니까? (   )

① 점토를 이용해 상황을 표현한다.
② 상황을 재현하는 역할극으로 표현한다.
③ 포스터를 만들어 중요한 내용을 강조한다.
④ 작은 책으로 만들어 다양한 사례를 실어 준다.
⑤ 다른 나라의 옛날 법 중에서 신기한 내용을 찾아본다.

다음 그림을 보고, 물음에 답하시오. [11~12]

11 위와 같은 행동이 문제가 되는 까닭은 무엇인지 쓰시오.

_____

_____

12 위의 그림을 보고, 우리 생활에서 법이 필요한 이유를 모두 고르시오. (   )

① 개인 소득을 높이기 위해서이다.
② 사회 질서를 유지하기 위해서이다.
③ 개인의 권리를 보장해 주기 위해서이다.
④ 개인의 생명과 재산을 보호해 주기 위해서이다.
⑤ 힘 있는 사람과 재산이 많은 사람을 대접해 주기 위해서이다.

13 법의 역할 중 개인의 권리를 보장해 주는 것과 관계 깊은 모습을 두 가지 고르시오. (,   )

① 범죄에서 안전하게 지켜 준다.
② 환경 파괴와 오염을 방지해 준다.
③ 교통사고를 예방할 수 있게 해 준다.
④ 개인의 생명이나 재산을 보호해 준다.
⑤ 개인 간에 발생한 분쟁을 해결해 준다.

다음 그림을 보고, 물음에 답하시오. [14~16]

(가)  (나)

(다)  (라)

14 환경 파괴와 오염을 예방해 주는 법의 역할과 관련이 있는 것을 위에서 찾아 기호를 쓰시오.

( )

15 위의 (가)와 관련 있는 법의 역할은 무엇인지 쓰시오.

_____

_____

16 위 (다)에서 시민들의 안전과 범죄 예방을 위해 순찰을 하는 사람은 누구인지 쓰시오.

( )

17 법의 필요성을 공부하기 위해 다양한 생활 사례를 모았습니다. 모은 사례로 알맞지 <u>않은</u> 것은 어느 것입니까? ( )

① 저작권 문제　　　　② 층간 소음 문제
③ 학교 폭력 문제　　　④ 가족회의 진행 문제
⑤ 개인 정보 유출 문제

다음 모의재판 대본을 읽고, 물음에 답하시오.

[18~20]

> ⑤ : 지금부터 피고인 ○○○에 대한 재판을 시작하겠습니다. 먼저 검사 측은 공소 사실을 말씀해 주시기 바랍니다.
>
> **검사:** 피고인 ○○○은 2018년 1월 10일부터 6월 24일까지 ◆◆ 영화 제작사가 제작한 영화 다섯 편을 □□□ 누리집에 올려 영화사의 저작권을 침해했습니다.
>
> ⑤ : 피고인 측은 공소 사실에 대해 의견을 말씀해 주십시오.
>
> ⑥ : 피고인 ○○○이 제작사의 허가 없이 영화를 올린 것을 인정합니다.

18 위 대본의 ⑤에 들어갈 알맞은 등장인물은 누구인지 쓰시오.

( )

19 위 대본에서 밑줄 친 '공소 사실'에 대한 설명으로 알맞은 것은 어느 것입니까? ( )

① 재판을 받게 된 범죄 사실
② 재판이 열리는 시간과 장소
③ 비슷한 범죄가 발생한 비율
④ 범죄로 인해 발생한 사회적 피해
⑤ 법을 어긴 행동에 대해 받게 될 벌

20 위 대본의 ⑥에 들어갈 등장인물이 재판에서 하는 역할은 어느 것입니까? ( )

① 재판을 진행한다.
② 법에 따라 판결을 내린다.
③ 피고인이 법을 위반한 점에 대해 심판을 요청한다.
④ 범죄를 저지른 것으로 의심이 되어 재판을 받는다.
⑤ 피고인을 대신해서 권리를 주장하고 억울한 부분이 없도록 노력한다.

탐구 서술형 평가 1회

1 다음 그림을 보고, 물음에 답하시오.

(가)

(나)

(1) 위의 (가), (나) 중에서 법을 어긴 행동은 무엇인지 기호를 쓰시오.

(   )

(2) 위의 (가), (나)와 같은 행동을 했을 때 받게 되는 제재의 차이점은 무엇인지 쓰시오.

_____

_____

_____

관련 핵심 개념

법의 특징

• 사람들이 사회생활에서 지켜야 할 행동 기준을 사회 규범이라고 합니다.

• 사회 규범에는 관습, 종교, 도덕, 법 등이 있는데 이들 중 법은 국가가 강제력을 가지고 지키도록 요구한다는 특징이 있습니다.

• 법은 인간 내면의 동기와 양심을 중시하는 도덕과는 달리 외적으로 보이는 행동을 규율하며 이를 지키지 않았을 경우 일정한 제재를 받습니다.

2 다음 우리 생활에 적용되고 있는 다양한 법을 나타낸 사진을 보고, 물음에 답하시오.

▲ 「어린이 놀이 시설 안전 관리법」   ▲ 「장애인 차별 금지법」   ▲ 「저작권법」

(1) 위에서 어린이를 보호하기 위한 법에 속하는 것을 찾아 쓰시오.

(   )

(2) 위의 「저작권법」과 같은 법을 만든 까닭은 무엇인지 쓰시오.

_____

_____

관련 핵심 개념

우리의 일상생활과 밀접하게 관련된 법

• 우리가 태어나서 출생 신고를 하고 학교를 가는 것도 법으로 정해져 있습니다.

• 놀이 시설을 안전하게 만들어야 하는 법도 있습니다.

• 우리 생활의 많은 부분이 법의 적용을 받고 있습니다.

3 우리 생활 주변에서 법이 적용되고 있는 사례입니다. 다음 사례를 읽고, 법은 어떤 역할을 하는지 쓰시오.

> 10살이 되어도 학교에 다니지 않는 준서는 늘 집에서 혼자 있다. 준서의 엄마 아빠는 밤늦도록 힘들게 일을 하시느라 준서를 돌볼 겨를이 없다. 얼마 전 준서의 부모님은 정당한 사유 없이 아이를 학교에 보내지 않았기 때문에 처벌을 받게 된다는 통보를 받았다.

_____

_____

관련 핵심 개념 ▶

법의 역할

• 법은 개인의 생명이나 재산 등을 보호해 주어 안정된 삶을 살 수 있게 해 줍니다.

• 법은 사고나 범죄 등 여러 가지 위험에서 사람들을 보호하고 안전하게 살아갈 수 있게 해 주며 사회 질서를 유지시켜 줍니다.

2 단원

4 재판 모습을 나타낸 다음 대본을 읽고, 물음에 답하시오.

> ### 누리집 영화 불법 유포 사건
>
> **판사:** 지금부터 피고인 ○○○에 대한 재판을 시작하겠습니다. 먼저 검사 측은 공소 사실을 말씀해 주시기 바랍니다.
>
> **검사:** 피고인 ○○○은 2019년 1월 10일부터 6월 24일까지 ◆◆ 영화 제작사가 제작한 영화 다섯 편을 □□□ 누리집 올려 영화사의 저작권을 침해했습니다.
>
> **판사:** 피고인 측은 공소 사실에 대해 의견을 말씀해 주십시오.
>
> **변호인:** 피고인 ○○○이 제작사의 허가 없이 영화를 올린 것을 인정합니다.
>
> **판사:** 검사 측은 증거 자료를 제출해 주시기 바랍니다.
>
> **검사:** 피고인의 누리집 활동 내역이 담긴 자료를 증거로 제출합니다.

(1) 위에서 재판을 진행하고 있는 사람은 누구인지 쓰시오.

(   )

(2) 위의 피고인이 한 행동으로 인해 영화를 만든 사람들은 어떤 피해를 입었는지 쓰시오.

_____

_____

(3) 위와 같은 재판을 하는 까닭은 무엇 때문인지 쓰시오.

_____

_____

관련 핵심 개념 ▶

재판에 참여하는 사람

• 판사: 재판을 진행하고 법에 따라 판결을 내립니다.

• 검사: 법을 위반한 점에 대해 심판을 요청합니다.

• 변호인: 피고인을 대신해 권리를 주장합니다.

• 피고인: 범죄를 저지른 것으로 의심이 되어 재판을 받는 사람입니다.

❸ 헌법과 인권 보장 (1)

▶ 교과서 130~139쪽

1 헌법의 의미 자료 ① → 헌법은 국민의 자유와 권리, 인간다운 생활을 보장하기 위해 만든 법입니다.

① 헌법에 담긴 내용 자료 ②

• 모든 국민이 존중받고 행복한 삶을 살아가는 데 필요한 내용을 담고 있습니다. → 국가가 함부로 국민의 권리를 침해할 수 없도록 하기 위해서 국민의 권리가 헌법에 제시되어 있습니다.

• 대한민국 국민이 누려야 할 권리와 지켜야 할 의무가 나타나 있습니다.

• 국민의 권리를 보장하고자 국가 기관을 조직하고 운영하는 기본 원칙을 제시하고 있습니다.

② 다른 법들과 헌법의 관계: 헌법을 바탕으로 여러 법을 만들며, 그 법들은 헌법의 뜻에 어긋나서는 안 됩니다.

③ 헌법이 중요한 까닭 자료 ③

• 헌법은 모든 법 중에 가장 기본이 되는 법이기 때문입니다.

• 헌법에는 국민의 자유와 권리를 보장되어 있기 때문입니다.

2 헌법의 역할

① 인권 보장을 위한 헌법의 역할

국민의 권리를 보장해 주는 헌법
헌법은 국민이 건강하게 살아갈 권리를 보장하고 있기 때문에 늦은 시간에 학원 수업을 하지 못하도록 법으로 제한하고 있음.

② 헌법 재판(예) 인터넷 실명제) → 인터넷을 이용하는 사람의 이름과 주민 등록 번호를 확인한 후 인터넷 게시판에 글을 쓸 수 있도록 한 제도입니다.

문제 상황 → 악성 댓글로 고통받는 사람들이 늘어나 사회 문제가 되고 있습니다.

건전한 인터넷 문화를 조성하기 위해 인터넷 실명제를 시행하고 있는데 인터넷 실명제를 반대하는 사람들이 헌법 재판소에 심판을 요청하였음.

→ 법이 헌법에 어긋나는지, 국가 권력이 국민의 권리를 침해하는지 등을 심판합니다.

→ 가치 확인의 과정입니다. ⇩

찬성 입장	반대 입장
악성 댓글로 고통받는 사람들을 보호하기 위해 인터넷 실명제를 찬성함.	사람들이 자신의 생각을 자유롭게 표현하기 어렵기 때문에 인터넷 실명제를 반대함.

⇩

헌법 재판소 판결 내용
인터넷 실명제는 인터넷에서 다른 사람의 명예를 훼손하거나 불법 정보가 게시되는 것을 억제하여 건전한 인터넷 문화를 조성하기 위한 것으로 인정할 수 있다. 그러나 민주주의의 중요한 가치인 표현의 자유를 제한하려면 그 제한으로 달성하려는 효과가 확실해야 하는데 인터넷 실명제를 도입하여 얻은 이익보다 표현의 자유와 언론의 자유 등을 침해한 불이익이 더 크므로 이는 헌법을 위반한 것이다.

③ 헌법을 기반으로 만들어진 법이 개인의 권리를 침해했다고 판단될 경우, 국민 누구나 그에 대한 재판을 요청할 수 있습니다.

자료 ① 제헌절

• 우리나라 헌법을 만들어서 국민에게 알린 날입니다. 삼일절, 광복절, 개천절과 함께 4대 국경일이라고 불립니다.

• 1948년 7월 17일에 제헌 헌법을 공포했고, 대한민국 정부가 수립된 이후 우리 역사에서 최초로 헌법에 의한 통치라는 민주 공화정의 이념을 부각시키기 위해 1949년에 국경일로 정해졌습니다.

자료 ② 대한민국 헌법 조항

제1조
① 대한민국은 민주공화국이다.
② 대한민국의 주권은 국민에게 있고, 모든 권력은 국민으로부터 나온다. ➡ 대한민국이 민주공화국임을 알리고 있으며, 대한민국 주권이 국민에게 있음을 명시하였습니다.

제10조
모든 국민은 인간으로서의 존엄과 가치를 가지며, 행복을 추구할 권리를 가진다. 국가는 개인이 가지는 불가침의 기본적 인권을 확인하고 이를 보장할 의무를 진다. ➡ 헌법을 통해 국민의 기본권을 보장하고 있음을 알 수 있습니다.

자료 ③ 헌법의 중요성

• 헌법은 법 중에서 가장 기본이 되는 법으로 우리나라 최고의 법입니다.

• 헌법은 국가를 운영하는 데 가장 중요하고 기본적인 내용을 담고 있으므로 헌법의 내용을 새로 정하거나 고칠 때는 국민 투표를 해야 합니다.

개명과 행복 추구권

우리나라는 헌법에 제시된 행복 추구권을 보장하려고 이름을 바꿀만한 충분한 이유가 있는 경우에는 법원에서 개명을 허가해 주고 있습니다.

법원이 개명 신청을 허가한 까닭	• 이름 때문에 심각한 고통을 받고 있는데 평생 그 이름을 가지고 살아가는 것은 불합리하기 때문에 • 헌법에서는 모든 국민이 행복하게 살아갈 권리를 보장하기 때문에
법원이 개명 신청을 허가하지 않은 까닭	• 범죄를 계획하거나 은폐하는 것과 같은 나쁜 의도나 목적이 있기 때문에 • 개명을 신청한 이유가 비과학적이고 비합리적이기 때문에

인터넷 실명제를 주제로 토론하기

1 인터넷 실명제에 대한 찬성과 반대 입장에서 추구하는 권리를 생각합니다.
2 인터넷 실명제에 대한 찬성과 반대 입장을 정합니다.
3 정당한 근거를 들어 인터넷 실명제를 주제로 토론합니다.
4 인터넷 실명제가 적합하다는 의견을 뒷받침하는 자료를 검증합니다.
5 인터넷 실명제가 적합하지 않다는 의견을 뒷받침하는 자료를 검증합니다.

용어 풀이

1 **헌법 재판** 헌법에 위배되는 법을 고치거나, 헌법에 제시된 국민의 권리를 보장하기 위한 재판.
2 **민주공화국** (**民** 백성 **민 主** 주인 **주 共** 함께 **공 和** 화할 **화 國** 나라 **국**) 주권이 국민에게 있고 주권의 운용이 국민의 의사에 따라 이루어지는 나라.
3 **불가침** 침범하여서는 안 됨.
4 **국민 투표** 국가의 중요한 일을 국민이 최종적으로 투표해 결정하는 제도.

개념을 확인해요

2
단원

1 제헌절은 우리나라 ☐☐ 을 만들어서 국민에게 알린 날입니다.

2 헌법은 모든 국민이 ☐☐ 받고 행복한 삶을 살아가는 데 필요한 내용을 담고 있습니다.

3 헌법에는 대한민국 국민이 누려야 할 ☐☐ 와 지켜야 할 ☐☐ 가 나타나 있습니다.

4 헌법을 바탕으로 하여 여러 ☐ 을 만들며, 그 ☐ 들은 헌법에 어긋나서는 안 됩니다.

5 헌법의 내용을 새로 정하거나 고칠 때는 ☐☐ ☐☐ 를 해야 합니다.

6 헌법은 국민이 ☐☐ 하게 살아갈 권리를 보장하고 있기 때문에 늦은 시간까지 학원 수업을 하지 못합니다.

7 대한민국 ☐☐ 은 국민에게 있고, 모든 권력은 ☐☐ 으로부터 나옵니다.

8 ☐☐ 의 자유를 보장하기 위해서 인터넷 실명제를 찬성합니다.

9 ☐☐☐☐☐ 는 법이 헌법에 어긋나는지, 국가 권력이 국민의 권리를 침해하는지 등을 심판합니다.

10 우리나라는 헌법에 제시된 행복 추구권을 보장하려고 이름을 바꿀만한 충분한 이유가 있을 경우에는 법원에서 ☐☐ 을 허가해 주고 있습니다.

2. 인권 존중과 정의로운 사회

❸ 헌법과 인권 보장(2)

❸ 헌법에 나타난 국민의 기본권과 의무

① 헌법이 보장하는 기본권 [자료 ④] → 기본권은 헌법으로 보장되는 국민의 기본적인 권리입니다.

평등권	법을 공평하게 적용받아 차별받지 않을 권리
자유권	자유롭게 생각하고 행동할 수 있는 권리
참정권	국가의 정치 의사 형성 과정에 참여할 수 있는 권리
청구권	기본권이 침해되었을 때 국가에 어떤 일을 해 달라고 요구할 수 있는 권리
사회권	인간답게 살 수 있도록 국가에 요구할 수 있는 권리

② 헌법에 정해 놓은 국민의 의무 → 헌법에서는 국민의 기본권을 보장하는 동시에 국민으로서 지켜야 하는 의무도 정해 놓았습니다.

교육의 의무	납세의 의무	근로의 의무

모든 국민은 자녀가 잘 성장할 수 있도록 교육을 받게 할 의무가 있음.	모든 국민은 세금을 내야 할 의무가 있음.	모든 국민은 개인과 나라의 발전을 위해 일을 할 의무가 있음.

국방의 의무	환경 보전의 의무

모든 국민은 나와 가족, 우리 모두의 안전을 위해 나라를 지킬 의무가 있음.	모든 국민, 기업, 국가는 환경 보전을 위해 노력해야 할 의무가 있음.

→ 교육의 의무, 근로의 의무, 환경 보전의 의무는 국민의 기본권인 동시에 의무입니다.

❹ 바람직한 권리와 의무의 관계(기본권과 의무가 충돌하는 경우)

① 문제 발생 상황: 다양한 사람들이 함께 살아가는 사회에서 권리와 의무는 서로의 입장에 따라 종종 충돌할 때가 있습니다.

> ○○시는 멸종 위기종이 발견된 지역을 생태 보호 지역으로 지정할 계획을 세우고 그 인근의 땅을 개발하지 못하도록 제한했다. 이 과정에서 땅 주인과 ○○시 사이에 의견이 서로 충돌하고 있다. [자료 ⑤] [자료 ⑥]

② 문제 해결을 위한 자세 → 헌법에 나타난 권리의 보장과 의무의 실천은 우리가 행복하게 살아가기 위해 모두 필요합니다.
- 문제 상황을 분석해 합리적으로 판단해야 합니다.
- 권리와 의무를 조화롭게 실천하기 위해 노력해야 합니다.

자료 ④ 헌법에서 보장하고 있는 우리의 소중한 기본권

평등권	제11조 제1항 모든 국민은 법 앞에 평등하다.
자유권	제15조 모든 국민은 직업 선택의 자유를 가진다. 제14조 모든 국민은 거주 이전의 자유를 가진다.
참정권	제24조 모든 국민은 법률에 정하는 바에 의하여 선거권을 가진다. 제25조 모든 국민은 법률이 정하는 바에 의하여 공무 담임권을 가진다.
청구권	제27조 제1항 모든 국민은 법률에 의한 재판을 받을 권리가 있다. 제26조 제1항 모든 국민은 법률이 정하는 바에 의하여 국가 기관에 문서로 청원할 권리를 가진다.
사회권	제31조 제1항 모든 국민은 능력에 따라 균등하게 교육을 받을 권리가 있다. 제35조 제1항 모든 국민은 건강하고 쾌적한 환경에서 생활할 권리를 가진다.

자료 ⑤ 땅 주인이 자신의 권리만 주장할 때 생길 수 있는 일

그 지역에 살고 있는 멸종 위기 동물이 사라질 위험에 처하게 될 것입니다.

자료 ⑥ 땅 주인에게 의무만을 주장할 때 생길 수 있는 일

땅 주인은 자신의 재산을 사용할 수 있는 권리를 침해받을 수 있습니다.

🌵 헌법에 제시된 기본권과 의무를 조사하는 방법

- 관련 신문 기사나 뉴스 등의 사례를 살펴봅니다.
- 관련 분야 전문가와 면담을 합니다.
- 헌법 관련 책에서 내용을 찾아봅니다.
- 헌법 관련 누리집(어린이 헌법 교실, 국가 법령 정보 센터 등)에서 내용을 검색합니다.

🌵 기본권 제한과 관련된 헌법 규정

- 국민의 모든 자유와 권리는 국가의 안전 보장, 질서 유지, 공공의 이익 등을 위해 필요한 경우 법률에 따라 제한될 수 있으며, 제한하는 경우에도 자유와 권리의 본질적인 내용은 침해할 수 없다고 규정하고 있습니다.
- 기본권은 국민의 대표 기관인 국회에서 제정한 법률에 따라서만 제한할 수 있고, 법률의 근거가 없거나 위임 없이 명령, 조례, 규칙 등으로는 국민의 기본권을 제한할 수 없습니다.

📎 **용어 풀이**

❺ **의무**(義 옳을 **의** 務 힘쓸 **무**) 사람으로서 마땅히 하여야 할 일.

❻ **국방** 외국의 침략에 대비 태세를 갖추고 국토를 방위하는 일.

❼ **거주 이전의 자유** 기본적 인권의 하나로, 공공복지에 위반되지 않는 한 자유롭게 거주하거나 이전할 수 있는 자유.

2단원

11 헌법에서 보장되는 국민의 기본적인 권리를 ☐☐☐이라고 합니다.

12 기본권 중에서 법을 공평하게 적용받아 차별받지 않을 권리는 ☐☐☐입니다.

13 ☐☐☐은 국가의 정치 의사 형성 과정에 참여할 수 있는 권리입니다.

14 ☐☐☐은 기본권이 침해되었을 때 국가에 어떤 일을 해 달라고 요구할 수 있는 권리입니다.

15 기본권은 국가의 안전 보장, ☐☐의 이익, 사회 질서 유지 등을 위해 필요한 경우 제한될 수도 있습니다.

16 헌법은 국민의 기본권을 보장하는 동시에 국민으로서 지켜야 하는 ☐☐도 정해 놓았습니다.

17 모든 국민은 자녀가 잘 성장할 수 있도록 ☐☐을 받게 할 의무가 있습니다.

18 모든 국민은 나와 가족, 우리 모두의 안전을 위해 ☐☐를 지킬 국방의 의무가 있습니다.

19 자신과 타인의 기본권을 보호하려면 그에 따른 ☐☐과 의무를 지켜야 합니다.

20 권리와 의무가 충돌할 때에는 문제 상황을 분석해 합리적으로 판단하고, 권리와 의무를 ☐☐롭게 실천하기 위해 노력해야 합니다.

우리나라의 헌법

✳ 헌법에 담긴 내용
- 모든 국민이 존중받고 행복한 삶을 살아가는 데 필요한 내용을 담고 있습니다.
- 대한민국 국민이 누려야 할 권리와 지켜야 할 의무를 담고 있습니다.
- 국민의 권리를 보장하고자 국가 기관을 조직하고 운영하는 기본 원칙을 제시하고 있습니다.

✳ 헌법이 중요한 까닭
- 헌법으로 국민의 권리가 보장되기 때문입니다.
- 헌법을 바탕으로 여러 법이 만들어지기 때문입니다.
- 헌법은 모든 법 중에 가장 기본이 되는 법이기 때문입니다.
- 헌법에는 국민의 자유와 권리를 보장하는 내용이 담겨 있기 때문입니다.

1 다음과 같은 내용을 담고 있는 법을 무엇이라고 하는지 쓰시오.

> - 대한민국 국민이 누려야 할 권리와 지켜야 할 의무
> - 모든 국민이 존중받고 행복한 삶을 살아가는 데 필요한 내용
> - 국민의 권리를 보장하고자 국가 기관을 조직하고 운영하는 기본 원칙

(   )

2 헌법을 '최고의 법' 또는 '법 중의 법'이라고 하는 까닭은 무엇 때문입니까? (   )

① 가장 기본이 되는 법이기 때문에
② 모든 법의 내용을 담고 있기 때문에
③ 가장 어려운 내용을 담고 있기 때문에
④ 여러 법을 바탕으로 만들어지기 때문에
⑤ 법을 어겼을 때 받는 제재에 관한 내용을 다루고 있기 때문에

인권 보장을 위한 헌법의 역할

✳ 헌법의 역할

> **국민의 권리를 보장해 주는 헌법**
>
> 헌법에는 국민이 건강하게 살아갈 권리를 보장해 주고 있기 때문에 늦은 시간에 학원 수업을 하지 못하도록 법으로 제한하고 있음.

✳ 헌법 재판
- 헌법을 기반으로 만들어진 법이 개인의 권리를 침해했다고 판단될 경우, 국민 누구나 그에 대한 재판을 요청할 수 있습니다.
- ㉔ 인터넷 실명제

> 건전한 인터넷 문화를 조성하기 위해 인터넷 실명제를 시행하고 있는데 인터넷 실명제를 반대하는 사람들이 헌법 재판소에 심판을 요청했다.

- 헌법 재판에서 법이 국민의 인권을 침해한다고 결정이 나면 그 법은 개정되거나 폐지됩니다.

3 법으로 늦은 시간에 학원 수업을 하지 못하도록 제한하는 것은 헌법에서 어떤 권리를 보장해 주고 있기 때문인지 쓰시오.

(   )

4 다음 글에서 잘못된 부분을 찾아 기호를 쓰시오.

> 헌법을 기반으로 만들어진 법이 개인의 권리를 침해했다고 판단될 경우, ㉠검사만 그에 대한 재판을 요청할 수 있다. ㉡헌법 재판에서 법이 국민의 인권을 침해한다고 결정이 나면 그 법은 ㉢개정되거나 폐지된다.

(   )

핵심 3 | 헌법이 보장하는 기본권

	평등권 법을 공평하게 적용받아 차별받지 않을 권리
	자유권 자유롭게 생각하고 행동할 수 있는 권리
	참정권 국가의 정치 의사 형성 과정에 참여할 수 있는 권리
	청구권 기본권이 침해되었을 때 국가에 어떤 일을 해 달라고 요구할 수 있는 권리
	사회권 인간답게 살 수 있도록 국가에 요구할 수 있는 권리

5 헌법이 보장하는 기본권 중에서 인간답게 살 수 있도록 국가에 요구할 수 있는 권리는 무엇인지 쓰시오.

( )

6 다음 헌법 조항과 관련 있는 기본권은 어느 것입니까? ( )

> 모든 국민은 헌법과 법률이 정한 법관에 의하여 법률에 의한 재판을 받을 권리가 있다.

① 평등권　　　　　② 자유권
③ 참정권　　　　　④ 청구권
⑤ 사회권

핵심 4 | 헌법에 정해 놓은 국민의 의무

	교육의 의무 모든 국민은 자녀가 잘 성장할 수 있도록 교육을 받게 할 의무가 있음.
	납세의 의무 모든 국민은 세금을 내야 할 의무가 있음.
	근로의 의무 모든 국민은 개인과 나라의 발전을 위해 일을 할 의무가 있음.
	국방의 의무 모든 국민은 나와 가족, 우리 모두의 안전을 위해 나라를 지킬 의무가 있음.
	환경 보전의 의무 모든 국민, 기업, 국가는 환경 보전을 위해 노력해야 할 의무가 있음.

7 나와 가족, 우리 모두의 안전을 위해 나라를 지킬 국민의 의무는 무엇인지 쓰시오.

( )

8 국민의 의무와 그 의무를 실천하고 있는 모습을 바르게 선으로 이으시오.

(1) 환경 보전의 의무　・　　・㉠

(2) 근로의 의무　・　　・㉡

중요

1 헌법과 관련 있는 국경일은 언제입니까? (   )

① 삼일절   ② 한글날
③ 제헌절   ④ 개천절
⑤ 광복절

4 국민의 권리가 헌법에 담겨 있는 까닭으로 가장 알맞은 것은 어느 것입니까? (   )

① 헌법은 모든 법을 포함하는 법이기 때문에
② 국민의 뜻에 따라 헌법을 만들었기 때문에
③ 국민이 지켜야 할 의무를 충실히 실천하도록 하기 위해서
④ 국가가 함부로 국민의 권리를 침해할 수 없도록 하기 위해서
⑤ 국민의 권리가 다른 법들의 뜻에 어긋나지 않도록 하기 위해서

다음 그림을 보고, 물음에 답하시오. [2~3]

2 위의 (가)에 들어갈 알맞은 말은 무엇입니까?

(   )

① 법치주의   ② 이기주의
③ 환경 보호   ④ 인간 존엄
⑤ 평화 통일

서술형

5 헌법의 내용을 새로 정하거나 고칠 때 국민 투표를 하는 까닭은 무엇인지 쓰시오.

_____

_____

주의

6 우리나라 헌법 제10조에 담긴 내용이 <u>아닌</u> 것은 어느 것입니까? (   )

> **제10조** 모든 국민은 인간으로서의 존엄과 가치를 가지며, 행복을 추구할 권리를 가진다. 국가는 개인이 가지는 불가침의 기본적 인권을 확인하고 이를 보장할 의무를 진다.

① 국가의 권력은 국민으로부터 나온다.
② 국가는 국민의 인권을 보장할 의무를 진다.
③ 모든 국민은 행복을 추구할 권리를 가진다.
④ 모든 국민은 인간으로서의 존엄과 가치를 가진다.
⑤ 국가는 개인이 가지는 기본적 인권을 확인할 의무가 있다.

중요

3 위의 (나)에 들어갈 말로, 국민의 자유와 권리, 인간다운 생활, 개인 존중, 행복한 삶을 보장하는 밑바탕이 되는 것은 무엇인지 쓰시오.

(   )

7 헌법이 중요한 까닭으로 알맞지 <u>않은</u> 것은 어느 것입니까? (   )

① 나라 운영 원칙의 기본이 담겨 있기 때문에
② 국민의 자유와 권리가 보장되어 있기 때문에
③ 헌법의 내용에 따라 나라가 운영되기 때문에
④ 인권을 무시할 수 있는 유일한 법이기 때문에
⑤ 모든 법이 헌법을 바탕으로 만들어지기 때문에

8 학생들이 학원을 밤늦게까지 다닐 때 일어날 수 있는 일과 거리가 <u>먼</u> 것은 어느 것입니까? (   )

① 건강이 나빠질 수 있다.
② 잠자는 시간이 줄어든다.
③ 집에 늦게 돌아오게 된다.
④ 학교 수업 시간이 늘어난다.
⑤ 쉴 수 있는 시간이 줄어든다.

9 늦은 시간에 학원 수업을 하지 못하도록 하는 것은 누구의 권리 보호와 관계있는 것입니까? (   )

① 학생   ② 학부모
③ 학원 강사   ④ 학교 교사
⑤ 교육부 공무원

10 다음과 같은 재판을 하는 곳은 어디인지 쓰시오.

> 헌법에 위배되는 법을 고치거나, 헌법에 제시된 국민의 권리를 보장하기 위한 헌법 재판을 한다.

(   )

※ 다음 신문 기사를 읽고, 물음에 답하시오. [11~13]

○○신문	20△△년 △△월 △△일

헌법 재판소는 인터넷 실명제가 인터넷 게시판 이용자의 표현의 자유를 침해한 것이라며 헌법 재판을 요청한 것에 대해 다음과 같이 결정했다.

"인터넷 실명제는 인터넷에서 다른 사람의 명예를 훼손하거나 불법 정보가 게시되는 것을 억제하여 건전한 인터넷 문화를 조성하기 위한 것으로 인정할 수 있다. 그러나 민주주의의 중요한 가치인 표현의 자유를 제한하려면 그 제한으로 달성하려는 효과가 확실해야 하는데 인터넷 실명제를 도입하여 얻은 이익보다 표현의 자유와 언론의 자유 등을 침해한 불이익이 더 크므로 이는 헌법을 위반한 것이다."

11 위 신문 기사의 내용으로 볼 때, 인터넷 실명제는 무엇을 목적으로 실시한 것인지 쓰시오.

(   )

12 인터넷 실명제가 헌법 재판을 받게 된 까닭으로 알맞은 것은 어느 것입니까? (   )

① 언어폭력을 막기 위해서
② 명예 훼손을 막기 위해서
③ 표현의 자유를 보장받기 위해서
④ 거짓 사실을 퍼뜨리는 일을 막기 위해서
⑤ 악성 댓글로 고통받는 사람들을 보호하기 위해서

서술형
13 위 신문 기사의 내용으로 볼 때, 인터넷 실명제가 헌법을 위반한 것으로 결정된 까닭은 무엇인지 쓰시오.

_____

_____

주의

14 개명에 대한 설명으로 알맞지 <u>않은</u> 것은 어느 것입니까? (　　)

① 이름 때문에 심각한 고통을 받고 있어도 한 번 정한 이름은 바꿀 수 없다.

② 개명을 신청한 이유가 비과학적이고 비합리적이면 개명 신청을 허가하지 않는다.

③ 헌법에서는 모든 국민이 행복하게 살아갈 권리를 보장하기 때문에 법원에서 개명을 허가해 준다.

④ 우리나라는 이름을 바꿀만한 충분한 이유가 있을 경우에는 법원에서 개명을 허가해 주고 있다.

⑤ 범죄를 숨기거나 자신의 의무를 피하려는 등 나쁜 의도가 있는 경우에는 개명 신청을 허가하지 않는다.

다음 그림을 보고, 물음에 답하시오. [15~17]

(가)　　　　　　　　　(나)

(다)　　　　　　　　　(라)

15 위의 (가)~(라)와 같이 헌법에서 보장되는 국민의 기본적인 권리를 통틀어 무엇이라고 하는지 쓰시오.

(　　　　　　　　　)

중요

16 위의 (가)와 같이 자신이 원하는 직업을 자유롭게 선택할 수 있는 것과 관련 있는 것은 어느 것입니까?

(　　)

① 평등권　　　　② 자유권
③ 참정권　　　　④ 청구권
⑤ 사회권

17 앞의 (다)와 관계있는 헌법의 조항은 어느 것입니까? (　　)

① 모든 국민은 법 앞에 평등하다.

② 모든 국민은 직업 선택의 자유를 가진다.

③ 모든 국민은 법률에 의한 재판을 받을 권리를 가진다.

④ 모든 국민은 능력에 따라 균등하게 교육을 받을 권리가 있다.

⑤ 모든 국민은 건강하고 쾌적한 환경에서 생활할 권리가 있다.

중요

18 헌법에 정해 놓은 국민의 의무가 <u>아닌</u> 것은 어느 것입니까? (　　)

① 교육의 의무　　　　② 근로의 의무
③ 납세의 의무　　　　④ 소비의 의무
⑤ 국방의 의무

서술형

19 국민의 의무를 실천하는 일이 중요한 까닭은 무엇인지 쓰시오.

_____

_____

20 인터넷 검색으로 헌법에 제시된 기본권과 의무를 조사하려고 합니다. 방문할 누리집으로 알맞지 <u>않은</u> 것은 어느 것입니까? (　　)

① 국회 누리집　　　　② 법제처 누리집
③ 법무부 블로그　　　④ 헌법 재판소 누리집
⑤ 어린이 헌법 교실

1 우리나라 헌법을 만들어서 국민에게 알린 것을 기념하는 날은 언제입니까? (   )

① 3월 1일   ② 7월 17일
③ 8월 15일   ④ 10월 3일
⑤ 10월 9일

2 헌법에서 보장하고 있는 것이 <u>아닌</u> 것은 무엇입니까? (   )

① 개인 존중
② 행복한 삶
③ 국민의 의무
④ 인간다운 생활
⑤ 국민의 자유와 권리

다음은 우리나라 헌법의 일부 내용입니다. 내용을 보고 물음에 답하시오. [3~4]

제1조
① 대한민국은 민주공화국이다.
② 대한민국의 주권은 ［ ㉠ ］에게 있고, 모든 권력은 ［ ㉠ ］으로부터 나온다.

제10조
모든 국민은 인간으로서의 존엄과 가치를 가지며, ［ ㉡ ］을 추구할 권리를 가진다. 국가는 개인이 가지는 불가침의 기본적 인권을 확인하고 이를 보장할 의무를 진다.

3 위의 ㉠에 공통으로 들어갈 알맞은 말은 무엇인지 쓰시오.

(   )

4 앞의 ㉡에 들어갈 알맞은 말은 어느 것입니까?

(   )

① 건강   ② 나눔
③ 성공   ④ 행복
⑤ 국방

5 헌법 내용 중에서 국가 기관의 조직과 운영에 관련된 것을 담고 있는 것은 무엇입니까? (   )

① 입법권은 국회에 속한다.
② 모든 국민은 법 앞에 평등하다.
③ 대한민국의 영토는 한반도와 그 부속 도서(섬)로 한다.
④ 대한민국 주권은 국민에게 있고, 모든 권력은 국민으로부터 나온다.
⑤ 모든 국민은 인간으로서의 존엄과 가치를 가지면 행복을 추구할 권리를 가진다.

6 국가의 중요한 일을 국민이 최종적으로 투표해 결정하는 제도를 무엇이라고 하는지 쓰시오.

(   )

다음 대화를 살펴보고, 물음에 답하시오. [7~8]

엄마: 헌법은 국민이 ［ ㉠ ］를 보장하고 있단다. 그래서 늦은 시간에 학원 수업을 하지 못하도록 법으로 제한하고 있는 것이란다.
민우: 늦게까지 학원에서 수업을 하지 못하도록 하는 것이 학생들의 권리와 관계가 있군요.
엄마: 그렇지. 우리의 권리를 보장하기 위해서란다.

7 앞 대화의 ㉠에 들어갈 알맞은 권리는 어느 것입니까? (　　　)

① 건강하게 살아갈 권리
② 교육 받을 수 있는 권리
③ 잠을 충분히 잘 수 있는 권리
④ 자유롭게 여행할 수 있는 권리
⑤ 배우고 싶은 선생님께 배울 수 있는 권리

서술형

8 앞 대화를 살펴보고, 학원이 밤늦게까지 하지 않는 까닭은 무엇 때문인지 쓰시오.

_____

_____

중요

9 다음 중 헌법 재판을 하는 경우를 두 가지 고르시오.
(　　 ,　　)

① 국민의 의무를 다하지 않았을 때
② 다른 나라로 이민을 가려고 할 때
③ 교통사고로 사망자가 발생했을 때
④ 법이 헌법에 어긋나는지 살펴볼 때
⑤ 법이 개인의 권리를 침해했다고 판단될 때

10 다음 빈칸에 공통으로 들어갈 알맞은 말을 쓰시오.

　　헌법 재판에서 법이 국민의 □□□을 침해한다고 결정이 나면 그 법은 개정되거나 폐지된다. 이처럼 헌법은 개인이 가진 □□□을 분명하게 확인하고 이를 보장해 주는 역할을 한다.

(　　　　　)

11 다음 중 인터넷 실명제를 도입하여 얻는 이익으로 알맞지 않은 것은 어느 것입니까? (　　　)

① 언어폭력이 퍼지는 일을 막는다.
② 불법 정보가 게시되는 일을 막는다.
③ 거짓 사실을 퍼뜨리는 일을 막는다.
④ 자신의 생각을 자유롭게 표현할 수 있다.
⑤ 악성 댓글로 고통받는 사람들을 보호한다.

12 다음은 인터넷 실명제를 헌법을 위반한 것이라고 판단한 헌법 재판소의 판결문의 일부입니다. 빈칸에 들어갈 알맞은 말을 쓰시오.

　　인터넷 실명제를 도입하여 얻은 이익보다 □□□의 자유와 언론의 자유 등을 침해한 불이익이 더 크므로 이는 헌법을 위반한 것이다.

(　　　　　)

주의

13 인터넷 실명제를 주제로 토론을 하려고 합니다. 토론을 하는 순서대로 기호를 쓰시오.

　　㉠ 인터넷 실명제에 대한 찬성과 반대 입장을 정한다.
　　㉡ 정당한 근거를 들어 인터넷 실명제를 주제로 토론한다.
　　㉢ 인터넷 실명제가 적합하다는 의견을 뒷받침하는 자료를 검증한다.
　　㉣ 인터넷 실명제에 대한 찬성과 반대 입장에서 추구하는 권리를 생각한다.
　　㉤ 인터넷 실명제가 적합하지 않다는 의견을 뒷받침하는 자료를 검증한다.

(　　　　　)

14 다음 중 법원이 개명 신청을 허가하는 경우는 언제 입니까? (   )

① 범죄를 숨기려는 의도가 있을 때
② 개명을 신청한 이유가 비과학적일 때
③ 개명을 신청한 이유가 비합리적일 때
④ 자신의 의무를 피하려는 의도가 있을 때
⑤ 이름 때문에 심각한 고통을 받고 있을 때

국민의 기본권을 나타낸 다음 보기 를 보고, 물음에 답하시오. [15~16]

> **보기**
> ㉠ 제11조 제1항 모든 국민은 법 앞에 평등하다.
> ㉡ 제15조 모든 국민은 거주 이전의 자유를 가진다.
> ㉢ 제24조 모든 국민은 법률이 정하는 바에 의하여 선거권 을 가진다.
> ㉣ 제26조 제1항 모든 국민은 법률이 정하는 바에 의하여 국가 기관에 문서로 청원할 권리를 가진다.

15 위 보기 에서 참정권과 관련 있는 조항을 찾아 기호를 쓰시오.

(   )

16 위 보기 의 ㉣ 조항에서 보장하고 있는 기본권은 무엇인지 쓰시오.

(   )

17 국민의 기본권이 제한될 수 있는 경우와 거리가 먼 것은 어느 것입니까? (   )

① 법률에 근거가 있는 경우
② 공공의 이익을 위해 필요한 경우
③ 사회 질서 유지를 위해 필요한 경우
④ 국가의 안전 보장을 위해 필요한 경우
⑤ 국민이 자신의 의무를 다하지 않은 경우

국민의 의무를 나타낸 다음 사진을 보고, 물음에 답하시 오. [18~19]

(가)   (나)

(다)   (라)

18 위의 (가)~(라) 중에서 국민의 기본권인 동시에 의 무인 것을 모두 찾아 기호를 쓰시오.

(   )

19 위의 (나)와 관련 있는 의무에 대한 설명으로 알맞은 것은 어느 것입니까? (   )

① 모든 국민은 세금을 내야 할 의무가 있다.
② 모든 국민은 개인과 나라의 발전을 위해 일할 의 무가 있다.
③ 모든 국민, 기업, 국가는 환경 보전을 위해 노력 해야 할 의무가 있다.
④ 모든 국민은 자녀가 잘 성장할 수 있도록 교육을 받게 할 의무가 있다.
⑤ 모든 국민은 나와 가족, 우리 모두의 안전을 위 해 나라를 지킬 의무가 있다.

서술형

20 일상생활에서 보장받아야 할 권리와 실천해야 할 의 무가 서로 충돌할 때 필요한 자세는 무엇인지 쓰시오.

_____

_____

1 다음에 제시된 헌법의 일부 내용을 읽고, 물음에 답하시오.

> ⊙ 대한민국의 주권은 국민에게 있고, 모든 권력은 국민으로부터 나온다.
> ⓒ 대한민국은 ☐☐☐☐ 을 지향하며, 자유민주적 기본 질서에 입각한 평화적 통일 정책을 수립하고 이를 추진한다.
> ⓒ 모든 국민은 인간으로서의 존엄과 가치를 가지며, 행복을 추구할 권리를 가진다.
> ② 모든 국민은 법 앞에 평등하다.
> ◎ 입법권(법을 만드는 권한)은 국회에 속한다.

(1) 위 ⓒ의 빈칸에 들어갈 알맞은 말은 무엇인지 쓰시오.

(   )

(2) 위 헌법의 내용 중 가장 중요하다고 생각되는 것을 찾아 기호를 쓰고, 그 까닭은 무엇인지 쓰시오.

_____

_____

2 인터넷 실명제에 대한 다음 신문 기사를 읽고, '인터넷 실명제'를 찬성하는 입장과 반대하는 입장에서 내세우는 주장은 무엇인지 정리하시오.

□□신문	20△△년 △△월 △△일

헌법 재판소는 인터넷 실명제가 인터넷 게시판 이용자의 표현의 자유를 침해한 것이라며 헌법 재판을 요청한 것에 대해 다음과 같이 결정했다.
"인터넷 실명제는 인터넷에서 다른 사람의 명예를 훼손하거나 불법 정보가 게시되는 것을 억제하여 건전한 인터넷 문화를 조성하기 위한 것으로 인정할 수 있다. 그러나 민주주의의 중요한 가치인 표현의 자유를 제한하려면 그 제한으로 달성하려는 효과가 확실해야 하는데 인터넷 실명제를 도입하여 얻은 이익보다 표현의 자유와 언론의 자유 등을 침해한 불이익이 더 크므로 이는 헌법을 위반한 것이다."

찬성하는 입장	
반대하는 입장	

3 국민의 의무와 관련된 다음 사진을 보고, 물음에 답하시오.

(가) 　　(나) 　　(다)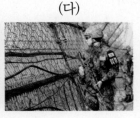

(1) 위의 모습과 관련 있는 국민의 의무는 무엇인지 쓰시오.

(가)	(나)	(다)

(2) 위와 같은 국민의 의무를 실천하는 일이 중요한 까닭은 무엇 때문인지 쓰시오.

_____

_____

4 권리와 의무가 충돌하고 있는 다음 상황을 해결하기 위한 방법은 무엇일지 나의 생각을 정리하여 쓰시오.

> ○○시는 멸종 위기종이 발견된 지역을 생태 보호 지역으로 지정할 계획을 세우고 그 인근의 땅을 개발하지 못하도록 제한했다. 이 과정에서 땅 주인과 ○○시 사이에 의견이 서로 충돌하고 있다.
>
> 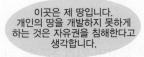 이곳은 제 땅입니다. 개인의 땅을 개발하지 못하게 하는 것은 자유권을 침해한다고 생각합니다.
>
>  땅 주인
>
> 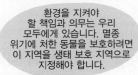 환경을 지켜야 할 책임과 의무는 우리 모두에게 있습니다. 멸종 위기에 처한 동물을 보호하려면 이 지역을 생태 보호 지역으로 지정해야 합니다.
>
>  ○○시 관계자

_____

_____

관련 핵심 개념

국민의 의무

· 의무는 어떠한 행동을 꼭 해야 하는 일입니다.

· 헌법에서 정해 놓은 국민의 의무: 교육의 의무, 납세의 의무, 근로의 의무, 국방의 의무, 환경 보전의 의무

· 기본권인 동시에 의무인 것: 교육의 의무, 근로의 의무, 환경 보전의 의무

2 단원

관련 핵심 개념

국민의 권리와 의무가 충돌할 때 필요한 자세

· 문제 상황을 분석해 합리적으로 판단해야 합니다.

· 권리와 의무를 조화롭게 실천하기 위해 노력해야 합니다.

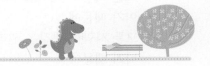

1 모든 사람이 태어날 때부터 갖는, 사람이기 때문에 당연히 누리는 권리를 무엇이라고 합니까?
( )

① 주권　　　　② 인권
③ 자유권　　　④ 재산권
⑤ 청구권

2 다음은 생활 속에서 어떤 사람의 인권을 존중하는 모습인지 보기 에서 골라 기호를 쓰시오.

> 보기
> ㉠ 노인　　　　㉡ 어린이
> ㉢ 장애인　　　㉣ 임산부

(1)

(2)

( )　　　　（ ）

3 다른 사람이 힘이나 권력으로 인권을 함부로 빼앗을 수 없는 까닭은 무엇입니까? ( )

① 사람들의 종교, 직업, 성별 등이 다르기 때문에
② 지구촌에는 다양한 인종이 모여 살고 있기 때문에
③ 나의 권리보다 다른 사람의 권리를 존중해야 하기 때문에
④ 모든 사람이 태어날 때부터 평등하게 가지는 것이기 때문에
⑤ 모든 사람이 똑같은 권리를 가지고 있는 것은 아니기 때문에

🌸 인권 신장을 위해 노력했던 옛사람들을 보고, 물음에 답하시오. [4~6]

(가)　　　　（나）　　　　（다）

4 위 (가)의 인물이 한 일은 무엇입니까? ( )

① 학교를 세웠다.
② 경제를 발전시켰다.
③ 신분 제도를 없앴다.
④ 어린이날을 만들었다.
⑤ 만화 영화를 만들었다.

5 다음은 위 (나)의 인물이 한 이야기입니다. 빈칸에 들어갈 알맞은 말을 쓰시오.

> 세상에는 빵 한 조각이 없어서 죽어가는 사람도 많지만 작은 사랑조차 받지 못해 죽어가는 사람이 더 많습니다.
> 가난한 사람에게 필요한 것은 동정이 아니라 ☐ 입니다. 그들은 다른 사람들보다 자신들이 존중받는 것을 느낄 필요가 있습니다.

( )

6 위 (다)의 인물은 누구의 인권 신장을 위해 노력했는지 쓰시오.

( )

7 조선 시대에 백성들이 억울한 일이 있을 때 대궐 밖에 설치된 북을 쳐서 임금에게 알렸던 제도는 무엇인지 쓰시오.

( )

서술형

8 옛날 우리 조상들은 사형과 같은 무거운 형벌을 내릴 때는 신분과 관계없이 세 번의 재판을 거치도록 했습니다. 그 까닭은 무엇인지 쓰시오.

_____

_____

9 인권 보호를 위해 국가에서 시행하는 다음 법은 무엇입니까? (   )

> 생활이 어려운 사람에게 필요한 돈을 주어 이들의 최저 생활을 보장하고 자활을 조성하는 것을 목적으로 제정된 법률이다.

① 「아동 복지법」   ② 「근로 기준법」
③ 「재해 구호법」   ④ 「의료 보호법」
⑤ 「국민 기초 생활 보장법」

10 다음에서 은서가 인권 침해를 당한 까닭으로 알맞은 것은 어느 것입니까? (   )

> 은서는 한국인 아버지와 외국인 어머니 사이에서 태어났다. 같은 반 친구들과 대부분 잘 지내지만, 가끔 짓궂은 친구들이 은서의 외모를 놀릴 때가 있다. 은서는 그럴 때마다 속상하다.

① 여학생이기 때문에
② 장애가 있기 때문에
③ 다문화 가정의 아이이기 때문에
④ 부모님과 함께 살지 않기 때문에
⑤ 친구들과 함께 어울려 놀 시간이 없기 때문에

11 다음은 인권 보장을 위해 노력하는 모습입니다. 빈칸에 들어갈 알맞은 말을 쓰시오.

> 국가와 지방 자치 단체는 국민이 빈곤, 질병, 생활 불안 등에서 벗어나 안정적으로 살 수 있도록 [   ]를 만들어 시행한다.

(   )

12 우리들이 인권을 보호하기 위해 실천할 수 있는 일이 아닌 것은 어느 것입니까? (   )

① 인권 개선 편지 쓰기
② 인권을 존중하는 말 사용하기
③ 인권 보호 캠페인에 참여하기
④ 다양한 사회 보장 제도 시행하기
⑤ 다른 사람의 인권도 소중하게 생각하기

서술형

13 다음과 같이 법을 지키지 않으면 어떤 제재를 받는지 쓰시오.

_____

_____

14 법의 역할이 <u>아닌</u> 것은 어느 것입니까? (   )

① 교통사고를 예방해 준다.
② 개인 정보를 보호해 준다.
③ 범죄에 대한 피해를 보상해 준다.
④ 환경 파괴와 오염을 방지해 준다.
⑤ 개인의 생명과 재산을 보호해 준다.

📌 다음 대본을 읽고, 물음에 답하시오. [15~16]

> 판사: 지금부터 피고인 ○○○에 대한 재판을 시작하겠습니다. 먼저 검사 측은 공소 사실을 말씀해 주시기 바랍니다.
> 검사: 피고인 ○○○은 2018년 1월 10일부터 6월 24일까지 ◆◆ 영화 제작사가 제작한 영화 다섯 편을 □□□ 누리집에 올려 영화사의 저작권을 침해했습니다.
> 판사: 피고인 측은 공소 사실에 대해 의견을 말씀해 주십시오.
> 변호인: 피고인 ○○○이 제작사의 허가 없이 영화를 올린 것을 인정합니다.

15 위의 대본은 무엇을 하기 위한 것입니까? (   )

① 연극   ② 영화
③ 재판   ④ 드라마
⑤ 모의재판

16 위의 대본에서 재판을 진행하고 법에 따라 판결을 내리는 역할을 하는 사람은 누구인지 쓰시오.

(   )

17 모든 국민의 자유와 권리 및 인간다운 생활을 보장하기 위해 만든 법은 무엇인지 쓰시오.

(   )

18 인터넷 실명제에 대한 토론을 할 때 가장 먼저 해야 할 일은 어느 것입니까? (   )

① 인터넷 실명제에 대한 찬성과 반대 입장을 정한다.
② 정당한 근거를 들어 인터넷 실명제를 주제로 토론한다.
③ 인터넷 실명제가 적합하다는 의견을 뒷받침하는 자료를 검증한다.
④ 인터넷 실명제가 적합하지 않다는 의견을 뒷받침하는 자료를 검증한다.
⑤ 인터넷 실명제에 대한 찬성과 반대의 입장에서 추구하는 권리를 생각한다.

19 우리의 소중한 기본권 중 자유권과 관련 있는 것을 두 가지 고르시오. (,   )

① 모든 국민은 법 앞에 평등하다.
② 모든 국민은 직업 선택의 자유를 가진다.
③ 모든 국민은 거주 이전의 자유를 가진다.
④ 모든 국민은 법률에 정하는 바에 의하여 선거권을 가진다.
⑤ 모든 국민은 건강하고 쾌적한 환경에서 생활할 권리를 가진다.

20 일상생활 속에서 환경 보전의 의무를 실천하는 모습으로 알맞은 것은 어느 것입니까? (   )

① 나라를 지키려 군대에 간다.
② 환경을 깨끗하게 하고 자연을 보호한다.
③ 나와 나라의 발전을 위해 열심히 일한다.
④ 나라의 살림이 잘 운영되도록 세금을 낸다.
⑤ 부모는 자녀가 잘 성장하도록 교육을 받게 한다.

1 인권에 대한 설명으로 알맞지 <u>않은</u> 것은 어느 것입니까? ( )

① 인간답게 살 권리이다.
② 사람이기 때문에 당연히 가지는 권리이다.
③ 모든 사람이 태어나면서부터 갖는 권리이다.
④ 다른 사람이 힘이나 권력으로 빼앗을 수 있다.
⑤ 모든 사람은 나와 똑같은 인권을 가지고 있다.

서술형

2 다음은 생활 속에서 인권을 어떻게 존중하는 모습인지 쓰시오.

_____

_____

3 유엔 아동 권리 협약에 대한 설명으로 알맞지 <u>않은</u> 것은 어느 것입니까? ( )

① 어린이의 인권을 보호하기 위해 만들었다.
② 우리나라를 포함한 세계 여러 나라가 모여 만들었다.
③ 18세 미만의 어린이와 청소년의 모든 권리가 담겨 있다.
④ 아동을 권리를 가지기 이전의 단순한 보호 대상으로 여기고 있다.
⑤ 어린이라면 누구나 마땅히 누려야 할 권리를 생존의 권리, 보호의 권리, 발달의 권리, 참여의 권리를 제시하고 있다.

4 학교생활에서 인권을 존중하는 모습은 무엇인지 모두 골라 기호를 쓰시오.

> ㉠ 친구에게 장난이라도 욕하지 않는 것
> ㉡ 성적이 나보다 낮다고 비아냥거리는 것
> ㉢ 발표할 때 목소리가 작다고 비난하는 것
> ㉣ 장애인이나 몸이 아픈 학생을 놀리지 않는 것

( )

2단원

5 다음 중 방정환과 관계 깊은 날은 언제입니까?
( )

① 설날 　　　　② 추석
③ 어버이날 　　④ 어린이날
⑤ 스승의 날

6 다음에서 설명하는 인물은 누구인지 쓰시오.

> 검은 수녀복 대신 인도에서 가장 가난하고 미천한 여성들이 입는 흰색 사리를 입고 평생을 가난 속에서 고통 받으며 죽어 가는 사람들과 버려진 아이들 그리고 노인들을 위해 헌신해 '빈자의 성녀'로 추앙받았다.

( )

7 옛날의 신문고 제도는 어떤 방법으로 억울함을 알렸던 제도입니까? ( )

① 북을 쳐서 알렸다.
② 글을 써서 알렸다.
③ 소리를 질러 알렸다.
④ 재판을 통해 알렸다.
⑤ 노래를 불러서 알렸다.

8 국가에서 「의료 보호법」을 만든 까닭으로 가장 알맞은 것은 어느 것입니까? (   )

① 다문화 가족의 의료 보호를 시행하기 위해서
② 생활이 어려운 사람에게 필요한 돈을 주기 위해서
③ 비상 재해가 발생했을 때 재해를 당한 사람을 돕기 위해서
④ 아동이 건전하게 출생해 행복하고 건강하게 자라도록 하기 위해서
⑤ 생활 유지의 능력이 없거나 생활이 어려운 사람에게 의료 보호를 시행하기 위해서

9 다음 학교생활 중에서 인권이 침해된 사례는 무엇인지 ○표 하시오.

(1) 내가 저 아이 몸무게 알려 줄까?

(2) 내가 가방 들어 줄까?

(　　　　)　　　(　　　　)

서술형

10 민준이의 삼촌이 다음과 같은 불편함을 겪으면 안 되는 까닭은 무엇인지 쓰시오.

> 시각 장애가 있는 민준이의 삼촌이 혼자서 수영장에 가는 것은 힘든 일이다. 집에서 수영장까지 가는 순환 버스를 타기 때문에 수영장 건물 입구까지는 잘 갈 수 있지만, 건물 안에는 점자 블록이 설치되지 않아 누군가의 도움이 필요하다.

_____

_____

11 학교에서 다문화 이해 교육을 실시하는 까닭을 두 가지 고르시오. (,   )

① 해외 여행을 안전하게 다녀올 수 있도록 하기 위해서
② 문화적 다양성을 인정하고 존중할 수 있도록 하기 위해서
③ 다문화 가족에 대한 사회적 차별과 편견을 예방하기 위해서
④ 다른 나라의 친구들과 편지를 주고받을 수 있도록 하기 위해서
⑤ 세계 여러 나라의 다양한 문화를 경험해 볼 수 있도록 하기 위해서

12 다음에서 설명하는 것은 무엇인지 쓰시오.

> • 국가가 만든 강제성이 있는 규칙이다.
> • 사회생활에서 지켜야 할 행동 기준으로서 마땅히 지켜야 하는 것이므로 이를 어겼을 때는 제재를 받는다.

(　　　　　　　　　　　　　　　)

13 오른쪽의 학교 급식과 관련된 법은 어느 것입니까? (   )

① 「저작권법」
② 「식품 위생법」
③ 「장애인 차별 금지법」
④ 「어린이 놀이 시설 안전 관리법」
⑤ 「어린이 식생활 안전 관리 특별법」

14 개인의 권리를 보장해 주는 법의 역할과 관련 있는 것을 두 가지 고르시오. (　　,　　)

① 범죄에서 안전하게 지켜 준다.
② 환경 파괴와 오염을 방지해 준다.
③ 교통사고를 예방할 수 있게 해 준다.
④ 개인의 생명이나 재산을 보호해 준다.
⑤ 개인 간에 발생한 분쟁을 해결해 준다.

15 사람들이 법을 지키지 않았을 때 발생하는 일과 거리가 먼 것은 어느 것입니까? (　　)

① 남에게 피해를 준다.
② 처벌을 받을 수 있다.
③ 사회 질서가 유지될 수 없다.
④ 다 함께 행복하게 살 수 있다.
⑤ 다른 사람의 권리를 침해할 수 있다.

16 다음 내용을 읽고, 빈칸에 들어갈 알맞은 말은 무엇인지 쓰시오.

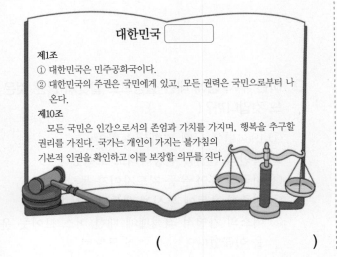

대한민국 ☐

제1조
① 대한민국은 민주공화국이다.
② 대한민국의 주권은 국민에게 있고, 모든 권력은 국민으로부터 나온다.

제10조
　모든 국민은 인간으로서의 존엄과 가치를 가지며, 행복을 추구할 권리를 가진다. 국가는 개인이 가지는 불가침의 기본적 인권을 확인하고 이를 보장할 의무를 진다.

(　　　　　)

17 인터넷 실명제를 찬성하는 사람들이 내세우는 주장은 무엇인지 쓰시오.

_____

_____

18 헌법이 보장하는 기본권 중 투표와 관련 있는 것은 어느 것입니까? (　　)

① 평등권
② 자유권
③ 참정권
④ 청구권
⑤ 사회권

19 다음은 국민이 헌법에 제시되어 있는 어떤 의무를 실천하고 있는 모습인지 쓰시오.

(　　　　　)

20 국민의 권리와 의무가 충돌하는 상황이 발생하는 까닭으로 알맞은 것은 어느 것입니까? (　　)

① 사람들의 입장이 모두 같기 때문에
② 사람들이 자신의 권리만 주장하기 때문에
③ 의무를 실천하는 사람들이 별로 없기 때문에
④ 헌법에 권리와 의무에 대한 규정이 명확하지 않기 때문에
⑤ 헌법에 나타난 권리와 의무는 서로 긴밀하게 연결되어 있기 때문에

다음 그림을 보고, 물음에 답하시오. [1~2]

(가)

(나)

(다)

(라)

1 위 (가)~(라)는 생활 속에서 무엇을 존중하는 모습을 나타낸 것인지 쓰시오.

( )

2 위의 (다)와 같이 주차 구역을 따로 만든 것은 누구를 배려하기 위한 것입니까? ( )

① 노인 　　② 어린이
③ 장애인 　　④ 임산부
⑤ 외국인

3 다음 중 인권과 거리가 먼 단어는 무엇입니까?

( )

① 경쟁 　　② 평등
③ 권리 　　④ 보호
⑤ 행복

4 신분이 천하다는 이유로 능력을 펼칠 기회조차 주지 않는 당시의 사회 제도를 고쳐야 한다는 허균의 생각이 담겨 있는 책은 무엇입니까? ( )

① 『춘향전』
② 『흥부전』
③ 『토끼전』
④ 『홍길동전』
⑤ 『전우치전』

5 방정환이 쓴 다음 글의 빈칸에 공통으로 들어갈 말을 쓰시오.

- ◻◻◻를 내려다보지 마시고 쳐다보아 주시오.
- ◻◻◻에게 경어를 쓰시되 부드럽게 하여 주시오.
- ◻◻◻를 책망하실 때에는 쉽게 성만 내지 마시고 자세히 타일러 주시오.
- ◻◻◻들이 서로 모여 즐겁게 놀 만한 놀이터와 기관 같은 것을 지어 주시오.

( )

6 마틴 루서 킹에 대한 설명으로 알맞지 않은 것은 어느 것입니까? ( )

① 1964년에 노벨 평화상을 받았다.
② 흑인의 인권을 신장하려고 노력했다.
③ 미국의 흑인 운동 지도자이자 목사이다.
④ 민주화 운동에 투신해 대통령까지 되었다.
⑤ 버스의 차별적 좌석제에 대한 버스 보이콧 운동을 이끌었다.

7 옛날에 시행되었던 다음 제도의 공통점은 무엇입니까? ( )

- 격쟁 ・상언 제도 ・신문고 제도

① 관리를 뽑기 위한 제도
② 인권 신장을 위한 제도
③ 세금을 거두기 위한 제도
④ 농업 생산량을 늘리기 위한 제도
⑤ 양반과 상민을 구분하기 위한 제도

8 우리 조상들이 다음과 같이 신중하게 형벌을 내렸던 까닭은 무엇인지 쓰시오.

> 우리 조상들은 죄를 지은 사람에게 형벌을 내릴 때도 세밀하게 조사하고 신중하게 결정했다.

_____

9 오른쪽 모습과 관계 깊은 학교에서의 인권 침해 사례는 무엇인지 쓰시오.

친구의 수첩이니까 봐도 되겠지?

( )

응용

10 경제적 생활 수준이 낮은 사람이 겪을 수 있는 인권 침해와 거리가 먼 것은 어느 것입니까? ( )

① 겨울에 따뜻하게 지낼 수 없다.
② 여름에 시원하게 지낼 수 없다.
③ 마음대로 아침 운동을 할 수 없다.
④ 아파도 제대로 치료를 받을 수 없다.
⑤ 배가 고파도 배부르게 음식을 먹을 수 없다.

다음 장애인 공공 편의 시설을 보고, 물음에 답하시오.

[11~12]

(가)   (나)

11 시각 장애인이 안전하게 다닐 수 있도록 도와주는 위 (나)의 시설은 무엇입니까? ( )

① 점자 블록
② 장애인 콜택시
③ 휠체어 리프트
④ 장애인용 점자 안내도
⑤ 시각 장애인용 음향 신호기

서술형

12 국가와 지방 자치 단체에서 위와 같은 장애인 공공 편의 시설을 설치하고 운영하는 까닭을 쓰시오.

_____

_____

13 모든 사람이 함께 지키기로 약속한 국가의 규칙으로, 이를 어겼을 때 재제를 받는 사회 규범은 무엇인지 쓰시오.

( )

14 오른쪽은 우리 생활에서 법이 적용된 사례를 무엇을 만들어 나타낸 것인지 쓰시오.

( )

15 사회 질서를 유지하기 위해 오른쪽과 같은 활동을 하는 까닭은 무엇 때문입니까?
(   )

① 교통사고를 예방하기 위해서
② 환경 파괴와 오염을 예방하기 위해서
③ 범죄에서 안전하게 지켜 주기 위해서
④ 불이 나서 사람이 다치거나 죽지 않도록 하기 위해서
⑤ 개인 정보가 다른 사람에게 함부로 알려지지 않도록 하기 위해서

서술형

16 헌법의 내용을 새로 정하거나 고칠 때에 국민 투표를 하는 까닭은 무엇인지 쓰시오.

_____

_____

17 다음 중 인터넷 실명제를 반대하는 사람들의 주장은 어느 것입니까? (   )

① 언어폭력을 막아야 한다.
② 불법 정보가 게시되는 것을 막아야 한다.
③ 거짓 사실을 퍼뜨리는 일을 막아야 한다.
④ 악성 댓글로 고통받는 사람들을 보호해야 한다.
⑤ 자신의 생각을 자유롭게 표현할 수 있어야 한다.

18 다음 생활 모습과 관계 깊은 국민의 기본권은 무엇인지 쓰시오.

제35조 제1항 모든 국민은 건강하고 쾌적한 환경에서 생활할 권리를 가진다.

(   )

19 다음 빈칸에 들어갈 알맞은 말을 쓰시오.

> 헌법이 보장하는 기본권은 국가의 안전 보장, 공공의 이익, 사회 질서 유지 등을 위해 필요한 경우 법률에 따라 [   ]될 수도 있다.

(   )

20 국민들이 다음과 같은 의무를 실천해야 하는 까닭으로 가장 알맞은 것은 어느 것입니까? (   )

① 개인과 나라의 발전을 위해서
② 나와 가족, 우리 모두의 안전을 위해서
③ 자녀를 잘 성장할 수 있도록 하기 위해서
④ 모두가 깨끗한 환경에서 살아가기 위해서
⑤ 나라의 살림살이를 잘 꾸려 나가기 위해서

수세식 화장실의 시작

사람이 살아가는 데 가장 중요한 것이 의식주입니다. 그런데 먹으면 반드시 해야 하는 것이 무엇일까요? 바로 배설하는 것이지요. 사람들의 생활이 점차 발달하면서 화장실 문화도 발달하게 되었답니다.

화장실 문화에 대해 알아볼까요?

1371년 영국에서는 '창에서 똥을 버리면 벌금을 내야한다.'는 법률이 생겨났습니다. 지금 생각하면 우스운 이 법률은 어떻게 생긴 것일까요? 그것은 당시 영국에서 모두가 창에서 똥을 밖에 던져 버렸기 때문에 생긴 법률입니다. 이는 영국에는 2층보다 높은 방에는 화장실을 만들 수가 없어서 요강을 사용했는데 요강에 담긴 배설물을 아래층까지 가지고 내려가기가 귀찮아진 사람들이 창 밖에 요강의 배설물을 던져버리며 도시 전체의 문제로 커졌기 때문입니다.

그에 비해 우리의 화장실 문화는 어떠했을까요? 우리 조상들이 사용하던 '뒷간'이 정말 환경 친화적인 화장실이라는 것을 잘 알고 있죠?

우리가 배설한 배설물이 썩어서 거름이 되고, 그것이 농작물이 잘 자라게 하여 그 농작물로 만든 음식을 우리가 먹고 또 배설하고, 이러한 순환이야 말로, 일시적인 배설물을 씻어내가 위해 많은 물을 낭비하지 않고, 또 자연히 순환하는 진정한 친환경 화장실이었답니다.

100점
예상문제

사회 5-1

5~6
학년군

다음 지도를 보고, 물음에 답하시오. [1~2]

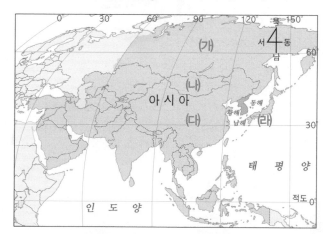

1 우리나라가 속해 있는 대륙은 어디입니까?
(　　　)

① 유럽　　　　② 아시아
③ 아프리카　　④ 북아메리카
⑤ 오세아니아

2 우리나라 주변에 위치한 나라입니다. 알맞게 선으로 이으시오.

(1) (가) ・　　　　　・㉠ 몽골

(2) (나) ・　　　　　・㉡ 중국

(3) (다) ・　　　　　・㉢ 일본

(4) (라) ・　　　　　・㉣ 러시아

3 다음에서 설명하는 곳은 어디입니까? (　　　)

・우리 국토의 동쪽 끝에 위치한 섬이다.
・수산 자원이 풍부하고 국토방위에 중요한 장소이다.

① 독도　　　　② 마라도
③ 강화도　　　④ 중강진
⑤ 해운대

4 우리나라의 전통적인 지역 구분에 대한 설명입니다. 알맞은 것에 ○표 하시오.

(1) 호서 지방은 금강의 동쪽을 의미한다.
(　　　)
(2) 조령 고개의 남쪽에 있어서 '영남'이라고 부른다. (　　　)
(3) 경기 지방은 왕이 사는 도읍 주변의 땅을 의미한다. (　　　)
(4) 관동 지방은 태백산맥을 기준으로 영동 지방과 영서 지방으로 나뉜다. (　　　)

5 나라를 효율적으로 관리하려고 나눈 지역을 무엇이라고 하는지 쓰시오.

(　　　　　　　)

6 우리나라의 각 도와 도청 소재지가 바르게 짝지어진 것은 어느 것입니까? (　　　)

① 강원도 – 안동　　② 경기도 – 홍성
③ 충청북도 – 청주　④ 전라북도 – 안동
⑤ 경상남도 – 무안

7 서현이가 조사한 다음 지형은 무엇인지 빈 곳에 알맞은 말을 써 넣으시오.

높이 솟은 산들이 모여 이룬 지형으로 땅의 높이가 높은 곳과 낮은 곳의 차이가 크다.

다음 지형도를 보고, 물음에 답하시오. [8~9]

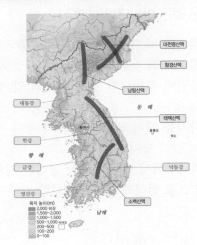

8 위의 지형도에서 초록색으로 표시된 것은 무엇입니까? (   )

① 섬   ② 해안
③ 산지   ④ 평야
⑤ 하천

9 위 지형도를 보고 알 수 있는, 우리나라 지형의 특징이 <u>아닌</u> 것은 무엇입니까? (   )

① 우리나라 국토의 약 70%가 산지이다.
② 높고 험한 산은 대부분 북쪽과 동쪽에 많다.
③ 비교적 낮고 평탄한 평야는 서쪽에 발달했다.
④ 우리나라의 주요 산맥은 북쪽과 동쪽에 모여 있다.
⑤ 큰 하천과 강은 대부분 서쪽에서 동쪽으로 흘러간다.

10 다음 빈칸에 공통으로 들어갈 알맞은 말을 쓰시오.

> 날씨는 짧은 기간의 대기 상태를 말하고 [   ]는 오랜 기간 한 지역에 나타나는 평균적인 대기 상태를 말한다. [   ]를 설명할 때는 기온은 어떠한지, 비나 눈은 얼마나 오는지, 또 어떤 바람이 부는지를 알려 줘야 한다.

(   )

11 우리나라의 여름과 겨울에 불어오는 바람은 어떤 특징이 있는지 쓰시오.

(1) 여름: _____

_____

(2) 겨울: _____

_____

12 우리나라는 지역에 따라 기온의 차이가 큽니다. 내륙 지역과 해안 지역 중 겨울에 더 따뜻한 곳은 어디인지 쓰시오.

(   )

13 다음 중 울릉도의 강수 분포를 나타낸 그래프는 어느 것입니까? (   )

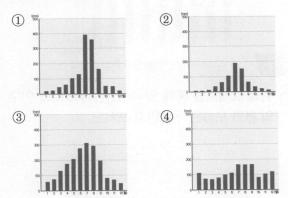

14 우리나라에서 겨울철에 주로 발생하는 자연재해를 두 가지 고르시오. (,   )

① 가뭄   ② 폭염
③ 폭설   ④ 태풍
⑤ 한파

15 다음은 자연재해가 발생했을 때의 대처 방법입니다. 해당하는 자연재해를 보기 에서 찾아 기호를 쓰시오.

보기
㉠ 황사 　　　㉡ 홍수
㉢ 지진 　　　㉣ 폭염

(1) 외출할 때는 반드시 마스크를 착용하고 집에 돌아와서는 손을 깨끗이 씻는다.
(　　　　)

(2) 건물 밖에서는 유리, 간판 등 떨어지는 물건에 다칠 수 있으므로 손이나 가방 등으로 머리를 보호하고 위험물로부터 몸을 피한다.
(　　　　)

다음 그래프를 보고, 물음에 답하시오. [16~17]

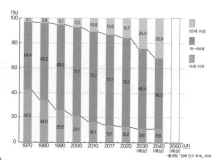

▲ 우리나라의 연령별 인구 구성 비율의 변화

서술형

16 위의 그래프를 통해 알 수 있는, 우리나라 인구 구성의 변화 모습은 무엇인지 쓰시오.

_____

_____

17 위 그래프가 보여주고 있는 우리 사회의 특징은 무엇인지 두 가지 고르시오. (　 , 　)

① 고령 사회 　　　② 복지 사회
③ 신분 사회 　　　④ 다문화 사회
⑤ 저출산 사회

18 오늘날 우리나라의 인구 분포에 대한 설명으로 알맞지 않은 것은 어느 것입니까? (　　　)

① 전체 인구의 70%가 대도시에 집중되어 있다.
② 산지 지역과 농어촌 지역의 인구 밀도는 낮다.
③ 수도권에 우리나라 전체 인구의 약 절반이 모여 살고 있다.
④ 농사지을 땅이 넓은 남서쪽의 평야 지역에 사람들이 많이 모여 살고 있다.
⑤ 우리나라에서 인구가 가장 밀집한 지역은 서울을 중심으로 인천과 경기를 포함한 지역이다.

다음 지도를 보고, 물음에 답하시오. [19~20]

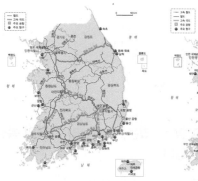 

▲ 1980년대 우리나라의 교통도　　　▲ 2020년 우리나라의 교통도

19 1980년대와 비교하여 2020년에 새롭게 볼 수 있는 교통 시설은 무엇인지 위 지도에서 찾아 쓰시오.

(　　　　　　)

20 위와 같이 교통이 발달함에 따라 달라진 모습과 거리가 먼 것은 어느 것입니까? (　　　)

① 지역 간의 이동 시간이 줄어들었다.
② 원료 운송 시간과 비용이 늘어났다.
③ 사람과 물자의 이동이 더욱 활발해졌다.
④ 사람들이 생활을 위해 활동하는 범위가 넓어졌다.
⑤ 지역이 점점 가까워져 여러 지역을 쉽게 여행할 수 있게 되었다.

1 우리나라의 위치를 위도와 경도를 이용하여 나타낸 것입니다. ㉠, ㉡에 들어갈 알맞은 말을 쓰시오.

> 우리 국토는 [㉠] 33°~43°, [㉡] 124° ~132° 사이에 위치해 있다.

㉠: (　　　　　　　　) ㉡: (　　　　　　　　)

서술형

2 우리나라의 위치를 나타낸 다음 지도를 보고, 우리 나라의 위치가 갖는 장점은 무엇인지 쓰시오.

_____

_____

3 다음은 우리나라 영토의 끝을 정리한 것입니다. 빈 곳에 알맞은 방향을 써 넣어 완성하시오.

㉠ (　　) 끝	함경북도 온성군 유원진
㉡ (　　) 끝	제주특별자치도 서귀포시 마라도
㉢ (　　) 끝	평안북도 용천군 마안도
㉣ (　　) 끝	경상북도 울릉군 독도

다음 지도를 보고, 물음에 답하시오. [4~5]

4 위 지도에서 북부 지방과 중부 지방을 구분하는 기준이 되는 것은 무엇인지 찾아 쓰시오.

(　　　　　　　　　　　　　)

5 위 지도의 남부 지방에 속해 있는 지역을 모두 고르시오. (　　,　　)

① 경기 지방　　　　　② 관동 지방
③ 해서 지방　　　　　④ 호남 지방
⑤ 영남 지방

6 조선 시대에는 전국을 8개의 도로 나누고 지역의 중요한 도시의 이름을 따서 명칭을 정했습니다. 다음 도와 관계있는 도시를 두 군데씩 쓰시오.

(1) 강원도 (　　　　　　　　　)
(2) 경상도 (　　　　　　　　　)
(3) 평안도 (　　　　　　　　　)
(4) 전라도 (　　　　　　　　　)

🐣 고장의 지형을 나타낸 다음 그림을 보고, 물음에 답하시오. [7~8]

7 다음에서 설명하는 지형은 어디인지 위에서 찾아 기호를 쓰시오.

> 바다와 맞닿은 육지 부분으로 갯벌이 나타나거나 모래사장이 있는 곳도 있다.

(   )

8 오른쪽과 같은 시설을 이용하는 모습을 볼 수 있는 지형을 위에서 찾아 기호를 쓰시오.

(   )

9 해안선이 단조롭고 밀물과 썰물의 차가 크지 않아 해수욕장이 발달한 곳은 어디인지 쓰시오.

> • 동해안   • 남해안   • 서해안

(   )

10 다음 중 겨울철의 생활 모습과 관계 없는 것은 어느 것입니까? (   )

① 난로   ② 꽃구경
③ 목도리   ④ 털장갑
⑤ 눈썰매

🐣 다음 기후도를 보고, 물음에 답하시오. [11~12]

     (가)   (나)

▲ 우리나라의 1월 평균 기온   ▲ 우리나라의 8월 평균 기온

11 위의 (가), (나) 지도에 나타난 기온 분포의 공통점은 무엇인지 쓰시오.

_____

_____

12 우리나라의 전통 가옥에서 볼 수 있는 오른쪽 시설은 위 (가), (나) 중 어느 것과 관계 깊은지 쓰시오.

(   )

13 여름철에 비가 많이 오는 지역에서 집이 물에 잠기는 것을 막으려고 집터를 주변보다 높여서 지은 집은 무엇입니까? (   )

① 얼음집   ② 귀틀집
③ 초가집   ④ 터돋움집
⑤ 수상 가옥

14 다음에서 설명하고 있는 자연재해는 무엇인지 쓰시오.

> • 적도 부근에서 발생해 이동하는 동안 많은 비가 내리고 강한 바람이 불기 때문에 큰 피해를 준다.
> • 평균적으로 일 년에 세 개 정도가 여름부터 초가을 사이에 우리나라에 영향을 준다.

(   )

15 지진 발생 시 행동 요령으로 알맞지 <u>않은</u> 것은 어느 것입니까? (   )

① 땅이 흔들리기 시작하면 미리 알아두었던 대피 장소를 이동한다.
② 건물 밖으로 나갈 때에는 승강기를 이용하여 신속하게 이동한다.
③ 흔들림이 멈추면 전기와 가스를 차단하고, 문을 열어 출구를 확보한다.
④ 떨어지는 물건에 유의하며 신속하게 운동장이나 공원 등 넓은 공간으로 대피한다.
⑤ 지진으로 흔들리는 동안은 탁자 아래로 들어가 몸을 보호하고, 탁자 다리를 꼭 붙잡는다.

16 다음 빈칸에 들어갈 알맞은 말을 쓰시오.

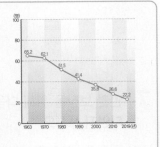

초등학교의 학급당 평균 학생 수가 2019년에 약 22명까지 떨어졌다. 초등학생 수가 이처럼 줄어든 것은 [   ] 현상 때문이다. 2000년 대 이후 출산율이 세계 최저 수준으로 떨어져 앞으로는 남는 교실을 걱정해야 할 형편이다.

(   )

17 인구가 줄어들고 있는 촌락에서 발생하고 있는 문제는 무엇입니까? (   )

① 교통 혼잡   ② 일손 부족
③ 주택 부족   ④ 환경 오염
⑤ 소음 문제

우리나라 도시 수와 도시별 인구의 변화를 나타낸 다음 지도를 보고, 물음에 답하시오. [18~19]

18 1970년과 2020년 지도에서 인구가 100만 명 이상인 도시를 모두 찾아 쓰시오.

1970년	
2020년	

서술형

19 위의 두 지도를 보고, 알 수 있는 사실은 무엇인지 쓰시오.

_____

_____

20 독특하고 아름다운 자연환경 덕분에 관광 산업이 발달한 도시는 어디인지 쓰시오.

(   )

1 인권에 대한 설명으로 알맞지 <u>않은</u> 것은 어느 것입니까? (   )

① 태어날 때부터 갖는 권리이다.
② 태어난 곳에 따라 다르게 주어진다.
③ 사람이기 때문에 당연히 가지는 권리이다.
④ 다른 사람의 힘이나 권력으로 함부로 빼앗을 수 없다.
⑤ 사람으로서 인간답게 살아갈 권리를 침해당하지 않는 것이다.

서술형

2 학교생활에서 친구의 인권을 존중하는 모습은 무엇인지 예를 들어 쓰시오.

_____

_____

3 어린이들의 인권 신장을 위해 다음과 같은 주장을 한 사람은 누구인지 쓰시오.

> • 어린이를 내려다보지 마시고 쳐다보아 주시오.
> • 어린이에게 경어를 쓰시되 부드럽게 하여 주시오.
> • 어린이들이 서로 모여 즐겁게 놀 만한 놀이터와 기관 같은 것을 지어 주시오.
> −1923년 제1회 어린이날 선전문 중에서

(   )

4 흑인도 백인과 똑같은 인간으로서 존엄성을 가지며 동일하게 대우해야 한다고 주장한 오른쪽 인물은 누구인지 쓰시오.

(   )

🌸 다음 그림을 보고, 물음에 답하시오. [5~6]

(가)   (나)

(다)   (라)

5 인권 신장을 위한 옛날의 제도 중 격쟁과 관련 있는 것을 찾아 기호를 쓰시오.

(   )

6 위의 (라)는 죄를 지어 재판을 받는 모습입니다. 조선 시대에는 사형과 같은 무거운 형벌을 내릴 때에는 몇 번의 재판을 거치도록 했습니까? (   )

① 한 번   ② 두 번
③ 세 번   ④ 네 번
⑤ 다섯 번

7 인권 보장을 위해 다음과 같은 노력을 하는 곳은 어디인지 쓰시오.

> 인권 교육 활동으로 다문화 가족에 대한 편견을 없애고 문화의 다양성을 존중하도록 한다.

(   )

8 다음 중 인권을 존중하는 말로 알맞은 것을 두 가지 고르시오. (,   )

① 편견이 담긴 말
② 차별하지 않는 말
③ 차이를 인정해 주는 말
④ 다름보다는 틀림을 강조하는 말
⑤ 서로의 생각을 인정하지 않는 말

9 법에 대한 설명으로 알맞은 것에 ○표, 알맞지 않은 것에 ×표 하시오.

(1) 법을 어겼을 때는 제재를 받는다. (   )
(2) 법은 한 번 정해지면 바꾸거나 다시 만들 수 없다. (   )
(3) 법은 사람들이 사회생활에서 지켜야 할 행동 기준이다. (   )
(4) 법을 지키지 않으면 주위 사람들의 따가운 시선을 받지만 벌을 받지는 않는다. (   )

10 음악이나 영화, 출판물 등 다른 사람의 창작물을 사용하는 일과 관련된 법은 무엇입니까? (   )

① 「저작권법」
② 「식품 위생법」
③ 「장애인 차별 금지법」
④ 「어린이 놀이 시설 안전 관리법」
⑤ 「어린이 식생활 안전 관리 특별법」

서술형

11 우리 사회에서 법이 필요한 까닭은 무엇인지 쓰시오.

_____

_____

다음 그림을 보고, 물음에 답하시오. [12~13]

12 위와 같이 법원에서 법을 어긴 사람이 정말로 죄를 지었는지 확인하기 위해서 하는 것은 무엇인지 쓰시오.

(   )

13 위 12번 답에 참여하는 사람들 중에서 다음과 같은 판결을 내리는 사람은 누구입니까? (   )

검사가 제출한 증거에 비추어 보면, 피고인이 ○○ 영화 제작사의 영화 다섯 편을 누리집에 올려 영화사의 권리를 침해했다는 것을 유죄로 인정할 수 있다. 피고인이 전에도 같은 행동으로 처벌을 받은 점, 범행으로 이익을 얻은 점, 현재 잘못을 반성하고 있는 점을 고려해 다음과 같이 판결을 선고한다.
피고인을 벌금 500만 원에 처한다.

① 증인　　　　　② 검사
③ 판사　　　　　④ 피고인
⑤ 변호인

14 다음 빈칸에 공통으로 들어갈 알맞은 말을 쓰시오.

• [   ]에는 대한민국 국민이 누려야 할 권리와 지켜야 할 의무가 담겨 있다.
• [   ]에는 국민의 권리를 보장하고자 국가 기관을 조직하고 운영하는 기본 원칙이 제시하고 있다.

(   )

15 헌법을 '최고의 법', '법 중의 법'이라고 하는 까닭과 거리가 <u>먼</u> 것은 어느 것입니까? (　　　)

① 법이 만드는 비용이 가장 많이 들기 때문에
② 헌법의 내용에 따라 나라가 운영되기 때문에
③ 헌법을 바탕으로 다른 법이 만들어지기 때문에
④ 헌법에는 나라 운영의 기본 원칙이 담겨 있기 때문에
⑤ 헌법에는 국민의 자유와 권리가 보장되어 있기 때문에

🌸 **다음 글을 읽고, 물음에 답하시오. [16~17]**

　　법원은 ○○○ 씨가 이름에 쓰인 희귀한 한자가 희귀한 글자여서 잘못 읽히거나 컴퓨터를 이용한 문서 작성에 어려움이 있고, 여자 이름으로 착각하는 경우가 많다며 제출한 개명 신청을 허가했다. 법원은 현재 ○○○ 씨가 이름으로 심각한 고통을 받고 있으며 평생 그 이름으로 살아가는 것은 불합리하다고 판단했다.

16 위의 개명 허가와 관계 깊은 헌법에서 보장하는 권리는 무엇인지 쓰시오.

(　　　　　　　　　　　　　　)

17 다음 중 개명을 허가해 주는 경우가 <u>아닌</u> 것은 어느 것입니까? (　　　)

① 다른 성별 이름으로 착각할 때
② 한자가 희귀한 글자여서 잘못 읽힐 때
③ 이름이 나빠서 몸이 자주 아프다고 주장할 때
④ 컴퓨터를 이용한 문서 작성에 어려움이 있을 때
⑤ 동물과 비슷한 이름으로 사람들에게 놀림을 받을 때

18 우리나라 헌법으로 보장되는 기본권과 그 내용을 알맞게 선으로 이으시오.

(1) 평등권 ・　　　・㉠ 자유롭게 생각하고 행동할 수 있는 권리

(2) 자유권 ・　　　・㉡ 법을 공평하게 적용받아 차별받지 않을 권리

(3) 참정권 ・　　　・㉢ 인간답게 살 수 있도록 국가에 요구할 수 있는 권리

(4) 사회권 ・　　　・㉣ 국가의 정치 의사 형성 과정에 참여할 수 있는 권리

서술형

19 헌법에 제시되어 있는 다음 의무의 내용은 무엇인지 쓰시오.

(1) 근로의 의무: ＿＿＿＿＿＿＿＿＿

＿＿＿＿＿＿＿＿＿＿＿＿＿＿＿

(2) 환경 보전의 의무: ＿＿＿＿＿＿＿

＿＿＿＿＿＿＿＿＿＿＿＿＿＿＿

20 일상생활에서 권리와 의무가 충돌할 때 해결을 위해 필요한 자세는 무엇입니까? (　　　)

① 권리보다는 의무를 중요시한다.
② 의무보다는 권리를 우선시한다.
③ 많은 사람이 속한 쪽으로 결정한다.
④ 개인보다는 공공의 이익을 무조건 선택한다.
⑤ 권리와 의무를 조화롭게 실천하기 위해 노력한다.

다음 그림을 보고, 물음에 답하시오. [1~2]

(가)   (나)

(다)   (라)

1 위 (가)~(라)를 보고 공통점을 찾아 제목을 붙였습니다. 제목의 빈 곳에 들어갈 알맞은 말을 쓰시오.

> 생활 속에서 [   ]을 존중하는 모습

(   )

2 위의 (나)는 어떤 사람의 권리를 보호하기 위해 만든 것입니까? (   )

① 노인   ② 어린이
③ 임산부   ④ 장애인
⑤ 외국인 근로자

3 유엔 아동 권리 협약에 규정되어 있는 권리 중에서 '자신에게 영향을 미칠 수 있는 문제에 대해 말할 권리'는 무엇입니까? (   )

① 생존의 권리   ② 보호의 권리
③ 발달의 권리   ④ 참여의 권리
⑤ 경쟁의 권리

4 다음 중 허균에 대한 설명으로 알맞지 <u>않은</u> 것은 어느 것입니까? (   )

① 『홍길동전』을 지었다.
② '어린이'라는 말을 처음 사용했다.
③ 조선 시대의 신분 제도를 비판했다.
④ 양반 신분임에도 백성들의 편에 섰다.
⑤ 가난한 백성들의 인권 신장을 위해 노력했다.

5 인권 신장을 위한 옛날의 제도에 대해 바르게 이야기한 친구는 누구인지 쓰시오.

> • 영훈: 신분이 높은 사람은 격쟁을 통해 자신의 억울함을 알렸어.
> • 미소: 백성들은 억울한 일이 있을 때 대궐 밖에 설치된 신문고를 쳐서 임금에게 알릴 수 있었어.
> • 재훈: 사형과 같은 무거운 형벌을 내릴 때에는 신분과 관계없이 단 한 번의 재판을 받도록 했어.

(   )

서술형

6 학교생활에서 다음과 같이 상황이 인권 침해인 까닭은 무엇인지 쓰시오.

_____

_____

7 인권 보장을 위해 장애인 공공 편의 시설을 설치하고 다양한 사회 보장 제도를 시행하는 곳은 어디인지 쓰시오.

(   )

100점 예상 문제

8 다음 중에서 법으로 재재를 받는 것을 두 가지 고르시오. (,   )

①

②

③

④

9 다음 중 「식품 위생법」에 대한 설명으로 알맞지 <u>않은</u> 것은 어느 것입니까? (   )

① 학교 급식과 관련된 법이다.
② 집에서도 식품 위생법의 적용을 받는다.
③ 식품 영양의 질을 높이기 위해 만들었다.
④ 식품으로 생기는 위생상의 해로움을 방지하기 위해 만들었다.
⑤ 식품에 관한 올바른 정보를 제공해 국민 건강 증진을 목적으로 한다.

10 다음은 일정한 나이가 되면 학교에 다녀야 하는 법을 조사하여 나타낸 것입니다. 어떤 방법으로 나타낸 것인지 쓰시오.

(   )

다음 그림을 보고, 물음에 답하시오. [11~12]

(가)

(나)

(다)

(라)

11 다음 법의 역할과 관계 깊은 것을 위에서 찾아 기호를 쓰시오.

사회 질서 유지	개인의 권리 보장

12 위에서 환경 파괴와 오염을 예방해 주는 법의 역할과 관련 있는 것을 찾아 기호를 쓰시오.

(   )

13 재판에서 다음과 같은 역할을 하는 사람은 누구인지 보기 에서 찾아 기호를 쓰시오.

> **보기**
> ㉠ 판사   ㉡ 검사
> ㉢ 변호인   ㉣ 피고인

(1) 피고인을 대신해 권리를 주장한다.
(   )

(2) 법을 위반한 점에 대해 심판을 요청한다.
(   )

(3) 범죄를 저지른 것으로 의심이 되어 재판을 받는다. (   )

14 다음 빈칸에 공통으로 들어갈 알맞은 말을 쓰시오.

> 헌법에는 대한민국 국민이 누려야 할 □□□와 지켜야 할 의무를 담고 있다. 그리고 국민의 □□□를 보장하고자 국가 기관을 조직하고 운영하는 기본 원칙을 제시하고 있다.

(   )

대한민국 헌법의 내용을 보고, 물음에 답하시오.

[15~17]

> 제1조
> ① 대한민국은 민주공화국이다.
> ② 대한민국의 주권은 ㉠ 에게 있고, 모든 권력은 ㉠ 으로부터 나온다.
>
> 제10조
> 모든 국민은 인간으로서의 존엄과 가치를 가지며, 행복을 추구할 권리를 가진다. 국가는 개인이 가지는 불가침의 기본적 인권을 확인하고 이를 보장할 의무를 진다.

15 위의 ㉠에 들어갈 알맞은 말은 무엇인지 쓰시오.

(   )

서술형

16 위의 헌법 제10조를 통해 알 수 있는 사실은 무엇인지 쓰시오.

_____

_____

17 위와 같은 헌법의 내용을 새로 정하거나 고칠 때 반드시 실시해야 하는 것은 무엇인지 쓰시오.

(   )

18 헌법의 다음 조항과 관련 있는 국민의 기본권은 무엇입니까? (   )

> 제31조 제1항 모든 국민은 능력에 따라 균등하게 교육을 받을 권리가 있다.
> 제35조 제1항 모든 국민은 건강하고 쾌적한 환경에서 생활할 권리가 있다.

① 평등권   ② 자유권
③ 참정권   ④ 청구권
⑤ 사회권

19 헌법에 제시된 기본권과 의무를 조사하는 방법으로 알맞지 않은 것은 어느 것입니까? (   )

① 관련 분야 전문가와 면담한다.
② 헌법 관련 책에서 내용을 찾아본다.
③ 학교 주변의 공공 기관을 찾아가 여쭤본다.
④ 신문 기사나 뉴스 등에서 관련 사례를 살펴본다.
⑤ 헌법 관련 누리집에 들어가 내용을 검색하고 조사한다.

20 우리나라 헌법에 제시되어 있는 국민의 의무와 실천 모습을 알맞게 선으로 이으시오.

(1) 교육의 의무 •		• ㉠ 
(2) 납세의 의무 •		• ㉡ 
(3) 근로의 의무 •		• ㉢ 
(4) 국방의 의무 •		• ㉣ 

1 우리나라의 위치에 대한 설명으로 바르지 <u>않은</u> 것은 어느 것입니까? (   )

① 중국과 일본 사이에 있다.
② 북반구의 중위도에 위치해 있다.
③ 아시아 대륙의 서쪽에 위치하고 있다.
④ 북위 33°~43°, 동경 124°~132° 사이에 위치해 있다.
⑤ 삼면이 바다로 열려 있어 해양으로 나아가기에도 좋은 위치에 있다.

서술형

2 우리나라 영토의 동쪽 끝에 있는 오른쪽 섬이 중요한 까닭을 쓰시오.

_____

_____

3 우리나라의 전통적인 지역 구분에서 관서, 관북, 관동 지방을 구분하는 기준이 되는 것은 무엇입니까?
(   )

① 금강   ② 조령
③ 철령관   ④ 낙동강
⑤ 태백산맥

4 우리나라의 행정 구역 중 특별시 1곳, 특별자치시 1곳, 특별자치도 1곳은 어디인지 쓰시오.

(1) 특별시   (   )
(2) 특별자치시 (   )
(3) 특별자치도 (   )

5 다음과 같은 특징을 지닌 지형은 무엇입니까? (   )

• 넓고 평탄한 땅이다.
• 농사짓기에 적당하다.
• 사람들이 많이 모여서 산다.

① 평야   ② 산지
③ 해안   ④ 고원
⑤ 하천

6 사람들이 높은 산지를 이용하는 모습으로 알맞은 것은 어느 것입니까? (   )

①  ②
③  ④

7 작물의 생산 지역이 다음과 같이 변화하는 것과 관계 깊은 기후 현상은 무엇인지 쓰시오.

(   )

8 우리나라 기온의 특징에 대해 바르게 설명한 것은 어느 것입니까? (   )

① 남쪽으로 갈수록 기온이 낮아진다.
② 북쪽으로 갈수록 기온이 높아진다.
③ 겨울에는 기온이 높아 더운 날씨가 이어진다.
④ 서해안의 겨울 기온은 동해안보다 높은 편이다.
⑤ 해안 지역이 내륙 지역보다 겨울에 더 따뜻하다.

9 다음은 자연재해 조사 보고서의 일부분입니다. 빈 곳에 알맞은 종류를 써 넣어 완성하시오.

종류	
정의	비가 많이 내리면서 하천이 흘러 넘쳐 주변의 도로나 건물 등이 물에 잠기는 자연재해이다.
원인	짧은 시간에 내리는 집중 호우나 장시간 계속되는 비로 인해 발생한다.
발생 시기	주로 비가 많이 오는 여름철에 자주 발생한다.

10 다음 두 그래프와 관련 있는 인구 현상은 무엇인지 쓰시오.

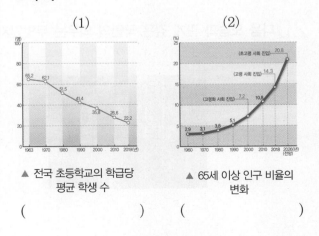

(1)
▲ 전국 초등학교의 학급당 평균 학생 수

(   )

(2)
▲ 65세 이상 인구 비율의 변화

(   )

11 다음 ㉠, ㉡에 들어갈 알맞은 말을 쓰시오.

> 우리나라에서 인구가 가장 밀집한 지역은 서울을 중심으로 인천과 경기를 포함한 [㉠]이다. 이 지역에 우리나라 전체 인구의 약 절반이 모여 살고 있다. 부산, 대구, 광주, 대전, 울산의 광역시까지 포함하면 전체 인구의 약 70%가 [㉡]에 집중해 있다.

㉠: (   ) ㉡: (   )

12 국토의 균형 발전을 위해 공공 기관을 지방으로 옮기면서 생겨난 도시는 어디입니까? (   )

① 고양시   ② 안산시
③ 서울시   ④ 경주시
⑤ 세종특별자치시

13 생활 속에서 인권을 존중하는 모습과 거리가 먼 것은 무엇입니까? (   )

① 키가 작은 어린이를 위해 낮은 세면대를 설치한다.
② 장애인을 위해 장애인 전용 주차 구역을 따로 만든다.
③ 축구는 힘든 운동이기 때문에 축구교실에서는 남학생만 모집한다.
④ 노약자와 몸이 불편한 사람을 위해 공공장소에 승강기를 설치한다.
⑤ 임신, 출산 등으로 직장생활을 잠시 쉬어야 할 때 이를 법적으로 보장한다.

14 인권 신장을 위해 노력했던 옛사람들의 활동으로 바른 것에 ○표 하시오.

(1) 테레사 수녀는 가난하고 아픈 사람들을 도와주고 보살펴 주었다. (   )
(2) 허균은 어린이날을 만들고 어린이의 인권 신장을 위해 노력했다. (   )
(3) 헬런 켈러는 소외받고 차별받는 흑인의 인권을 신장하기 위해 노력했다. (   )

15 다음 빈칸에 들어갈 알맞은 말을 쓰시오.

신문고 제도

백성들은 억울한 일이 있을 때 대궐 밖에 설치된 ☐☐을 쳐서 임금에게 알릴 수 있었다.

( )

16 관습이나 도덕과 구별되는 법의 특성은 무엇인지 두 가지 고르시오. (,)

① 지키지 않았을 때 제재를 받는다.
② 무조건 지켜야 하는 강제성이 있다.
③ 양심상 사람들이 자율적으로 지킨다.
④ 법을 어기면 주위 사람들의 따가운 시선을 받지만 벌을 받지 않는다.
⑤ 사회의 변화에 맞지 않거나 인권을 침해할 때에도 바꾸거나 다시 만들 수 없다.

17 법의 역할에 대해 바르게 이야기한 친구는 누구인지 쓰시오.

개인의 자유와 권리를 보장해 준다.
환경 파괴와 오염을 허용해 준다.
개인 정보를 다른 사람들에게 널리 알려 준다.

민철   정우   슬기

( )

18 다음 중 헌법에 대한 설명으로 알맞지 <u>않은</u> 것은 어느 것입니까? ( )

① 국민의 자유와 권리를 보장하기 위해 만든 법이다.
② 국민이 누려야 할 권리와 지켜야 할 의무를 담고 있다.
③ 모든 국민이 존중받고 행복한 생활을 하는 데 필요한 내용이 담겨 있다.
④ 여러 법을 바탕으로 헌법을 만들며, 헌법은 그 법들에 어긋나서는 안 된다.
⑤ 국민의 권리를 보장하기 위해 국가 기관을 조직하고 운영하는 기본 원칙이 제시되어 있다.

19 다음 모습은 일상생활에서 어떤 기본권을 보장받고 있는 것인지 쓰시오.

(1)	(2)
자신이 원하는 직업을 자유롭게 선택할 수 있다.	장애 때문에 차별받지 않고 동등하게 일할 수 있다.
( )	( )

20 다음 모습과 관계 깊은 국민의 의무는 무엇인지 쓰시오.

( )

1 우리나라 주변에 위치하고 있는 나라가 <u>아닌</u> 곳은 어디입니까? ( )

① 중국
② 일본
③ 영국
④ 몽골
⑤ 러시아

2 다음 중 우리나라의 영토를 바르게 설명한 것은 어느 것입니까? ( )

① 한반도이다.
② 휴전선 이남 지역이다.
③ 휴전선 이북 지역이다.
④ 한반도와 한반도에 속한 여러 섬이다.
⑤ 한반도와 한반도 위에 있는 하늘이다.

서술형

3 다음과 같은 비무장 지대가 중요한 까닭은 무엇인지 쓰시오.

_____

_____

4 다음 빈칸에 들어갈 알맞은 말을 쓰시오.

철령관 동쪽에 위치한 '관동' 지방은 ☐☐☐을 기준으로 영동 지방과 영서 지방으로 나뉜다.

( )

다음 지형도를 보고, 물음에 답하시오. [5~6]

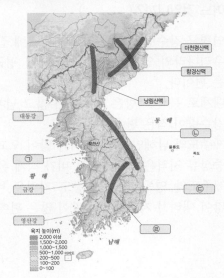

5 위 지형도를 보고, 우리나라의 산은 주로 어느 쪽에 많이 분포해 있는지 두 곳을 고르시오. (,)

① 동쪽
② 서쪽
③ 남쪽
④ 북쪽
⑤ 정중앙

6 위의 ㉠~㉣에 들어갈 알맞은 산맥과 강의 이름은 무엇인지 쓰시오.

㉠		㉡	
㉢		㉣	

7 우리나라에서 다음과 같은 기후 특징을 볼 수 있는 계절은 언제인지 쓰시오.

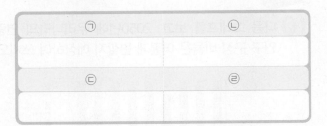

• 황사   • 꽃샘추위   • 온화한 날씨

( )

8 우리나라의 강수량에 대한 설명으로 바르지 <u>않은</u> 것은 어느 것입니까? (   )

① 연평균 강수량의 절반 이상이 여름에 집중된다.
② 우리나라의 연평균 강수량은 세계 평균보다 많은 편이다.
③ 대체로 북부 지방은 강수량이 많고 남부 지방은 강수량이 적은 편이다.
④ 제주도와 남해안 지역은 비가 많이 오고, 낙동강 중상류 지역은 상대적으로 비가 적게 온다.
⑤ 제주도와 영동 지방, 울릉도 지역은 비나 눈이 많이 내려서 겨울에 강수량이 많은 편이다.

9 다음과 관계 깊은 자연재해는 무엇인지 쓰시오.

여름	심한 더위	온열 질환

(   )

서술형

10 다음 그래프를 보고, 2050년에 우리나라의 연령별 인구 구성 비율은 어떻게 변할지 예상하여 쓰시오.

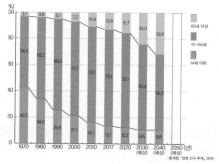

▲ 우리나라의 연령별 인구 구성 비율의 변화

_____

_____

11 우리나라의 인구 분포에 대한 설명입니다. 알맞은 말에 ○표 하여 완성하시오.

1960년대 이전까지 우리나라는 벼농사 중심의 농업 사회였다. 농사지을 땅이 넓은 남서쪽의 평야 지역에는 사람들이 많이 모여 살아 인구 밀도가 (높았다 , 낮았다). 반면 북동쪽의 산지 지역에는 지형의 영향으로 상대적으로 인구가 적어 인구 밀도가 (높았다 , 낮았다).

12 서울로 인구가 집중되면서 생긴 여러 가지 문제를 해결하기 위해 주변 지역에 계획적으로 만든 도시를 무엇이라고 합니까? (   )

① 신도시   ② 구도시
③ 부속 도시   ④ 행정 도시
⑤ 혁신 도시

13 인권에 대해 설명하고 있는 다음 글에서 잘못된 부분을 찾아 기호를 쓰시오.

인권은 태어날 때부터 모든 사람에게 ㉠평등하게 보장되는 것이며 다른 사람이 ㉡힘이나 권력으로 함부로 빼앗을 수 없다. 그러므로 우리는 누구나 안전하게 행복을 누리며 살아갈 권리가 있다. 모든 사람은 나와 똑같은 ㉢권리가 있으므로 다른 사람의 권리를 ㉣무시하는 태도가 중요하다.

(   )

14 조선 시대에 허균이 지은 책으로, 신분이 천하다는 이유로 능력을 펼칠 기회조차 주지 않는 당시의 사회 제도를 고쳐야 한다는 생각이 담긴 것은 무엇인지 쓰시오.

(   )

15 학교생활에서 발생하는 인권 침해 중 다음과 관계 깊은 것은 무엇입니까? (   )

친구의 수첩이니까 봐도 되겠지?

① 별명 부르기
② 사이버 폭력
③ 사생활 침해
④ 집단 따돌림
⑤ 개인 정보 유출

16 우리들이 인권 보호를 위해 실천할 수 있는 일과 거리가 <u>먼</u> 것은 어느 것입니까? (   )

① 인권 포스터 그리기
② 인권 개선 편지 쓰기
③ 인권 보호 법 만들기
④ 인권 캠페인 참여하기
⑤ 인권을 존중하는 말 사용하기

17 다음에서 법으로 제재를 받는 행동에는 ○표, 제재를 받지 않는 행동에는 ×표 하시오.

(1) 형제끼리 싸우는 것   (   )
(2) 학교의 물건을 훼손하는 것   (   )
(3) 버스 탈 때 줄을 서지 않는 것 (   )
(4) 돈을 내지 않고 물건을 가져오는 것 (   )
(5) 이웃 어른을 보고 인사를 하지 않는 것
                                           (   )
(6) 횡단보도가 아닌 곳에서 길을 건너는 것
                                           (   )

다음 신문 기사를 읽고, 물음에 답하시오. [18~19]

○○신문	20△△년 △△월 △△일

헌법 재판소, 인터넷 실명제 위헌 결정

헌법 재판소는 인터넷 실명제가 인터넷 게시판 이용자의 표현의 자유를 침해한 것이라며 헌법 재판을 요청한 것에 대해 다음과 같이 결정했다.
"인터넷 실명제는 인터넷에서 다른 사람의 명예를 훼손하거나 불법 정보가 게시되는 것을 억제하여 건전한 인터넷 문화를 조성하기 위한 것으로 인정할 수 있다. 그러나 민주주의의 중요한 가치인 표현의 자유를 제한하려면 그 제한으로 달성하려는 효과가 확실해야 하는데 인터넷 실명제를 도입하여 얻은 이익보다 표현의 자유와 언론의 자유 등을 침해한 불이익이 더 크므로 이는 헌법을 위반한 것이다."

서술형

18 위 신문 기사의 '인터넷 실명제'는 무슨 제도인지 쓰시오.

_____

_____

19 위 신문 기사를 보고, 헌법 재판소가 인터넷 실명제에 대하여 위헌 판결을 내린 것은 어떤 가치를 중요하게 생각했기 때문인지 쓰시오.

(   )

20 초등학생인 우리들이 직접 실천하고 있는 국민의 의무는 무엇입니까? (   )

①
▲ 교육의 의무

②
▲ 근로의 의무

③
현금 수납
▲ 납세의 의무

④
▲ 국방의 의무

MEMO

11종 검정 교과서

완벽 분석
종합평가

사회

5-1

1 적도를 기준으로 남북으로 얼마나 떨어져 있는지를 나타내는 것은 무엇인지 쓰시오.

(   )

2 본초 자오선을 기준으로 동서로 얼마나 떨어져 있는지를 나타내는 것은 무엇인지 쓰시오.

(   )

3 다음 지도를 보고 우리나라의 위치를 바르게 설명한 것은 무엇입니까? (   )

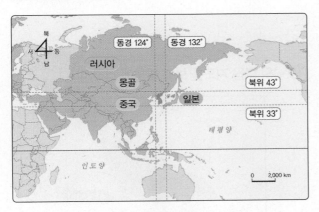

① 우리 국토는 아시아 대륙의 서쪽에 있다.
② 우리 국토는 북위 34°~44° 사이에 위치한다.
③ 우리 국토는 동경 123°~133° 사이에 위치한다.
④ 우리 국토는 북쪽으로 중국, 몽골과 국경을 맞대고 있다.
⑤ 우리 국토는 아시아 대륙과 태평양이 만나는 지역에 위치한다.

🔍 관련 교과서 돋보기

우리나라의 위치
• 우리 국토는 북위 33°~43°, 동경 124°~132°에 위치하고 있다.
• 우리나라는 북쪽으로 중국, 러시아와 국경을 맞대고 있고, 동해를 사이에 두고 일본과 마주하고 있다.

4 다음은 무엇에 대한 설명인지 쓰시오.

> 아시아와 유럽의 여러 나라를 연결하는 국제 도로망으로, 이 도로망이 모두 연결되면 우리나라에서 자동차를 타고 아시아의 여러 나라를 거쳐 유럽까지 갈 수 있다.

(   )

5 한 나라의 주권이 미치는 범위로, 영토, 영해, 영공으로 구성되는 것은 무엇인지 쓰시오.

(   )

6 다음 중 영해에 대한 설명으로 바른 것은 어느 것입니까? (   )

① 해안선으로부터 10해리까지이다.
② 한 나라의 주권이 미치는 땅의 범위이다.
③ 한 나라의 주권이 미치는 하늘의 범위이다.
④ 한 나라의 주권이 미치는 바다의 범위이다.
⑤ 동해안은 밀물일 때의 해안선을 기준으로 한다.

7 다음에서 설명하는 것은 무엇인지 쓰시오.

> 우리나라 영토와 영해 위에 있는 하늘을 말한다. 오늘날 인공위성을 이용한 관측 기술과 항공 교통이 발달하면서 중요성이 커지고 있다.

(   )

8 우리나라 영토의 동쪽 끝으로, 다음 사진의 섬은 어디 인지 쓰시오.

(   )

9 우리나라 영토의 끝에 대해 바르게 말한 친구는 누구 인지 쓰시오.

> **민수**: 우리나라의 북쪽 끝은 마안도야.
> **경은**: 우리나라의 남쪽 끝은 마라도야.
> **동민**: 우리나라의 동쪽 끝은 울릉도야.
> **강희**: 우리나라의 서쪽 끝은 유원진이야.

(   )

10 다음에서 설명하는 곳은 어디인지 쓰시오.

> 휴전선을 기준으로 폭이 남북으로 4km 정도 인 긴 띠 모양의 지역이다. 이곳은 지난 70여 년 간 사람들의 출입이 제한되어 멸종 위기 동물이 나 희귀 식물 등이 보존되어 있다.

(   )

🔍 관련 교과서 돋보기

아름다운 우리 국토
- 가거도: 우리나라 영토의 가장 서남쪽에 위치하여 국토의 동쪽 끝인 독도, 남쪽 끝인 마라도와 함께 우리 영해를 지 키는 상징적인 '끝 섬' 중 하나이다.
- 순천만 갯벌: 습지 보호 구역으로 지정되어 있으며 다양한 해양 생물들이 살아가는 소중한 공간이다.

11 국토 사랑 신문을 만들 때 고려해야 할 일이 <u>아닌</u> 것 은 무엇입니까? (   )

① 사실을 바탕으로 정확하게 쓴다.
② 기사 내용과 어울리는 사진을 넣는다.
③ 우리 국토의 어떤 곳을 소개할지 정한다.
④ 내가 국토를 위해 한 일은 소개하지 않는다.
⑤ 우리 국토의 아름다움이 드러나게 내용을 쓴다.

✏️ 서술형

12 국토 사랑 신문 외에 국토 사랑을 표현하는 여러 가지 방법을 두 가지 이상 쓰시오.

_____

_____

[13~15] 다음 지도를 보고 물음에 답하시오.

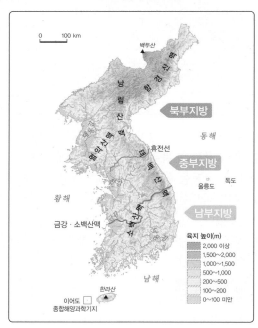

13 옛날에는 멸악산맥 위쪽을 가리켰지만 오늘날에는 휴 전선 위쪽을 가리키는 곳을 쓰시오.

(   )

14 우리나라를 중부 지방과 남부 지방으로 나누는 기준이 되는 자연환경을 두 가지 고르시오. (,)

① 한강
② 금강
③ 낙동강
④ 휴전선
⑤ 소백산맥

15 앞의 지도를 보고 우리 국토를 구분하는 기준은 주로 무엇이었는지 쓰시오.

( )

[16~17] 우리나라의 전통적인 지역 부분을 나타낸 다음 지도를 보고, 물음에 답하시오.

16 다음에서 설명하는 곳은 어디인지 쓰시오.

• 관서 지방, 관동 지방, 관북 지방을 구분하는 기준이 되는 곳이다.
• 군사적으로 매우 중요한 고개에 외적의 침입을 막고자 건설한 요새이다.

( )

17 앞의 지도를 보고 영남 지방이라고 부르게 된 이유를 쓰시오.

[18~20] 다음 지도를 보고 물음에 답하시오.

18 위 지도의 빈칸에 들어갈 알맞은 지명을 쓰시오.

㉠ ( )
㉡ ( )
㉢ ( )

19 북한을 제외한 우리나라의 행정 구역에 대한 설명으로 바르지 <u>않은</u> 것은 어느 것입니까? ( )

① 특별시는 1곳이다.
② 특별자치시는 1곳이다.
③ 특별자치도는 1곳이다.
④ 광역시는 모두 6곳이다.
⑤ 광역시에는 도청이 있다.

20 충청남도 동쪽에 위치한 행정 도시로, 대전광역시, 충청남도, 충청북도에 둘러싸여 있는 도시는 어디인지 쓰시오.

( )

1 다음에서 설명하는 지형은 무엇인지 쓰시오.

> 하천 주변에 있는 넓고 평평한 땅으로, 땅의 높낮이 차이가 거의 없어 농사짓기에 유리하다.

(   )

2 바다와 육지가 맞닿아 있는 부분으로, 모래사장이나 갯벌 등이 나타나는 지형은 무엇인지 쓰시오.

(   )

3 다음 사진과 같이 물이 흘러가면서 만든 물줄기로 만들어진 지형을 무엇이라고 합니까? (   )

① 섬   ② 하천
③ 산지   ④ 평야
⑤ 해안

관련 교과서 돋보기

우리나라의 지형
- 산지: 높이 솟은 산들이 모여 이룬 지형
- 하천: 땅에 내린 빗물 등이 모여 흐르는 물줄기
- 평야: 하천 주변 등에 펼쳐진 넓고 평평한 땅
- 해안: 바다와 맞닿은 육지 부분

[4~7] 다음 지도를 보고 물음에 답하시오.

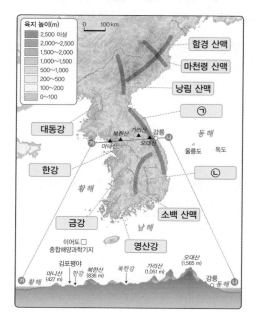

4 다음 빈칸에 들어갈 알맞은 말을 쓰시오.

> 우리나라의 높은 산지는 주로 북쪽과 ☐ 에 분포하며, 낮은 산지와 평야는 남쪽과 ☐ 에 분포한다.

(   )

서술형

5 4번의 답과 같은 이유로, 우리나라의 큰 하천은 어떤 특징을 가지고 있는지 쓰시오.

_____

6 우리나라의 등뼈를 이루는 ㉠ 산맥의 이름은 무엇입니까? (   )

① 소백산맥   ② 태백산맥   ③ 차령산맥
④ 멸악산맥   ⑤ 노령산맥

7 영남 지방을 남북으로 가로지르는 ㉡ 강의 이름은 무엇입니까? (   )

① 한강   ② 금강   ③ 낙동강
④ 영산강   ⑤ 섬진강

8 우리나라의 해안에 대한 설명으로 바른 것은 어느 것입니까? (   )

① 동해안은 해안선이 복잡하다.
② 서해안은 해안선이 단조롭다.
③ 동해안은 크고 작은 섬이 많다.
④ 국토의 사면이 바다로 둘러싸여 있다.
⑤ 서해안은 밀물과 썰물의 차가 커서 갯벌이 발달했다.

9 다음 설명은 어떤 지형의 생활 모습인지 쓰시오.

> 경사가 완만한 곳에서는 밭농사를 하거나 가축을 기르기도 한다.

(   )

🔍 관련 교과서 돋보기

지형과 생활 모습
• 산지: 경사가 완만한 곳에서는 밭농사를 하거나 가축을 기른다.
• 하천: 유역의 넓은 평야에서 논농사를 짓는다.
• 해안: 염전을 만들어 소금을 얻거나 양식장을 만들어 물고기나 해초 등을 기른다.

10 다음 중 우리나라 기후의 특징으로 바르지 <u>않은</u> 것은 어느 것입니까? (   )

① 사계절이 나타난다.
② 봄에 날씨의 변화가 심하다.
③ 여름에 무더위와 장마가 나타난다.
④ 가을에 덥고 습한 바람이 불어온다.
⑤ 겨울에 춥고 건조하며 눈이 내린다.

[11~13] 다음 우리나라의 1월 평균 기온을 나타낸 기후도를 보고 물음에 답하시오.

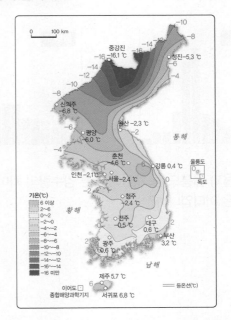

11 다음 우리나라 평균 기온의 특징을 설명한 글을 읽고, 빈칸에 알맞은 말을 쓰시오.

> 우리나라는 남북 방향으로 길게 뻗어 있어 지역에 따라 위도 차이가 크다. 고위도인 북부 지방으로 갈수록 기온이 ⬚.

(   )

12 위 기후도에서 동해안과 서해안의 겨울철 평균 기온을 비교했을 때, 어느 쪽이 더 높은지 쓰시오.

(   )

13 위 **12**번 답과 같은 현상이 나타나는 이유를 두 가지 고르시오. (,   )

① 동해안의 해안선이 단조롭기 때문이다.
② 동해의 수심이 깊어 수온이 높기 때문이다.
③ 황해의 수심이 깊어 수온이 높기 때문이다.
④ 태백산맥이 차가운 바람을 막아 주기 때문이다.
⑤ 겨울철에 서해안에 비가 많이 내리기 때문이다.

[14~15] 다음 서울과 울릉도의 월평균 강수량을 나타낸 그래프를 보고 물음에 답하시오.

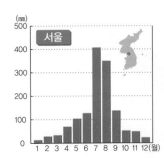
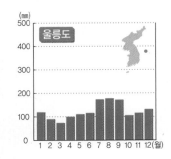

14 서울과 울릉도 중 계절에 따른 강수량의 차이가 큰 지역은 어디입니까?

( )

· 서술형 ·
15 울릉도의 겨울 강수량이 많은 이유를 쓰시오.

_____

16 다음에서 설명하는 자연재해는 무엇인지 쓰시오.

> • 많은 비로 하천이 흘러넘쳐 주변 지역이 물에 잠기는 재해이다.
> • 주로 비가 많이 오는 여름에 나타난다.

( )

🔍 관련 교과서 돋보기

자연재해의 종류
• 황사: 중국이나 몽골의 사막 지역에서 발생한 모래 먼지가 우리나라까지 날아와 가라앉는 현상이다.
• 가뭄: 오랫동안 비가 오지 않거나 적게 내리는 기간이 지속되는 현상이다.
• 태풍: 주로 여름과 초가을 사이에 강한 바람과 비를 동반하여 큰 피해를 주는 자연재해이다.

17 다음 중 지진에 대한 설명으로 바르지 <u>않은</u> 것은 어느 것입니까? ( )

① 땅이 흔들리고 갈라지는 현상이다.
② 지진이 일어나면 건물이 무너지기도 한다.
③ 다른 자연재해와 관계없이 홀로 발생한다.
④ 짧은 시간 동안 넓은 지역에 걸쳐 일어난다.
⑤ 최근에 자주 발생하면서 관심이 높아지고 있다.

18 다음에서 설명하는 것은 무엇인지 쓰시오.

> 지진이 일어났을 때 건물이 진동을 견딜 수 있도록 건축물을 만드는 것을 말한다.

( )

19 자연재해를 조사하는 과정 중 가장 먼저 해야 할 일은 어느 것입니까? ( )

① 조사할 자연재해를 한 가지 정한다.
② 인터넷을 검색하여 자료를 수집한다.
③ 백과사전을 찾아보며 자료를 수집한다.
④ 수집한 자료를 정리하여 보고서를 만든다.
⑤ 자연재해 보고서를 친구들 앞에서 발표한다.

20 다음 사진과 같은 시설물은 어떤 자연재해의 피해를 줄이기 위한 것인지 쓰시오.

( )

1 다음 중 인구 구조 변화와 관계없는 현상은 어느 것입니까? (　　　　)

① 경로당이 늘어나고 있다.
② 요양원이 늘어나고 있다.
③ 노인 교실이 늘어나고 있다.
④ 농촌 인구가 줄어들고 있다.
⑤ 폐교되는 초등학교가 늘어나고 있다.

2 전체 인구 중 노년층 인구 비율이 14% 이상을 차지하는 사회를 무엇이라고 하는지 쓰시오.

(　　　　　　　　)

서술형

3 다음 우리나라의 연령별 인구 구성 비율 그래프를 보고, 2050년에 예상되는 변화는 무엇인지 쓰시오.

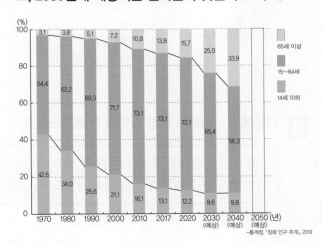

관련 교과서 돋보기

우리나라 연령별 인구 구조의 변화
• 유소년층 인구 비율은 낮아지고 있다.
• 노년층 인구 비율은 높아지고 있다.
• 그 결과 유소년층을 위한 문화·교육 시설은 줄어들고 있고, 노인 복지 시설은 늘어나고 있다.

[4~5] 다음 지도를 보고 물음에 답하시오.

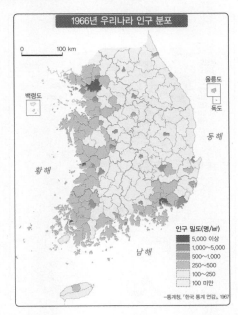

1966년 우리나라 인구 분포

4 위 지도를 읽고 정리한 내용입니다. ㉠과 ㉡에 들어갈 알맞은 말을 쓰시오.

산지가 많은 동쪽과 내륙 지역의 인구 밀도는 ㉠ , 평야가 발달한 남쪽과 서쪽의 인구 밀도는 ㉡ 나타난다.

㉠ (　　　　　　　) ㉡ (　　　　　　　)

5 위 지도와 같은 인구 분포가 나타난 이유로 알맞은 1960년대 우리나라의 주된 산업을 쓰시오.

(　　　　　　　　)

6 오늘날 인구 밀도가 높은 곳은 어디인지 두 곳 고르시오. (　　,　　)

① 농촌　　　② 어촌　　　③ 산지
④ 대도시　　⑤ 수도권

7 다음 중 인구가 줄어드는 촌락 지역에서 발생하는 문제점은 무엇입니까? (　　　　)

① 일손 부족　　② 대기 오염　　③ 수질 오염
④ 교통 혼잡　　⑤ 주택 부족

[8~9] 다음 지도를 보고 물음에 답하시오.

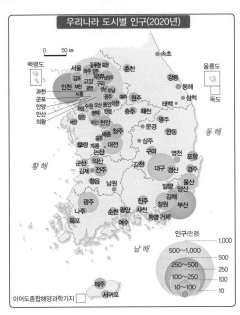

8 다음 중 인구 100만 명이 넘는 도시는 어디입니까?
( )

① 구미   ② 고양   ③ 안동
④ 진주   ⑤ 포항

9 다음에서 설명하는 도시를 위 지도에서 찾아 쓰시오.

> 국토의 균형적인 발전을 위해 수도권의 행정 기능을 옮겨 만든 도시로, 특별자치시로 지정되어 있다.

( )

10 다음 중 서울의 행정 기능 일부를 분담하는 신도시는 어디입니까? ( )

① 시흥   ② 성남   ③ 고양
④ 과천   ⑤ 안산

[11~13] 다음 지도를 보고 물음에 답하시오.

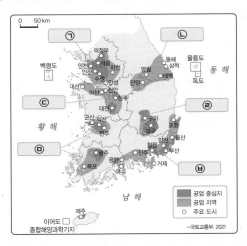

11 풍부한 석회석을 활용한 시멘트 산업이 발달한 공업 지역은 어디인지 기호를 쓰시오.

( )

12 ⑭ 공업 지역에서 발달한 산업으로 바르지 않은 것은 어느 것입니까? ( )

① 철강   ② 섬유   ③ 조선
④ 자동차   ⑤ 석유 화학

13 다음에서 설명하는 공업 지역의 기호를 쓰시오.

> 풍부한 노동력을 바탕으로 전자, 섬유 공업이 발달하였다. 최근에는 패션 산업이 발달하고 있다.

( )

14 다음 중 우리나라에서 1960년대에 발달했던 산업은 어느 것입니까? ( )

① 신발   ② 자동차
③ 반도체   ④ 석유 화학
⑤ 정보 통신

15 다음과 같은 환경을 지닌 지역에서 발달하기 유리한 산업은 무엇인지 쓰시오.

> • 다른 지역에서 볼 수 없는 독특하고 아름다운 자연 경관이 많다.
> • 옛날의 생활 모습을 알 수 있는 문화유산이 많이 남아 있다.

(   )

서술형

16 오늘날 산업이 지역에 따라 다르게 발달한 까닭은 무엇인지 쓰시오.

_____

_____

관련 교과서 **돋보기**

오늘날의 다양한 산업의 발달
• 서울: 인구와 회사가 밀집해 있어 금융 산업 등 다양한 서비스업이 발달했다.
• 대전: 기업, 연구소, 대학교가 협력하여 첨단 산업이 발달했다.
• 광주: 자동차 산업이 발달하여 자동차 공장과 이와 관련된 여러 부품 공장들이 모여 있다.

17 다음에서 설명하는 산업은 무엇인지 쓰시오.

> • 오늘날 빠르게 성장하는 산업이다.
> • 높은 수준의 지식과 과학 기술을 바탕으로 하는 산업이다.
> • 반도체, 생명 공학, 우주 항공, 정보 통신 등의 산업이다.

(   )

[18~19] 다음 지도를 보고 물음에 답하시오.

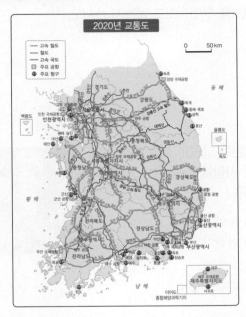

18 1970년대에 만들어진 도로로, 서울과 부산을 연결하여 전 국토의 일일생활권 시대를 앞당긴 도로의 이름은 무엇인지 쓰시오.

(   )

19 다음에서 설명하는 철도는 무엇인지 위 지도에 찾아 쓰시오.

> • 2004년에 개통되었다.
> • 이 철도가 지나는 지역들이 반나절 생활권으로 연결되었다.

(   )

20 다음 중 교통의 발달이 미치는 영향에 대한 설명으로 바르지 않은 것은 무엇입니까? (   )

① 물자의 이동이 편리해진다.
② 지역 간 인구 이동이 줄어든다.
③ 지역 간 교류가 더욱 활발해진다.
④ 주요 교통로를 따라 인구가 집중된다.
⑤ 원료와 제품의 수송이 빨라져 산업이 발달한다.

1 사람이라는 이유만으로 당연히 누려야 할 기본적인 권리를 무엇이라고 하는지 쓰시오.

(   )

2 오른쪽 그림은 생활 속에서 어떤 사람을 존중하는 모습입니까? (   )

① 노인
② 임산부
③ 어린이
④ 외국인
⑤ 장애인

3 다음 생활 속에서 어린이를 존중하는 모습에 관한 설명을 읽고, 빈칸에 들어갈 알맞은 말을 쓰시오.

> 어린이가 안전하게 다닐 수 있도록 학교 주변을 [   ]으로 정하고 안전 시설을 설치합니다.

(   )

4 공중 화장실에서 볼 수 있는 다음과 같은 표시는 어떤 사람을 존중하는 모습인지 쓰시오.

(   )

서술형

5 다음과 같이 지하철 손잡이의 높낮이가 다양하게 만들어진 까닭은 무엇인지 쓰시오.

_____

_____

6 조선 시대 사람으로 신분 제도의 잘못된 점을 알리기 위해 『홍길동전』을 지은 사람은 누구인지 쓰시오.

(   )

7 다음과 같은 일을 한 사람은 누구인지 쓰시오.

> • '어린이'라는 말을 처음으로 사용했습니다.
> • 모든 어린이가 꿈을 키우며 행복하게 자라는 마음으로 어린이날을 만들었습니다.

(   )

관련 교과서 돋보기

인권 신장을 위해 노력한 사람들
• 이태영: 우리나라 최초의 여성 변호사로 여성의 인권을 차별하는 호주제 등이 규정된 가족법을 바꾸는 일에 앞장섰다.
• 박두성: 한글 점자인 '훈맹정음'을 만들고, 한글 점자 투표를 시행할 수 있도록 노력하는 등 시각 장애인의 인권 신장에 큰 도움을 주었다.

8 흑인도 백인과 똑같은 인간으로서 평등하게 대우해야 한다고 주장한 미국의 인권 운동가는 누구입니까?

( )

① 헬렌 켈러　　　② 넬슨 만델라
③ 로자 파크스　　④ 테레사 수녀
⑤ 마틴 루서 킹

12 다음에서 설명하는 것은 무엇인지 쓰시오.

> • 제2차 세계 대전으로 인간의 존엄성을 위협받는 상황을 경험하면서 만들어진 것이다.
> • 1948년 12월 10일 국제 연합 총회에서 발표하여 채택한 선언이다.

( )

[9~10] 다음 그림을 보고, 물음에 답하시오.

⊙ 　　ⓛ

9 억울한 일을 당한 사람이 대궐 밖에 설치한 북을 쳐서 억울한 일을 알린 ⊙ 제도는 무엇인지 쓰시오.

( )

서술형

13 다음 글을 읽고 알 수 있는 점을 쓰시오.

> "여자 노비에게는 아기를 낳기 직전에 30일, 낳고 나서는 50일의 휴가를 주고, 그 여자 노비의 남편에게는 아기가 태어난 뒤 15일의 휴가를 준다."
> － 『경국대전』

_____

_____

10 임금의 행차 때 징이나 꽹과리를 쳐서 자신의 억울함을 알리는 ⓛ 제도는 무엇인지 쓰시오.

( )

14 다음 중 편견으로 인해 인권이 침해된 사례는 어느 것입니까? ( )

① 친구의 일기장을 몰래 훔쳐 본다.
② 키가 작은 친구를 키가 작다고 놀린다.
③ 친구의 신체 정보를 허락 없이 확인한다.
④ 여자는 소방관이 될 수 없다고 이야기한다.
⑤ 친구의 누리 사랑방에 흥보는 댓글을 단다.

11 다음은 조선 시대의 삼복 제도에 대한 설명입니다. 빈 칸에 들어갈 알맞은 말을 쓰시오.

> 큰 죄를 지어 사형을 받게 된 경우에는 생명의 존엄성을 지킨다는 뜻으로 신분에 관계없이 ☐☐의 재판을 거치도록 하였다.

( )

관련 교과서 **돋보기**

우리 주변에서 인권 보장이 필요한 사례
• 한국에서 태어났는데 피부색이 다르다는 이유로 사람들이 어느 나라 사람이냐고 물어본다.
• 촌락에는 병원이 멀어 몸이 아파도 병원에 가지 못하는 노인들이 있다.
• 상점 주인이 어른에게는 존댓말을 하고 어린이에게는 반말을 한다.

[15~17] 다음 사진을 보고, 물음에 답하시오.

ㄱ
ㄴ
ㄷ
ㄹ

15 위 사진들의 제목으로 가장 어울리는 것은 어느 것입니까? (   )

① 인권 보장을 위한 우리 사회의 노력
② 우리 주변에서 인권이 침해되는 사례
③ 학교 생활에서 인권이 보장되는 사례
④ 사생활 침해나 편견이 일어나는 사례
⑤ 우리 조상들이 인권을 존중했던 사례

16 시각 장애인에게 주변의 장소 정보를 알려 주기 위한 것의 기호를 쓰시오.

(   )

17 ㉠은 누구의 인권 보장을 위한 것인지 쓰시오.

(   )

🔵 관련 교과서 돋보기

인권 보장을 위한 우리 사회의 노력
• 안전하고 편리한 생활을 위한 시설물 설치
  – 시각 장애인의 안전을 위해 음향 신호기를 설치한다.
  – 어린이 보호 구역을 설치하여 교통사고의 위험으로부터 어린이를 보호한다.
• 안정된 생활을 위한 사회 보장 제도 시행
  – 어린이, 임산부, 노인 등을 대상으로 독감 예방 접종을 무료로 실시한다.
  – 노인들의 안정된 생활을 위해 일자리를 지원한다.

18 다음에서 설명하는 국가 기관은 무엇인지 쓰시오.

• 국민의 인권 보장을 위한 정책을 제안하고 검토하는 기관이다.
• 인권 침해를 당한 사람들은 이 기관에 보호와 도움을 요청할 수 있다.

(   )

19 다음에서 설명하는 인권 보호를 위한 제도는 무엇인지 쓰시오.

질병, 실업, 장애, 노령, 빈곤 등으로 어려움에 처한 사람들을 돕고, 모든 국민의 인간다운 생활을 보장하기 위한 제도

(   )

20 인권 보호를 위해 개인이 할 수 있는 일로 가장 알맞은 것은 어느 것입니까? (   )

① 지하철역에 승강기를 설치한다.
② 학교에서 인권 교육을 실시한다.
③ 집이 없는 사람들에게 쉼터를 제공한다.
④ 외국인 근로자를 위해 한글 교실을 운영한다.
⑤ 경사로를 완만하게 고쳐 달라고 시청에 건의한다.

1 다음은 무엇에 대한 설명인지 쓰시오.

> • 법 중에 가장 기본이 되는 법으로 우리나라 최고의 법이다.
> • 이 법을 바탕으로 여러 법이 만들어지고, 국가에서 하는 일은 이 법에 따라 이루어진다.

(　　　　　)

2 다음은 대한민국 헌법 제1조의 내용입니다. 빈칸에 공통으로 들어갈 알맞은 말을 쓰시오.

> • 대한민국은 민주 공화국이다.
> • 대한민국의 주권은 □□에게 있고, 모든 권력은 □□으로부터 나온다.

(　　　　　)

3 다음 중 헌법에 대한 설명으로 바르지 않은 것은 어느 것입니까? (　　　)

① 헌법의 내용은 바꿀 수 없다.
② 가장 높은 효력을 갖는 법이다.
③ 국민이 누려야 할 권리를 정하고 있다.
④ 국민이 지켜야 할 의무를 정하고 있다.
⑤ 다른 법들은 헌법에 어긋나서는 안 된다.

•서술형•

4 헌법에 다음과 같은 내용을 담은 것은 무엇을 위해서 인지 쓰시오.

> 제10조
> 　모든 국민은 인간으로서의 존엄과 가치를 지니며, 행복을 추구할 권리를 가진다. 국가는 개인이 가지는 불가침의 기본적 인권을 확인하고 이를 보장할 의무를 진다.

5 헌법의 내용을 바꾸거나 새로 정할 때는 무엇을 해야 하는지 쓰시오.

(　　　　　)

6 국민의 인권을 보장하기 위해 다음과 같은 일을 하는 국가 기관은 어디입니까? (　　　)

> 　타당한 이유가 있으면 이름을 바꿀 수 있도록 허가해 주고 있다.

① 시청　　　　　　② 법원
③ 국회　　　　　　④ 헌법 재판소
⑤ 국가 인권 위원회

7 다음과 같은 상황에 도움을 받을 수 있는 국가 기관은 어디인지 쓰시오.

> 　청소년이지만 학교를 그만두어 학생증이 없어서 버스나 지하철 등 대중 교통을 이용할 때 어른 요금을 내야 한다.

(　　　　　)

관련 교과서 돋보기

인권 보장을 위한 헌법의 역할과 국가 기관
• 법원: 이름 때문에 불편을 겪는다면 헌법에 제시된 국민의 행복을 추구할 권리를 보장하기 위해 타당한 이유가 있으면 이름을 바꿀 수 있도록 허가해 준다.
• 국가 인권 위원회: 학교를 그만두어 학생증이 없어 청소년 할인을 받지 못하는 청소년을 위해 청소년증 제도를 시행하도록 권고하였다.

8 법률이 헌법에 어긋난다고 판단할 경우 위헌 결정을 내려서 잘못된 법률을 바로잡게 하는 국가 기관은 무엇인지 쓰시오.

( )

9 다음 그림과 관계 깊은 국민의 기본권은 어느 것입니까? ( )

① 평등권　　　② 자유권
③ 사회권　　　④ 청구권
⑤ 참정권

10 다음 헌법 조항과 관련 있는 국민의 기본권은 무엇인지 쓰시오.

제31조 제1항
　모든 국민은 능력에 따라 균등하게 교육을 받을 권리가 있다.

( )

11 국민이 선거의 후보로 출마하거나 공무원에 임명될 수 있는 권리를 무엇이라고 하는지 쓰시오.

( )

12 다음 빈칸에 알맞은 말을 쓰시오.

　기본권은 국가의 [ ], 사회 질서 유지, 공공의 이익 추구 등을 위해 필요한 경우 법률에 따라 제한될 수 있다.

( )

13 국민의 기본권 중 자유권과 관련 있는 것은 어느 것입니까? ( )

① 성별로 차별받지 않는다.
② 내가 원하는 직업을 가질 수 있다.
③ 만 18세 이상이면 선거에 참여할 수 있다.
④ 몸이 불편해 국가에서 운영하는 방문 간호 혜택을 받았다.
⑤ 위생이 불량한 음식점을 단속해 달라고 구청에 요청했다.

14 차별받지 않고 동등하게 대우받을 수 있는 권리와 관련 있는 헌법 조항은 어느 것입니까? ( )

① 모든 국민은 법 앞에 평등하다.
② 모든 국민은 직업 선택의 자유를 가진다.
③ 모든 국민은 거주·이전의 자유를 가진다.
④ 모든 국민은 법률이 정하는 바에 의하여 선거권을 가진다.
⑤ 모든 국민은 능력에 따라 균등하게 교육을 받을 권리가 있다.

🔍 관련 교과서 돋보기

국민의 기본권
• 평등권: 차별받지 않고 동등하게 대우받을 권리
• 자유권: 자기 뜻에 따라 선택하고 행동할 수 있는 권리
• 참정권: 국가 의사 결정 과정에 참여할 수 있는 권리
• 청구권: 기본권이 침해되었을 때 국가에 일정한 행위를 요구할 수 있는 권리
• 사회권: 인간답게 살 수 있도록 국가에 요구할 수 있는 권리

[15~17] 다음 사진을 보고, 물음에 답하시오.

ㄱ  ㄴ

ㄷ  ㄹ

15 위 사진들의 제목으로 가장 어울리는 것은 어느 것입니까? (   )

① 국민의 행복
② 국민의 의무
③ 국민의 기본권
④ 국민의 일상생활
⑤ 국민의 권리이자 의무

16 개인과 나라의 발전을 위해 일할 의무와 관련 있는 사진의 기호를 쓰시오.

(   )

17 다음 헌법 조항과 관련 있는 사진의 기호를 쓰시오.

> 제38조
>   모든 국민은 법률이 정하는 바에 의하여 납세의 의무를 진다.

(   )

관련 교과서 돋보기

국민의 의무
• 교육의 의무: 자녀가 잘 성장할 수 있도록 교육을 받게 할 의무
• 근로의 의무: 개인과 나라의 발전을 위해 일할 의무
• 국방의 의무: 나와 가족, 우리 모두의 안전을 위해 나라를 지킬 의무
• 납세의 의무: 세금을 내야 할 의무
• 환경 보전의 의무: 환경 보전을 위해 노력할 의무

18 다음 사진과 관련 있는 국민의 의무는 무엇인지 쓰시오.

(   )

서술형

19 다음 글을 읽고, 국민 모두가 행복한 사회를 만들려면 어떤 태도가 필요한지 쓰시오.

> 국민의 권리는 중요하므로 헌법에서 다양하게 보장하고 있다. 그러나 국민들이 권리만 주장하고 의무를 실천하지 않는다면 국가의 발전이 어렵고 개인의 권리도 보장받을 수 없다.

_____

_____

20 권리와 의무가 충돌할 때 가져야 할 바람직한 태도는 어느 것입니까? (   )

① 권리가 의무보다 중요하다고 주장합니다.
② 의무가 권리보다 중요하다고 주장합니다.
③ 나의 주장이 상대 주장보다 낫다고 주장합니다.
④ 상대방의 의견을 존중하고 합리적으로 판단합니다.
⑤ 서로 의견이 충돌한다면 해결할 수 있는 방법은 없다고 판단합니다.

1 다음 중 법으로 제재를 받는 행동은 어느 것입니까?
(　　　)

① 자기 방을 청소하지 않는다.
② 건널목을 무단으로 횡단한다.
③ 이웃 어른께 인사를 하지 않는다.
④ 복도를 지날 때 왼쪽으로 걷는다.
⑤ 친구와 이야기할 때 거친 말을 쓴다.

2 다음 중 법에 대한 설명으로 바르지 <u>않은</u> 것은 어느 것입니까? (　　　)

① 법을 어기면 제재를 받는다.
② 사회가 변화해도 바뀌지 않는다.
③ 인권을 침해할 때 새로 만들 수 있다.
④ 국가가 만든 강제성이 있는 규범이다.
⑤ 사회의 질서를 유지하기 위한 규칙이다.

3 다음에서 설명하는 법은 무엇인지 쓰시오.

> 학교에서 영양가 있고 안전한 급식을 먹을 수 있도록 정해 놓은 법이다.

(　　　　　　　　)

4 다음 내용과 관련 있는 법은 어느 것입니까?
(　　　)

> 아침에 일어나 학교에 갔습니다. 학교 앞 횡단보도에서 보행 신호가 켜진 동안 안전하게 길을 건넜습니다.

①「도로 교통법」
②「식품 위생법」
③「초·중등 교육법」
④「장애인 차별 금지법」
⑤「어린이 놀이 시설 안전 관리법」

5 다음과 같은 시설을 안전하게 만들고 관리하기 위한 법은 무엇인지 쓰시오.

(　　　　　　　　　　)

6 다음 내용과 관련 있는 법은 무엇인지 쓰시오.

> 수업 시간에 동영상 만들기 활동을 했습니다. 자료의 출처를 밝히며 열심히 동영상을 만들었습니다.

(　　　　　　　　)

7 다음 중 「식품 위생법」에 관한 내용으로 바르지 <u>않은</u> 것은 어느 것입니까? (　　　)

① 식품이 안전하게 유통되도록 한다.
② 식품이 안전하게 보관되도록 한다.
③ 음식을 위생적으로 조리하도록 한다.
④ 소비자에게 올바른 식품 정보를 제공한다.
⑤ 장애인들이 차별받지 않고 일할 수 있게 한다.

> 관련 교과서 돋보기
>
> 우리 생활 속의 법
> •「저작권법」: 음악, 영화 등 창작물을 만든 사람의 권리를 보호한다.
> •「학교 급식법」: 학생들의 건강과 성장을 위해 안전한 음식 재료를 사용하도록 보장한다.
> •「어린이 식생활 안전 관리 특별법」: 학교 주변에서는 건강을 해치는 음식을 못 팔게 한다.

8 다음 그림과 같은 상황에 적용되는 법은 어느 것입니까? (   )

① 「도로 교통법」
② 「소비자 기본법」
③ 「어린이 놀이 시설 안전 관리법」
④ 「감염병의 예방 및 관리에 관한 법률」
⑤ 「학교 폭력 예방 및 대책에 관한 법률」

9 다음 생활 속 사례와 관련 있는 법은 무엇인지 쓰시오.

> 어제 산 사인펜을 사용하는데 한 자루에서 잉크가 새어 나와 문구점에서 다른 제품으로 교환했다.

(   )

10 다음은 초등학생에게 적용되는 법에 조사한 내용 중 일부입니다. 빈칸에 공통으로 들어갈 낱말은 무엇인지 쓰시오.

> • 만 18세까지의 사람을 [   ]라고 합니다.
> • [   ]가 부모의 동의 없이 물건을 사면 취소하고 환불받을 수 있습니다.

(   )

11 다음 중 법의 역할로 바르지 <u>않은</u> 것은 어느 것입니까? (   )

① 개인의 재산을 늘려 준다.
② 개인의 생명을 보호해 준다.
③ 개인 정보를 안전하게 보호해 준다.
④ 개인 간에 발생한 분쟁을 해결해 준다.
⑤ 자연 환경이 오염되지 않도록 보호해 준다.

서술형

12 다음 설명에서 알 수 있는 법의 역할은 무엇인지 쓰시오.

> • 국가나 다른 사람들이 개인의 자유와 권리를 침해하는 것을 막는다.
> • 침해당한 권리를 구제받을 방법을 알려 준다.

13 다음은 법의 역할에 대한 설명입니다. 빈칸에 알맞은 말을 쓰시오.

> 법은 여러 가지 범죄나 사고로부터 국민을 보호하고 안전하고 쾌적한 환경에서 살 수 있게 해 주어 [   ]를 유지하는 역할을 한다.

(   )

관련 교과서 돋보기

법의 역할
• 개인의 권리 보호
 – 개인 간의 발생한 분쟁을 해결해 준다.
 – 개인의 생명이나 재산을 보호해 준다.
 – 개인 정보를 안전하게 보호해 준다.
• 사회 질서 유지
 – 범죄로부터 우리 사회를 안전하게 지켜 준다.
 – 교통사고를 예방한다.
 – 자연환경이 파괴되지 않도록 보호해 준다.

[14~17] 다음 글을 읽고, 물음에 답하시오.

> ㉠ ____ : 한막말 씨는 악성 댓글을 125차례나 달고 거짓 사실을 인터넷에 퍼뜨렸습니다.
>
> ㉡ ____ : 우리나라에는 표현의 자유가 있습니다. 장난으로 쓴 글까지 처벌하는 것은 너무하다고 생각합니다.
>
> – 중략 –
>
> ㉢ ____ : 판결하겠습니다. 한막말 씨의 행동은 사회에 끼치는 영향이 크고 옳지 못한 행동이라 할 수 있습니다. 이에 벌금 500만 원을 선고합니다.

14 위 글의 내용과 같이 법을 어기는 행동을 확인하고 그에 맞는 책임을 지게 하기 위해서 하는 일을 무엇이라고 하는지 쓰시오.

(   )

15 위 글의 ㉠과 ㉡의 빈칸에 들어갈 알맞은 직업을 쓰시오.

㉠ (   )
㉡ (   )

16 위 글의 한막말 씨처럼 범죄를 저지른 것으로 의심되어 재판을 받는 사람을 무엇이라고 하는지 쓰시오.

(   )

17 재판을 진행하고 법에 따라 판결을 내리는 역할을 하는 ㉢의 빈칸에 들어갈 직업을 쓰시오.

(   )

> **관련 교과서 돋보기**
>
> 재판에서 법을 해석하고 적용하는 사람들
> • 검사: 사건을 조사하여 범죄라고 판단하면 증거를 수집한다. 증거를 확보하면 피고인을 재판에 세운다.
> • 변호사: 개인 간의 다툼이나 범죄 사건이 발생했을 때 의뢰인을 변호한다.
> • 판사: 재판을 진행하며, 검사와 변호인의 논증, 증인의 진술, 증거 등을 검토하여 법에 따라 판결을 내린다.

18 다음 중 법을 어겼을 때 나타나는 결과로 바르지 <u>않은</u> 것은 어느 것입니까? (   )

① 사회를 혼란스럽게 만든다.
② 다른 사람에게 피해를 준다.
③ 다른 사람의 권리를 침해한다.
④ 사람들 사이에 갈등을 일으킨다.
⑤ 사람들 간에 분쟁을 해결해 준다.

19 다음 빈칸에 들어갈 알맞은 말을 쓰시오.

> 개인의 ____를 보호하고 안정된 사회를 만들기 위해 누구나 법을 준수하는 태도가 필요합니다.

(   )

서술형

20 다음 뉴스 내용을 보고 알 수 있는 점을 쓰시오.

> 화재 현장에 소방차가 제때 도착했지만 골목 주변에 불법으로 주차한 차들에 막혀 어려움을 겪었습니다. 화재 발생 직후 도착한 소방차는 화재 현장에 다가갈 수 없었고 결국 초기에 불길을 잡는 데 실패했습니다.

1 다음 글을 읽고, ㉠과 ㉡에 들어갈 알맞은 말을 쓰시오.

> 위도는 [㉠]를 기준으로 북쪽이나 남쪽으로 얼마나 떨어져 있는지를 나타내고, 경도는 [㉡]을 기준으로 동쪽이나 서쪽으로 얼마나 떨어져 있는지를 나타낸다.

㉠ (   )
㉡ (   )

🔍 **관련 교과서 돋보기**

숫자로 표현할 수 있는 위치
• 위도: 적도를 기준으로 북쪽과 남쪽을 각각 90°로 나누어 위치를 나타내며, 북쪽은 북위, 남쪽은 남위라고 한다.
• 경도: 영국 그리니치 천문대를 지나는 본초 자오선을 기준으로 동쪽과 서쪽을 180°로 나누어 위치를 나타내며, 동쪽은 동경, 서쪽은 서경이라고 한다.

2 우리 국토에 대한 설명으로 바르지 <u>않은</u> 것은 어느 것입니까? (   )

① 북반구의 중위도에 위치해 있다.
② 아시아 대륙의 동쪽에 위치해 있다.
③ 일본, 러시아, 중국 등의 나라가 주변에 있다.
④ 북쪽으로 대륙, 남쪽으로 인도양과 접하고 있다.
⑤ 북위 33°~43°, 동경 124°~132° 사이에 위치해 있다.

·서술형·
3 우리나라와 같은 반도 국가의 위치적 특징을 쓰시오.

_____
_____

4 아시안 하이웨이가 모두 연결되었을 때 일어날 수 있는 일로 알맞은 것은 어느 것입니까? (   )

① 배를 타고 일본까지 갈 수 있다.
② 배를 타고 아프리카까지 갈 수 있다.
③ 비행기를 타고 중국까지 갈 수 있다.
④ 자동차를 타고 유럽까지 갈 수 있다.
⑤ 자동차를 타고 미국까지 갈 수 있다.

[5~6] 다음 그림을 보고 물음에 답하시오.

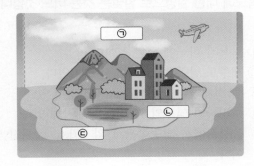

5 위 그림의 ㉠과 ㉡에 들어갈 알맞은 말을 쓰시오.

㉠ (   )
㉡ (   )

6 위 그림의 ㉢에 대한 설명으로 바르지 <u>않은</u> 것은 어느 것입니까? (   )

① 해안선으로부터 12해리까지이다.
② 외국 선박도 마음대로 들어올 수 있다.
③ 우리나라 영토에 인접한 바다의 범위다.
④ 동해안은 썰물일 때의 해안선을 기준선으로 한다.
⑤ 서해안과 남해안은 가장 멀리 있는 섬들을 직선으로 그은 선을 기준선으로 한다.

7 다음 중 우리나라 영토의 남쪽 끝은 어디입니까?
( )

① 독도　　② 유원진　　③ 마안도
④ 제주도　　⑤ 마라도

> 🔍 관련 교과서 돋보기
>
> 우리 국토의 끝
> • 북쪽 끝: 유원진(함경북도 온성군 풍서리)
> • 서쪽 끝: 마안도(평안북도 용천군 압록강 하구)
> • 남쪽 끝: 마라도(제주도 남쪽 11km의 화산섬)
> • 동쪽 끝: 독도(울릉도 남동쪽 87.4km의 화산섬)

8 독도에 대한 설명으로 알맞은 것은 어느 것입니까?
( )

① 압록강 하구에 있는 섬이다.
② 제주도 남쪽으로 11km 떨어져 있다.
③ 섬 전체가 천연기념물로 지정되어 있다.
④ 우리나라 영토의 서쪽 끝에 위치해 있다.
⑤ 울릉도에서 남동쪽으로 약 87km 떨어진 인공섬이다.

◈ 서술형
9 우리 국토를 소중히 여겨야 하는 까닭에 대해 쓰시오.

_____
_____

10 국토를 사랑하는 마음을 표현하기 위한 방법으로 알맞지 않은 것은 어느 것입니까? ( )

① 국토 사랑 신문 만들기
② 국토 확장 캠페인 활동하기
③ 국토 사진 공모전 참가하기
④ 국토 환경 보호 활동 참여하기
⑤ 국토 사랑 글짓기 대회 참가하기

11 국토 사랑 신문을 만들 때 소개할 수 있는 내용으로 알맞지 않은 것은 어느 것입니까? ( )

① 동식물이 어울려 사는 순천만 갯벌
② 행복하고 보람찬 우리 학교의 운동회
③ 단풍이 예쁜 설악산과 웅장한 울산바위
④ 노을과 멋지게 어우러지는 해운대의 야경
⑤ 해안선과 조화를 이루는 남해군 해안 도로

12 다음 글을 읽고, ㉠과 ㉡에 들어갈 알맞은 말을 쓰시오.

> 옛날에는 ㉠ 위쪽을 북부 지방이라 했지만, 오늘날에는 ㉡ 위쪽을 북부 지방이라고 합니다.

㉠ ( )
㉡ ( )

13 중부 지방과 남부 지방을 구분하는 기준으로 알맞은 것은 어느 것입니까? ( )

① 철령관
② 휴전선
③ 한강과 태백산맥
④ 금강과 소백산맥
⑤ 대동강과 멸악산맥

14 다음 중 우리나라의 전통적인 지역 구분의 기준으로 알맞은 것을 두 가지 고르시오. (,)

① 계절과 날씨
② 왕의 출생지
③ 산맥과 하천
④ 요새와 저수지
⑤ 지역의 중심 도시

[15~17] 다음 지도를 보고 물음에 답하시오.

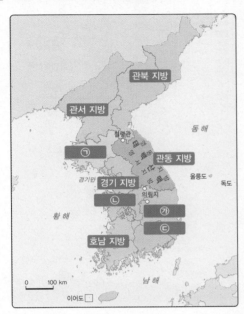

15 위 지도의 ㉠~㉢에 들어갈 지명이 알맞게 짝지어진 것은 어느 것입니까? (   )

	㉠	㉡	㉢
①	영남 지방	해서 지방	호서 지방
②	호서 지방	영남 지방	해서 지방
③	해서 지방	영남 지방	호서 지방
④	호서 지방	해서 지방	영남 지방
⑤	해서 지방	호서 지방	영남 지방

16 위 지도의 ㉮에 들어갈 알맞은 지명을 쓰시오.

(   )

17 다음 글을 읽고, 빈칸에 알맞은 말을 쓰시오.

> 철령관 동쪽에 있는 관동 지방은 태백산맥을 기준으로 왼쪽의 ┌ ㉠ ┐ 지방과 오른쪽의 ┌ ㉡ ┐ 지방으로 나뉩니다.

㉠ (   )
㉡ (   )

18 조선 시대 행정 구역 이름의 유래로 바르게 짝지어지지 **않은** 것은 어느 것입니까? (   )

① 평안도: 평양, 안동
② 함경도: 함흥, 경성
③ 충청도: 충주, 청주
④ 경상도: 경주, 상주
⑤ 전라도: 전주, 나주

관련 교과서 돋보기

조선 시대 행정 구역 이름의 유래

함경도	함흥 + 경성	충청도	충주 + 청주
평안도	평양 + 안주	경상도	경주 + 상주
황해도	황주 + 해주	전라도	전주 + 나주
강원도	강릉 + 원주		

• 경기도: 왕이 사는 도읍과 그 주변
• 제주도: 조선 시대에는 전라도에 소속

19 다음 중 도청 소재지가 **아닌** 곳은 어느 것입니까?

(   )

① 청주   ② 춘천   ③ 수원
④ 창원   ⑤ 목포

20 다음 중 특별자치시에 해당하는 도시는 어느 것입니까? (   )

① 세종   ② 부산   ③ 제주
④ 울산   ⑤ 서울

[1~2] 다음 사진을 보고, 물음에 답하시오.

(가)    (나)

1 위의 (가) 지형에 대한 설명으로 알맞은 것은 어느 것입니까? (   )

① 바다와 맞닿은 육지 부분이다.
② 하천 주변의 넓고 평평한 땅이다.
③ 갯벌이나 모래사장을 볼 수 있다.
④ 높이 솟은 산들이 모여 이룬 지형이다.
⑤ 빗물과 지하수가 모여 흐르며 만들어진다.

·서술형·

2 위의 (나) 지형에 대한 특징을 하나 쓰시오.

_____

_____

3 다음 중 산지를 이용하는 모습이 <u>아닌</u> 것은 어느 것입니까? (   )

① 밭농사   ② 낙농업   ③ 스키장
④ 양식장   ⑤ 휴양 시설

관련 교과서 돋보기

다양한 지형을 이용하는 모습
• 산지: 밭농사, 낙농업, 스키장, 휴양 시설
• 하천 상류: 다목적 댐 등
• 평야: 논농사 등
• 해안: 염전, 양식장, 해수욕장 등

4 땅의 생김새를 나타낸 지도로, 등고선이나 색 등으로 땅의 높낮이를 나타내는 지도는 무엇인지 쓰시오.

(   )

[5~7] 다음 지도를 보고 물음에 답하시오.

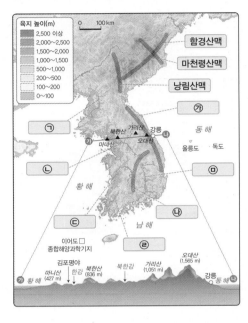

5 위 지도의 ㉠~㉤에 들어갈 강의 이름을 바르게 연결하시오.

㉠ •   • 한강
㉡ •   • 금강
㉢ •   • 낙동강
㉣ •   • 대동강
㉤ •   • 영산강

6 위 지도의 ㉮, ㉯에 들어갈 알맞은 산맥의 이름을 쓰시오.

㉮ (   )
㉯ (   )

7 위 지도에서 알 수 있는 우리나라 지형의 특징으로 알맞지 <u>않은</u> 것은 어느 것입니까? (   )

① 우리나라 지형의 약 70%는 산지다.
② 산지는 대부분 동쪽과 북쪽에 있다.
③ 평야는 주로 서쪽과 남쪽에 발달했다.
④ 큰 하천의 하류 주변에 평야가 발달했다.
⑤ 대부분의 하천은 서쪽에서 동쪽으로 흐른다.

8 다음 중 우리나라 서해안의 특징으로 알맞은 것은 어느 것입니까? (   )

① 수심이 깊다.
② 섬이 별로 없다.
③ 해안선이 단조로운 편이다.
④ 모래사장이 길게 펼쳐져 있다.
⑤ 밀물과 썰물의 차이가 커서 갯벌이 발달했다.

9 다음 글의 빈칸에 알맞은 말을 쓰시오.

> 우리나라는 ⓐ 에 위치하여 사계절이 나타나고, 계절별로 기온의 차이가 큽니다. 또한, 여름에는 ⓑ 의 바다에서 덥고 습한 바람이 불어오고, 겨울에는 ⓒ 의 대륙에서 차고 건조한 바람이 불어옵니다.

ⓐ (   )
ⓑ (   )
ⓒ (   )

10 우리나라에서 오른쪽과 같은 생활 모습을 볼 수 있는 계절은 언제입니까? (   )

① 봄   ② 여름
③ 가을   ④ 겨울
⑤ 사계절

11 우리나라의 기온에 대한 설명으로 바르지 않은 것은 어느 것입니까? (   )

① 북쪽으로 갈수록 기온이 낮아진다.
② 태백산맥이 차가운 북서풍을 막아준다.
③ 제주도와 강원도 태백시의 기온 차이가 크다.
④ 서해안의 겨울 기온이 동해안보다 높은 편이다.
⑤ 해안 지역이 내륙 지역보다 겨울에 더 따뜻하다.

[12~13] 다음 자료를 보고, 물음에 답하시오.

> **우리나라의 기후에 적응한 독특한 생활 모습**
> 1. 대청마루: 더운 여름에 통풍이 잘 되도록 바닥이 땅에서 떨어져 있는 마루 형태
> 2. 투막집: ⓐ 가 설치된 울릉도의 전통 집
> 3. ⓑ :

12 위 자료의 빈칸 ⓐ에 들어갈 시설의 이름을 쓰시오.

(   )

13 위 자료의 ⓑ에 들어갈 수 있는 것을 모두 고르시오.
(   )

① 온돌   ② 정주간   ③ 푸줏간
④ 자격루   ⑤ 터돋움집

> 관련 교과서 돋보기
>
> 기후에 적응한 독특한 생활 모습
> • 온돌: 아궁이를 이용해 방바닥을 따뜻하게 하는 난방 시설
> • 정주간: 추운 겨울을 대비해 부엌과 방 사이에 만들어 부엌의 열을 최대한 활용한 공간
> • 터돋움집: 침수 피해를 막기 위해 집터를 높게 올려서 지은 집

14 우리나라 강수량의 특징에 대한 설명으로 바른 것은 어느 것입니까? (   )

① 우리나라의 강수량은 겨울이 제일 많다.
② 더운 남쪽으로 갈수록 강수량이 많아진다.
③ 울릉도는 연평균 강수량의 차이가 매우 크다.
④ 우리나라는 면적이 좁아서 지역에 따른 강수량 차이가 거의 없다.
⑤ 강수량을 측정할 때 장마와 태풍의 영향은 제외하고 측정해야 한다.

[15~16] 다음 사진을 보고, 물음에 답하시오.

(가) 　(나)

15 위 사진에서 확인할 수 있는 자연재해의 이름을 각각 쓰시오.

(가) (　　　　　　　　)
(나) (　　　　　　　　)

16 위 사진에 대한 설명으로 바르지 <u>않은</u> 것은 어느 것입니까? (　　　)

① (나)로 인해 농작물이 말라 죽기도 한다.
② (가)는 주로 봄에서 초여름 사이에 발생한다.
③ (가)는 중국의 가는 모래가 날아오며 발생한다.
④ (나)는 비가 오지 않는 기간이 길어지며 발생한다.
⑤ (가)와 (나) 모두 여름에서 가을 사이에 우리나라에서 발생한다.

17 자연재해를 겪은 경험에 대해 <u>잘못</u> 이야기하고 있는 친구는 누구입니까? (　　　)

① 민준: 홍수 때문에 집이 물에 잠겼어.
② 예지: 황사가 심해서 마스크를 쓰고 학교에 왔어.
③ 예림: 태풍이 와서 마당에 심어둔 꽃이 말라 죽었어.
④ 상진: 한파 때문에 수도관이 터져서 아침에 세수를 못 했어.
⑤ 나린: 집으로 걸어가다가 폭염 때문에 탈수 증상이 온 적이 있어.

18 지진에 대한 설명으로 옳지 <u>않은</u> 것은 어느 것입니까? (　　　)

① 지진 해일, 산사태 등을 일으킨다.
② 최근 우리나라에서 자주 발생한다.
③ 진동으로 건물이 약해져 추가 피해가 일어날 수 있다.
④ 지구 내부에서 급격한 움직임이 일어나 땅이 흔들리는 현상이다.
⑤ 다른 자연재해에 비해 긴 기간에 걸쳐 발생하며 큰 피해를 입힌다.

〔 서술형 〕
19 자연재해의 피해를 줄이기 위해 행정 안전부와 기상청이 하는 노력을 쓰시오.

_____

_____

◯ 관련 교과서 돋보기

자연재해가 발생했을 때의 행동 요령
• 황사: 긴소매 옷을 입거나 마스크를 쓰고 외출한다.
• 호우, 홍수: 높은 곳으로 빨리 대피한다.
• 태풍: 날아갈 수 있는 물건은 묶어 두고, 창문은 테이프로 고정한다.
• 지진: 떨어지는 물건에 주의하며 운동장이나 공원 등 넓은 공간으로 대피한다.

20 다음 사진의 시설물은 어떤 자연재해를 예방하기 위한 것인지 고르시오. (　　　)

① 황사　　　② 폭염
③ 태풍　　　④ 가뭄
⑤ 폭설

[1~2] 다음 그래프를 보고 물음에 답하시오.

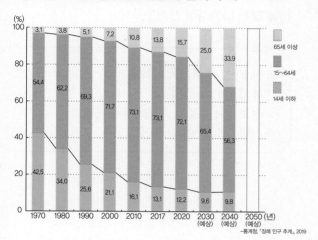

—통계청, 「장래 인구 추계」, 2019

1 위 그래프를 보고 알 수 있는 사실로 알맞은 것은 어느 것입니까? (　　　)

① 청장년층 비율이 크게 증가하였다.
② 노년층 비율이 점점 감소하고 있다.
③ 유소년층 비율이 점점 증가하고 있다.
④ 우리나라는 현재 저출산·고령 사회다.
⑤ 현재 가장 높은 비율을 차지하고 있는 연령층은 노년층이다.

2 위 그래프와 같은 현상이 나타난 이유로 알맞지 <u>않은</u> 것은 어느 것입니까? (　　　)

① 경제 발전   ② 사망률 감소
③ 출생률 감소   ④ 의료 기술 발달
⑤ 평균 수명 감소

3 다음 글을 읽고, 빈칸에 들어갈 알맞은 말을 쓰시오.

> ☐☐☐☐는 성, 연령 등을 기준으로 한 어떤 인구 집단의 구성 상태를 피라미드 모양으로 나타낸 그래프로, 연령별 인구 구성을 한눈에 볼 수 있다.

（　　　　　　　）

• 서술형 •

4 다음 그래프를 보고 앞으로 예상되는 인구 구성의 변화를 쓰시오.

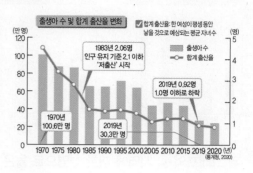

5 1960년대 이전까지의 인구 분포의 특징으로 알맞지 <u>않은</u> 것은 어느 것입니까? (　　　)

① 모든 지역의 인구 밀도가 비슷했다.
② 남쪽과 서쪽의 인구 밀도가 높았다.
③ 자연환경이 인구 밀도에 영향을 미쳤다.
④ 산지가 발달한 지역의 인구 밀도가 낮았다.
⑤ 평야가 발달한 지역의 인구 밀도가 높았다.

6 1960년대 이후 인구 분포의 특징으로 알맞은 것은 어느 것입니까? (　　　)

① 농어촌 지역의 인구가 증가했다.
② 산업화의 영향은 거의 받지 않았다.
③ 인문환경이 인구 밀도에 영향을 미쳤다.
④ 도시를 중심으로 인구가 고르게 분포됐다.
⑤ 산지가 발달한 지역의 인구 밀도가 높아졌다.

🔍 관련 교과서 돋보기

오늘날의 인구 분포
• 산업이 발달하며 인구가 도시로 집중되었다.
• 서울을 중심으로 한 수도권에 전체 인구의 절반 정도가 살고 있다.
• 유소년층과 청장년층의 인구 비율은 수도권과 대도시 지역이 높고, 촌락은 노년층 비율이 높다.

[7~8] 다음 그래프를 보고, 물음에 답하시오.

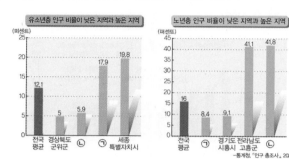

7 위 그래프의 ㉡ 지역에 대한 설명으로 옳은 것은 어느 것입니까? (　　　)

① 청장년층 비율이 높다.
② 수질 오염 문제가 심각하다.
③ 교육과 의료 시설이 부족하다.
④ 서비스업이 지역의 주요 산업이다.
⑤ 일자리를 찾아 인구가 몰리고 있다.

8 위 그래프의 ㉠ 지역에서 나타나는 문제를 두 가지 쓰시오.

(　　　　　　　　　　　)

9 서울의 여러 기능 중 일부를 분담하는 신도시가 <u>아닌</u> 것은 어느 것입니까? (　　　)

① 성남　　　② 과천　　　③ 시흥
④ 군산　　　⑤ 안산

10 다음 글을 읽고, 빈칸에 들어갈 알맞은 말을 쓰시오.

> 수도권에 집중된 공공 기관, 행정 기관, 연구소 등을 지방으로 옮겨 새롭게 만든 도시를 ☐ 라고 합니다.

(　　　　　　　　　　　)

🔍 관련 교과서 돋보기

혁신 도시
• 음성, 진천: 미래형 교육 혁신 도시
• 원주: 생명 과학, 관광 혁신 도시
• 나주: 친환경 에너지, 정보 통신 혁신 도시

11 다음 ●보기●의 우리나라의 산업들의 기호를 발달 과정에 맞게 나열하여 쓰시오.

●보기●
㉠ 자동차, 조선, 제철 산업
㉡ 농업, 어업, 임업
㉢ 정보 통신, 로봇, 항공, 우주 산업
㉣ 신발, 섬유, 의류 산업

(　　　　　　　　　　　)

12 다음 중 독특하고 아름다운 자연환경을 바탕으로 관광 산업이 발달한 도시는 어디입니까? (　　　)

① 서울　　　② 대구　　　③ 광주
④ 동해　　　⑤ 제주

[13~14] 다음 자료를 보고, 물음에 답하시오.

〈우리 도시의 산업 조사하기〉
• 도시의 이름: 광양
• 발달한 산업: ㉠ ☐
• 발달한 이유: ㉡ _____
• 도시의 특징: 남해안으로 진출할 수 있는 항구

13 위 자료의 ㉠에 들어갈 알맞은 산업은 어느 것입니까? (　　　)

① 제철 산업　　② 첨단 산업　　③ 패션 산업
④ 자동차 산업　⑤ 시멘트 산업

●서술형●

14 위 자료의 ㉡에 들어갈 알맞은 말을 쓰시오.

_____

_____

15 오늘 아침에 수확한 농산물을 먹을 수 있는 일이 가능해진 이유로 알맞은 것은 어느 것입니까? (   )

① 농업이 발달해서
② 교통수단이 발달하면서
③ 노년층 인구가 증가해서
④ 국민 총생산이 높아져서
⑤ 신도시로 인구가 분산돼서

16 우리나라의 교통 발달 모습으로 바르지 않은 것은 어느 것입니까? (   )

① 고속 국도가 크게 증가하였다.
② 항구와 공항의 수가 증가하였다.
③ 사람과 물자의 교류가 더욱 활발해졌다.
④ 원료를 공급받고 제품을 수출하기 쉬워졌다.
⑤ 인구가 수도권에 몰리며 지역 간 교류가 더욱 감소하였다.

서술형
17 교통의 발달이 산업에 미친 영향을 쓰시오.

_____

_____

18 아래의 글을 읽고, ㉠과 ㉡에 알맞은 말을 쓰시오.

> 1970년대에 이루어진 경부 고속 국도 완공은 전 국토의 ㉠ 시대를 앞당겼고, 2004년에는 고속 철도가 개통되면서 ㉡ 이 가능해졌습니다.

㉠ (   )
㉡ (   )

관련 교과서 돋보기

우리나라의 교통 발달 모습
• 경부 고속 국도를 시작으로 전 국토가 일일생활권 안에 들게 되었다.
• 2004년 고속 철도가 개통되며 일일생활권을 넘어 반나절 생활권이 가능해졌다.

19 다음은 무엇에 대한 기사인지 쓰시오.

> ○○신문   20○○년 ○○월 ○○일
> ### 서울에서 부산까지, 단 2시간 40분
> 2004년 4월 1일, 서울에서 부산을 잇는 ㉠ 가 개통되었다. ㉠ 는 기존의 우리나라에서 가장 빠른 기차였던 새마을호보다 절반 가까이 빠른 열차다.

(   )

20 산업의 발달로 인한 영향으로 알맞은 것은 어느 것입니까? (   )

① 출산율이 높아진다.
② 도시 인구가 줄어든다.
③ 도시에 일자리가 많아진다.
④ 지역 간 인구 이동이 감소한다.
⑤ 원료와 제품의 수송이 빨라진다.

[1~2] 다음 글을 읽고, 물음에 답하시오.

> 세계 [㉠] 선언
>
> **제1조:** 모든 사람은 태어날 때부터 자유롭고 존엄하며 평등하다.
> **제2조:** 모든 사람은 인종, 피부색, 성, 언어, 종교 등 어떤 이유로도 차별 받지 않으며, 이 선언에 나와 있는 모든 [㉡]와 자유를 누릴 자격이 있다.

1 위 글 ㉠에 들어갈 알맞은 말을 쓰시오.

( )

2 위 글의 ㉡에 들어갈 알맞은 말은 어느 것입니까?

( )

① 평등   ② 권리   ③ 존엄
④ 의무   ⑤ 권력

3 오른쪽 사진은 누구의 인권을 보호하기 위한 것입니까?

( )

① 노인   ② 장애인
③ 어린이   ④ 임산부
⑤ 외국인

⟨서술형⟩

4 임산부의 인권을 존중하기 위한 방법을 한 가지 쓰시오.

_____

_____

5 생활 속에서 인권을 존중하는 모습으로 알맞지 <u>않은</u> 것은 어느 것입니까? ( )

① 장애인들을 위해 전용 화장실을 만든다.
② 사람들이 쾌적하게 쉴 수 있는 공원을 만든다.
③ 어린이를 위해 높이가 낮은 세면대를 설치한다.
④ 휠체어를 이용하는 사람을 위해 계단을 만든다.
⑤ 몸이 불편한 사람을 방문해 필요한 물품을 제공한다.

6 아래의 시를 쓴 인물이 받은 사회적인 차별로 알맞은 것은 어느 것입니까? ( )

> 역양에서 자란 오동나무 한 그루
> 차가운 비바람 속에 여러 해를 견뎠네.
> 다행히 보기 드문 장인이 알아보고
> 베어다가 거문고를 만들었네.
> 그 거문고로 한 곡조 타보았건만
> 세상에 알아주는 사람이 없네.
>
> – 『견흥』 중에서 –

① 서자라는 이유로 차별받았다.
② 어린이라는 이유로 이유 없이 무시당했다.
③ 외국인이라는 이유로 글을 배우지 못했다.
④ 여성이라는 이유로 재능을 인정받지 못했다.
⑤ 장애인이라는 이유로 온종일 일을 해야 했다.

🔍 **관련 교과서 돋보기**

안타까운 현실을 시에 담아낸 허난설헌
• 조선 시대에는 학문을 익히고 사회에서 재능을 발휘하는 것은 남자의 일이라 여겼다.
• 허난설헌은 가족의 지원으로 학문을 익히고 재능을 키웠지만, 여자라는 이유로 재능을 인정받지 못했다.
• 그녀가 죽은 뒤, 그녀의 재주를 안타깝게 여긴 허균이 그녀의 시집을 만들었고, 그녀의 작품은 세상에 널리 알려졌다.

7 방정환은 누구의 인권 향상을 위해 노력한 인물입니까? (   )

① 서자   ② 임산부   ③ 외국인
④ 장애인   ⑤ 어린이

8 다음 중 시각 장애인들의 인권 향상을 위해 노력한 인물은 누구입니까? (   )

① 헬렌 켈러   ② 넬슨 만델라
③ 테레사 수녀   ④ 마틴 루서 킹
⑤ 메리 울스턴크래프트

9 다음 글의 빈칸에 들어갈 알맞은 말을 쓰시오.

> ☐☐☐는 조선 시대에 사형과 같은 무거운 형벌을 받게 된 경우 신분에 관계없이 세 번의 재판을 거치도록 하는 제도다.

(   )

10 우리 조상들의 인권 존중을 위한 노력으로 알맞지 <u>않은</u> 것은 어느 것입니까? (   )

① 가난한 사람들을 무료로 치료해 주던 활인서
② 평민들이 양반을 피하기 위한 골목인 피맛골
③ 대궐 밖의 북을 쳐서 억울함을 알리던 신문고
④ 시각 장애인들이 참여하던 국가 행사인 명통시
⑤ 가난한 사람들에게 곡식을 나누어 주던 진제장

🔍 관련 교과서 돋보기

조상들의 인권 향상을 위한 노력
• 동서 대비원/활인서: 몸이 아픈 가난한 사람들을 무료로 치료해 주던 곳
• 명통시: 시각 장애인들이 참여하던 국가 행사
• 진제장: 가난한 사람들에게 무료로 곡식을 나누어 주던 곳

11 다음 역할극에서 확인할 수 있는 옛날의 인권 신장을 위한 제도를 쓰시오.

> #4 경복궁 앞 어느 길가
>
> 임금: 오랜만에 행차를 나오니 좋구나. 잠깐, 어디서 무슨 소리가 들리지 않느냐?
> 신하: 멀어서 잘 들리지는 않지만, 분명 꽹과리 소리옵니다, 전하.
> 여인: (꽹과리를 치며) 억울하오! 억울하오! 내 남편이 억울하게 감옥에 갇혔소!
> 임금: 가마를 멈추어라. 저 여인의 말을 들어봐야겠구나.

(   )

[12~13] 다음 그림을 보고, 물음에 답하시오.

12 위의 (가)에 나타난 모습은 어떤 사례입니까? (   )

① 편견   ② 차별   ③ 폭행
④ 사이버 폭력   ⑤ 사생활 침해

13 인권 보장이 필요한 사례 중 위의 (나)와 같은 사례는 어느 것입니까? (   )

① 피부색이 달라 놀림 받는 현관이
② 친구의 몸무게를 말하고 다닌 관철이
③ 1주일 넘게 야근을 한 계준이네 아버지
④ 몸이 불편해서 혼자 병원에 가기 어려운 영석이
⑤ 부모님이 모두 해외여행을 가 7일간 혼자 있던 예림이

14 인권 보장을 위해 다양한 사회 보장 제도를 만들어 시행하는 곳을 두 곳 고르시오. (　　,　　)

① 국가 　　　　② 학교
③ 시민 단체 　　④ 지방 자치 단체
⑤ 국가 인권 위원회

15 다음 중 지방 자치 단체가 인권 보장을 위해 하는 노력으로 알맞지 <u>않은</u> 어느 것입니까? (　　　)

① 주민들에게 인권 교육을 실시한다.
② 취약 계층에게 무료로 예방 접종을 한다.
③ 재판을 통해 인권을 침해받은 주민을 구제한다.
④ 시각 장애인을 위해 점자 블록과 안내판을 설치한다.
⑤ 실업자에게 경제적 지원을 하는 사회 보장 제도를 운영한다.

[16~17] 다음 사진을 보고, 물음에 답하시오.

ㄱ 　ㄴ

ㄷ 　ㄹ

16 위의 사진 중 시각 장애인의 인권을 보장하기 위한 노력을 모두 고르시오.

(　　　　　　　)

17 위의 사진 중 노인과 저시력자의 인권을 보장하기 위한 노력을 고르시오.

(　　　　　　　)

• 서술형 •

18 국가 인권 위원회가 국민의 인권을 보장하기 위해 하는 일을 한 가지 쓰시오.

_____

_____

🔍 관련 교과서 돋보기

국가 인권 위원회가 인권 보장을 위해 노력한 사례
• 인종 차별을 유발하는 크레파스 색깔 이름 변경 요구
• 사형제, 청소년 셧다운제 관련 의견 표명
• 학생용 인권 교육 프로그램, 인권 영화 제작 등

19 일상생활에서 인권을 존중하는 태도로 알맞지 <u>않은</u> 것은 어느 것입니까? (　　　)

① 임산부에게 자리 양보하기
② 인권을 존중하는 말 사용하기
③ 다른 사람에게 관심 기울이기
④ 다른 사람의 입장이 되어 생각하기
⑤ 피부색이 다른 사람을 보면 영어로 인사하기

20 다음 그림은 인권 보호를 실천하는 방법 중 어느 것입니까? (　　　)

① 표어 제작하기 　　② 포스터 제작하기
③ 관공서에 건의하기 ④ 필요한 시설 만들기
⑤ 시민 단체 활동 참여하기

1 우리나라 법 중에 가장 높은 효력을 갖는 최고의 법은 무엇인지 쓰시오.

(   )

2 다음 중 헌법에 대해 잘못 이해하고 있는 친구는 누구입니까? (   )

① 준영: 다른 법들은 헌법에 어긋나선 안 돼.
② 수진: 국민이 국가의 주인임을 밝히고 있어.
③ 호진: 헌법을 바꿀 때에는 국민 투표를 해야 해.
④ 성호: 국민의 인권은 개인이 알아서 보장해야 함을 분명히 밝히고 있어.
⑤ 민정: 모든 국민이 존중받으며 살아가는 데 필요한 내용을 담고 있어.

3 아래 글을 읽고, 각 ㉠~㉢에 들어갈 알맞은 말을 쓰시오.

> **대한민국 헌법 제10조**
> 모든 국민은 인간으로서의 ㉠ 과 가치를 가지며, ㉡ 을 추구할 권리를 가진다. 국가는 개인이 가지는 불가침의 기본적 ㉢ 을 확인하고 이를 보장할 의무를 가진다.

㉠ (   )
㉡ (   )
㉢ (   )

• 서술형 •
4 제헌절의 의미를 쓰시오.

_____

_____

🔍 관련 교과서 돋보기

제헌절
• 최초의 헌법인 제헌 헌법이 공포된 1948년 7월 17일을 기념하기 위한 날이다.
• 제헌 헌법을 바탕으로 1948년 8월 15일 대한민국 정부가 수립되었다.

5 헌법에 담겨 있는 내용이 <u>아닌</u> 것은 어느 것입니까?

(   )

① 국민의 권리   ② 국민의 의무
③ 외국인의 인권   ④ 국가 기관 운영
⑤ 국가 기관 구성

6 헌법의 내용을 바꾸거나 새로 정할 때에 해야 하는 것은 어느 것입니까? (   )

① 헌법 재판   ② 국민 투표
③ 국무 회의   ④ 서명 운동
⑤ 대통령의 결정

[7~8] 다음 글을 읽고, 물음에 답하시오.

> ○○신문   20○○년 ○○월 ○○일
> ㉠ , 인터넷 실명제 위헌 결정
>   ㉠ 는 인터넷 게시판에 글이나 댓글을 쓰려면 사용자 실명을 확인하도록 한 인터넷 실명제에 대해 헌법에 어긋난다고 판단했다.

7 위 글의 ㉠에 들어갈 알맞은 기관은 어디인지 쓰시오.

(   )

8 위 글과 같은 헌법 재판을 신청하는 주체로 알맞은 것은 어느 것입니까? (   )

① 국민   ② 대통령   ③ 국회 의원
④ 시민 단체   ⑤ 국가 인권 위원회

9 다음 중 국민의 기본권에 해당하는 것이 <u>아닌</u> 것은 어느 것입니까? (   )

① 자유권   ② 평등권   ③ 참정권
④ 초상권   ⑤ 청구권

10 다음 그림을 통해 알 수 있는 국민의 기본권을 쓰시오.

(   )

11 다음 글을 읽고, 빈칸에 알맞은 말을 쓰시오.

대한민국 국민이 국내 주소지가 없다는 이유로 국민 투표를 할 수 없도록 한 법은 헌법이 보장한 국민의 기본권중 하나인 [   ]을 침해한 것이므로 '위헌'입니다.

(   )

12 아래의 헌법이 보장하는 국민의 기본권으로 알맞은 것은 어느 것입니까? (   )

제27조 제1항
　모든 국민은 헌법과 법률이 정한 법관에 의하여 법률에 의한 재판을 받을 권리를 가진다.

① 청구권   ② 참정권   ③ 평등권
④ 사회권   ⑤ 자유권

13 다음 국민의 기본권에 대한 설명 중 바르지 <u>않은</u> 것은 어느 것입니까? (   )

① 헌법으로 보장하고 있다.
② 어떠한 경우에도 절대 제한할 수 없다.
③ 생활 곳곳에서 보장되는 모습을 확인할 수 있다.
④ 개인의 자유와 권리를 최대한 보장하기 위한 것이다.
⑤ 국가는 국민의 기본권을 보장하기 위해 적극적으로 노력해야 한다.

·서술형·
14 헌법이 정한 국민의 의무를 모두 쓰시오.

_____

_____

15 다음 중 국민의 기본권인 동시에 국민의 의무인 것을 모두 고르시오. (   )

① 교육의 의무   ② 국방의 의무
③ 근로의 의무   ④ 납세의 의무
⑤ 환경 보전의 의무

🔍 관련 교과서 돋보기

국민의 기본권이자 국민의 의무

	기본권	의무
교육	사회권	교육의 의무
근로	자유권	근로의 의무
환경 보전	사회권	환경 보전의 의무

[16~17] 다음 사진을 보고, 물음에 답하시오.

(가) 　　(나)

(다) 　　(라)

16 (가)~(라)에서 확인할 수 있는 국민의 의무에 대한 내용이 <u>아닌</u> 것은 어느 것입니까? (　　　　)

① 모든 국민은 세금을 내야 할 의무가 있다.
② 모든 국민은 나와 가족, 국가를 지킬 의무가 있다.
③ 모든 국민은 개인과 나라의 발전을 위해 일을 할 의무가 있다.
④ 모든 기업과 국민, 국가는 환경 보전을 위해 노력해야 할 의무가 있다.
⑤ 모든 국민은 자녀가 잘 성장할 수 있도록 교육을 받게 할 의무가 있다.

17 다음 헌법 조항과 관련 있는 사진은 어느 것입니까?

> 제31조
> 　모든 국민은 그 보호하는 자녀에게 적어도 초등 교육과 법률이 정하는 교육을 받게 할 의무를 진다.

(　　　　)

[18~20] 다음 그림을 보고, 물음에 답하시오.

(가)　　(나)

> 시골의 내 땅에 나무를 베고 공장을 지어야겠다.

> 이곳은 생태 보호 지역으로 지정한 곳이니 공장을 지을 수 없습니다.

18 (나)가 (가)에게 주장할 수 있는 국민의 의무로 알맞은 것은 무엇입니까? (　　　　)

① 교육의 의무　　　② 국방의 의무
③ 근로의 의무　　　④ 납세의 의무
⑤ 환경 보전의 의무

19 (나)의 말을 듣고 (가)가 주장할 수 있는 헌법에 나타난 권리를 쓰시오.

(　　　　　　　　　　)

◆서술형◆
20 (가)와 (나)와 같이 국민의 권리와 의무가 충돌할 때 필요한 태도를 쓰시오.

_____

_____

1 다음 중 법에 대한 설명으로 알맞지 <u>않은</u> 것은 어느 것입니까? (   )

① 지키지 않으면 제재를 받는다.
② 국가에 속한 사람들의 행동 기준이다.
③ 대통령과 국회 의원은 지키지 않아도 된다.
④ 사회의 변화에 따라 고치거나 새로 만들 수 있다.
⑤ 사회 질서 유지와 국민의 안전을 위해 만들어진 규칙이다.

2 다음 중 법으로 제재를 받는 행위를 모두 고르시오.
(   )

① 임산부 배려석에 앉는다.
② 선생님께 인사를 하지 않는다.
③ 가게에서 몰래 물건을 훔친다.
④ 학교 앞에서 무단 횡단을 한다.
⑤ 프로그램을 무단으로 복제한다.

•서술형•

3 법과 도덕의 차이점을 쓰시오.

_____

_____

4 다음 글의 각 ㉠과 ㉡에 알맞은 말을 쓰시오.

> 우리 사회는 ㉠ 를 유지하고 사람들의 ㉡ 을 지켜주기 위해 법을 만들었습니다.

㉠ (   )
㉡ (   )

5 다음 글에서 알 수 있는 법의 성격으로 알맞은 것은 어느 것입니까? (   )

> 교통사고 위험을 방지하기 위해 보행자 통행이 많은 도로에서의 최고 속도를 기존의 시속 60km 에서 50km로 낮췄다.

① 법은 절대적이다.
② 국가마다 다양한 법이 있다.
③ 범죄자를 처벌하기 위해 존재한다.
④ 법을 지키지 않으면 제재를 받는다.
⑤ 사회의 변화에 따라 고치거나 새로 만들 수 있다.

6 다음 사진과 관련 있는 법은 어느 것입니까?
(   )

① 「도로 교통법」
② 「식품 위생법」
③ 「학교 폭력 예방법」
④ 「어린이 놀이 시설 안전 관리법」
⑤ 「어린이 식생활 안전 관리 특별법」

7 「도로 교통법」으로 통행을 관리하는 이유로 가장 알맞은 것은 어느 것입니까? (   )

① 빠른 통행을 위해
② 안전한 통행을 보장하기 위해
③ 자동차의 개수를 규제하기 위해
④ 대중 교통 이용을 권장하기 위해
⑤ 원활한 교통 흐름을 유지하기 위해

8 다음 글에서 밑줄 친 법은 무엇인지 쓰시오.

> ○○월 ○○일 맑음
> 　오늘 학교에 경찰 선생님이 오셔서 교육을 해 주셨다. 몇몇 친구들은 듣기 싫어 했지만, 이 교육은 법에 따라 학생들이 반드시 들어야 한다고 말씀하셨다. 선생님은 학교 폭력을 예방하기 위한 여러 내용을 알려주셨다.

(　　　　　　)

[9~10] 다음 보고서를 읽고, 물음에 답하시오.

> **「식품 위생법」에 대해 알아보기**
> • 조사 내용
> ▶ 많은 사람의 식중독을 예방한다. ──── ①
> ▶ 안전 관리를 철저히 하도록 한다. ──── ②
> ▶ 새치기 하는 학생은 엄하게 처벌한다. ── ③
> ▶ 품질이 우수한 식재료를 사용해야 한다. ─ ④
> ▶ 건강을 위한 음식을 충분히 제공해야 한다. ─ ⑤

9 위의 보고서에서 잘못된 내용은 어느 것입니까?
(　　)

10 위의 보고서를 토대로 추가 조사를 하려고 할 때, 방문할 곳으로 알맞지 않은 것은 어느 것입니까?
(　　)

① 병원　　② 식당　　③ 산업체
④ 가정집　　⑤ 사회 복지 시설

> **관련 교과서 돋보기**
> 「식품 위생법」
> • 올바른 식품 정보를 제공해야 한다.
> • 식품의 안전한 유통과 국민의 건강 증진을 목적으로 하는 법이다.
> • 사람이 많이 모여서 함께 먹는 곳은 모두 「식품 위생법」의 적용을 받는다.

11 우리 생활과 관련된 법을 조사하는 방법으로 알맞지 않은 것은 어느 것입니까? (　　)

① 전문가에게 여쭤본다.
② 법과 관련된 책을 찾아본다.
③ 설문지를 만들어 친구들에게 물어본다.
④ 뉴스나 신문에서 관련 기사를 조사한다.
⑤ 국가 법령 정보 센터 누리집을 방문한다.

12 우리 생활에서 법이 필요한 까닭으로 알맞은 것을 모두 고르시오. (　　)

① 세금을 걷기 위해서
② 과학 기술의 발전을 위해서
③ 사회 질서를 유지하기 위해서
④ 우리나라의 위상을 높이기 위해서
⑤ 개인의 생명과 재산을 보호해 주기 위해서

[13~14] 다음 사진을 보고, 물음에 답하시오.

(가) 　　(나)

서술형

13 (가)에서 확인할 수 있는 법의 역할을 쓰시오.

_____

_____

14 (가)와 (나)에 어울리는 제목으로 알맞은 것은 어느 것입니까? (　　)

① 개인의 권리를 보장해 주는 법
② 사회 질서를 유지하기 위한 법
③ 일상생활 속에서 쉽게 확인할 수 있는 법
④ 법이 적용된 사례를 나타내는 다양한 방법
⑤ 법으로 제재를 받는 행동과 받지 않는 행동

15 사회 질서를 유지하기 위해 법이 하는 역할이 <u>아닌</u> 것은 어느 것입니까? (   )

① 교통사고를 예방한다.
② 개인 정보를 보호한다.
③ 질병이나 감염병을 예방한다.
④ 범죄로부터 안전하게 지켜 준다.
⑤ 환경 파괴와 오염을 예방해 준다.

16 법을 지켜야 하는 까닭으로 알맞지 <u>않은</u> 것은 어느 것입니까? (   )

① 법을 지키지 않으면 사회가 혼란해지기 때문에
② 법을 지키지 않으면 처벌을 받을 수 있기 때문에
③ 법을 지키지 않으면 내 권리가 제한받을 수 있기 때문에
④ 법을 지키지 않으면 다른 사람에게 피해를 주기 때문에
⑤ 법을 지키지 않으면 우리나라의 위상이 떨어지기 때문에

17 아래 그림의 ㉠에 해당하는 사람들로 알맞은 것은 어느 것입니까? (   )

㉠ (으)로 인해 화재를 진압하는 데 어려움을 겪어 피해가 더욱 커졌어요.

① 남의 집 앞에 쓰레기를 버린 사람들
② 화재 현장을 지켜보다 지각한 사람들
③ 골목 주변에 불법으로 주차한 사람들
④ 물건을 계산하지 않고 가져간 사람들
⑤ 악성 댓글로 거짓 사실을 퍼트린 사람들

[18~20] 다음 대화를 읽고, 물음에 답하시오.

㉠: ㉢은 ○○씨가 제작한 영화를 무단으로 복제하여 인터넷에 유통했습니다.
㉡: 단순한 호기심으로 한 행동을 처벌하는 것은 너무 심하다고 생각합니다.
㉢: 죄송합니다. 다시는 그러지 않겠습니다.
㉣: 판결하겠습니다. ㉢의 행동은 | (가) |을 위반한 행동이므로, 벌금 800만원을 선고합니다.

18 각 ㉠~㉣의 이름을 알맞게 연결하시오.

㉠ •   • 판사
㉡ •   • 검사
㉢ •   • 변호사
㉣ •   • 피고인

19 위 대화의 (가)에 들어갈 알맞은 법은 어느 것입니까?
(   )

① 「저작권법」   ② 「식품 위생법」
③ 「도로 교통법」   ④ 「차별 금지법」
⑤ 「국민 건강 증진법」

20 위의 대화를 보고 알 수 있는 사실을 아래와 같이 요약할 때, 빈칸에 알맞은 말을 쓰시오.

그 사람이 정말로 죄를 지었는지 확인하고, 법을 어기는 행동을 한 것이 분명할 때에는 자신의 행동에 맞는 책임을 지도록 _____을 실시한다.

(   )

1회   1. ① 국토의 위치와 영역   1~3쪽

1 위도   **2** 경도   **3** ⑤   **4** 아시안 하이웨이   **5** 영역   **6** ④   **7** 영공   **8** 독도   **9** 경은   **10** 비무장 지대   **11** ④   **12** 예 포스터 그리기, 시 쓰기, 만화 그리기, 노래 가사 바꾸어 부르기   **13** 북부 지방   **14** ②, ⑤   **15** 예 큰 산맥이나 하천   **16** 철령관   **17** 예 조령 고개의 남쪽에 있기 때문이다.   **18** ㉠ 홍성 ㉡ 안동 ㉢ 무안   **19** ⑤   **20** 세종특별자치시

풀이

1 남북을 각각 90°로 나누어 북쪽과 남쪽의 위치를 나타냅니다.

2 동서를 각각 180°로 나누어 동쪽과 서쪽의 위치를 나타냅니다.

3 우리 국토는 아시아 대륙의 동쪽에 있으며, 북위 33°~43°, 동경 124°~132°에 위치하고 있습니다.

4 대륙과 해양을 연결하는 곳에 위치한 우리나라의 위치적 장점을 잘 보여 주는 사례입니다.

5 주권이란 다른 나라의 간섭 없이 나라의 중요한 일을 스스로 결정하는 권리를 말합니다.

6 영해는 한 나라의 주권이 미치는 바다의 범위로, 해안선으로부터 12해리(약 22km)까지입니다. 동해안은 썰물일 때의 해안선을 기준선으로 하고, 서해안과 남해안은 가장 멀리 있는 섬들을 직선으로 그은 선을 기준선으로 합니다.

7 우리나라의 주권이 미치는 하늘로, 우리나라의 허가 없이 비행할 수 없습니다.

8 울릉도에서 남동쪽으로 87.4 km 떨어진 화산섬입니다.

9 우리나라의 북쪽 끝은 유원진, 동쪽 끝은 독도, 서쪽 끝은 마안도입니다.

10 남과 북이 서로 대치하면서 군인이나 무기를 원칙적으로 배치하지 않기로 한 곳입니다.

11 국토를 사랑하는 마음을 담아 만드는 신문이기 때문에 내가 국토를 위해 한 일도 소개하면 좋습니다.

12 우리 국토를 사랑하는 마음을 시나 그림 등 여러 가지 작품의 형태로 표현할 수 있습니다.

13 전통적인 지역 구분에 의해 멸악산맥 북쪽 지역만을 의미했던 북부 지방은 지금은 6·25 전쟁 이후 형성된 휴전선 북쪽의 북한 지역 전체를 의미합니다.

14 금강과 소백산맥을 기준으로 중부 지방과 남부 지방을 구분하고 있습니다.

15 국토의 모양이 남북으로 긴 우리나라는 주로 큰 산맥이나 하천을 중심으로 북부 지방, 중부 지방, 남부 지방으로 구분하였습니다.

16 철령관을 기준으로 서쪽 지방을 '관서', 북쪽 지방을 '관북', 동쪽 지방을 '관동'이라고 합니다.

17 지도를 보면 영남 지방은 조령(문경 새재)의 남쪽에 있습니다.

18 충청남도는 홍성에, 경상북도는 안동에, 전라남도는 무안에 도청이 있습니다.

19 특별시, 특별자치시, 광역시에는 시청이 있고, 도와 특별자치도에는 도청이 있습니다.

20 수도권의 과도한 집중을 막고 국가의 균형 발전을 목적으로 만들어진 도시입니다.

1회   1. ② 우리 국토의 자연환경   4~6쪽

1 평야   **2** 해안   **3** ②   **4** 동쪽, 서쪽   **5** 예 대부분 동쪽에서 서쪽 방향으로 흐른다.   **6** ②   **7** ③   **8** ⑤   **9** 산지   **10** ④   **11** 낮아진다   **12** 동해안   **13** ②, ④   **14** 서울   **15** 예 겨울에 눈이 많이 내리기 때문이다.   **16** 홍수   **17** ③   **18** 내진 설계   **19** ①   **20** 폭염

풀이

1 사람들이 모여 살기 좋은 자연환경이어서 도시가 발달하기도 하는 지형입니다. 우리나라의 대도시는 주로 하천 유역의 평야에 발달해 있습니다.

2 삼면이 바다로 둘러싸인 우리나라는 이 지형이 많이 나타납니다.

3 빗물과 지하수가 낮은 곳으로 흘러가며 만든 크고 작은 물줄기를 하천이라고 합니다.

4 우리나라의 북동쪽에는 높고 험한 산지가 주로 분포하고, 남서쪽에는 낮은 산지나 평야가 분포하고 있습니다.

5 하천은 높은 곳에서 낮은 곳으로 흐르기 때문에 우리나라의 큰 하천은 대부분 동쪽에서 서쪽 방향으로 흐르거나 황해나 남해로 흐릅니다.

6 강원도는 이 산맥을 경계로 영동 지방과 영서 지방으로 나뉩니다.

7 강의 발원지를 제외한 대부분의 유역이 영남 지방에 있기에 영남의 젖줄로 불립니다.

8 우리나라는 삼면이 바다로 둘러싸여 있으며, 동해안은 해안선이 단조롭고, 서해안과 남해안은 해안선이 복잡합니다. 남해안은 크고 작은 섬이 많으며, 서해안은 밀물과 썰물의 차가 커서 갯벌이 발달했습니다.

9 높은 산지에서는 경사가 완만한 곳에서 여름철의 서늘한 기후를 이용하여 채소를 재배하거나 가축을 기릅니다.

10 우리나라의 가을은 주로 맑은 날이 많고 건조하며, 짧은 장마가 나타나기도 합니다. 덥고 습한 바람이 불어오는 계절은 여름입니다.

11 저위도인 남부 지방으로 갈수록 기온이 높아지고 고위도인 북부 지방으로 갈수록 기온이 낮아집니다.

12 비슷한 위도에 있는 동해안의 강릉과 서해안의 인천의 평균 기온을 비교해 봅니다.

13 동해안은 태백산맥이 차가운 바람을 막아 주고, 동해의 수심이 황해보다 깊어 수온이 따뜻하기 때문에 겨울철에 서해안보다 따뜻합니다.

14 서울은 연평균 강수량의 절반 이상이 여름에 집중될 정도로, 여름과 겨울의 강수량 차이가 큽니다.

15 겨울에 눈이 많이 내리는 울릉도는 집 입구가 눈으로 막힐 때를 대비해 집 안에서 생활이 가능하도록 우데기라는 외벽을 설치하여 통로를 확보하였습니다.

16 이 자연재해를 예방하기 위해서 댐이나 제방을 설치합니다.

17 지진은 산사태, 화재, 해일 등이 함께 일어나 많은 인명과 재산 피해를 입히기도 합니다.

18 정부는 지진 피해에 대비하려고 건물을 지을 때 내진 설계를 강화하는 대책을 펼치고 있습니다.

19 우리나라에서 발생하는 여러 가지 자연재해 중 한 가지를 정하는 일이 조사 과정 중 가장 먼저 해야 할 일입니다.

20 폭염으로 인한 무더위 피해를 줄이기 위해 햇빛 그늘막 시설을 설치합니다.

1회   1. ③ 우리 국토의 인문환경
7~9쪽

1 ④   **2** 고령 사회   **3** 예 노년층 인구 비율이 높아질 것이다.   **4** ㉠ 낮게 ㉡ 높게   **5** 농업   **6** ④, ⑤   **7** ①   **8** ②   **9** 세종   **10** ④   **11** ㉡   **12** ②   **13** ㉣   **14** ①   **15** 관광 산업   **16** 예 지역마다 자연환경이나 인문환경이 서로 다르기 때문이다.   **17** 첨단 산업   **18** 경부 고속 국도   **19** 경부 고속 철도   **20** ②

·풀이·

1 인구 구조란 성, 연령 등을 기준으로 한 어떤 인구 집단의 구성 상태를 말합니다. ④는 인구 분포의 변화입니다.

2 전체 인구 중 노년층 인구 비율이 7% 이상이면 고령화 사회, 14% 이상이면 고령 사회, 20% 이상이면 초고령 사회로 구분합니다.

3 출산율이 낮아지고 평균 수명이 늘어나고 있기 때문에 유소년층 인구 비율은 낮아지고 노년층 인구 비율은 높아질 것으로 예상됩니다.

4 인구 밀도는 일정한 지역의 단위 면적에 대한 인구수의 비율을 말합니다.

5 벼농사에 유리한 평야 지역에 사람들이 많이 모여 살고 있어 인구 밀도가 높습니다.

6 산업이 발달한 수도권과 대도시에 인구가 밀집해 있습니다.

7 인구가 줄어드는 촌락에는 일손 부족, 교육 및 의료 시설 부족 등의 문제가 발생합니다.

8 고양은 서울의 인구를 분산하려고 만든 일산 주거 단지가 있는 도시입니다.

9 정부 종합 청사에 있었던 정부의 여러 기관을 세종특별자치시로 이전하여 수도권에 집중된 인구와 기능을 분산하였습니다.

10 시흥과 안산은 공업 기능, 성남과 고양은 주거 기능을 분담하는 수도권의 신도시입니다.

11 태백산 공업 지역은 풍부한 지하자원을 바탕으로 원료 산업이 발달한 공업 지역입니다.

12 ㉂은 남동 임해 공업 지역으로, 원료 수입과 제품 수출에 유리한 입지 조건으로 인해 철강, 조선, 자동차, 석유 화학 등 중화학 공업이 발달하였습니다.

13 대구광역시를 중심으로 하는 공업 지역으로 섬유 공

업 단지가 있으며, 패션 산업이 발달한 지역입니다.

14 1960년대에는 섬유, 신발 등의 경공업이, 1970~1980년대에는 조선, 제철, 석유 화학, 자동차 등 중화학 공업이 발달했습니다.

15 독특한 자연 경관이 많은 제주도나 문화유산이 많은 경주 같은 지역은 관광 산업이 발달했습니다.

16 산업이 지역별로 서로 다르게 발달한 까닭은 지역마다 가진 자연환경(독특한 자연 경관이나 지하자원 등)이나 인문환경(편리한 교통, 넓은 소비 시장 등)이 서로 다르기 때문입니다.

17 첨단 기술을 바탕으로 한 산업이기 때문에 첨단 산업이라고 불립니다.

18 우리나라를 대각선으로 가로지르는 도로로, 흔히 '국토의 대동맥'이라고 불립니다.

19 서울에서 부산까지 약 2시간 40분 안에 갈 수 있어 반나절 생활권이 가능해졌습니다.

20 교통이 발달하면 지역 간 교류가 더욱 활발해지고, 주요 교통로를 따라 인구와 경제활동이 집중되며, 산업이 발달한 지역을 잇는 교통망을 통해 경제활동이 더욱 활발해집니다.

1회   2. ① 인권을 존중하는 삶   10~12쪽

1 인권   **2** ②   **3** 어린이 보호 구역   **4** 장애인
5 예 키가 작은 사람이나 어린이도 이용할 수 있도록 하기 위해서   **6** 허균   **7** 방정환   **8** ⑤   **9** 신문고 제도   **10** 격쟁 제도   **11** 세 번   **12** 세계 인권 선언   **13** 예 옛날에도 사람들의 인권을 존중하고 보호하는 제도가 있었다.   **14** ④   **15** ①   **16** ㉢
17 노인이나 저시력자   **18** 국가 인권 위원회   **19** 사회 보장 제도   **20** ⑤

풀이

1 성별이나 피부색, 종교, 사회적 신분 등에 관계없이 모두가 존중받으며 살 권리를 말합니다.

2 출산 전후 휴가는 임산부의 임신/출산 등으로 인하여 소모된 체력을 회복시키기 위하여 실시하는 제도입니다.

3 유치원, 초등학교 등의 주변 도로에 어린이를 보호하기 위하여 필요하다고 인정하는 지역을 어린이 보호 구역으로 지정합니다.

4 공중 화장실에는 장애인들이 편리하게 이용할 수 있도록 장애인 전용 화장실이 만들어져 있습니다.

5 과거에는 지하철의 손잡이 높이가 일정해서 어린이나 키가 작은 이용객은 큰 불편함을 겪어야만 했습니다. 이러한 문제를 해소하고자 높낮이가 다른 손잡이의 설치를 확대하고 있습니다.

6 신분에 따라 차별받던 조선 시대 사람으로, 신분이 낮아 자신의 능력을 발휘할 기회조차 얻지 못하는 사람들의 처지를 안타깝게 생각하여 『홍길동전』을 지었습니다.

7 어린이가 어른과 동등한 인격체로 존중받아야 한다고 생각하여 어린이의 인권을 신장하는 데 평생을 힘쓴 분입니다.

8 흑인을 심하게 차별하던 미국에서 흑인의 인권을 보장하고자 비폭력 운동에 앞장선 사람입니다.

9 신문고는 임금이 백성들의 억울한 일을 직접 풀어 주기 위해 궁궐 밖에 매달아 두었던 북입니다.

10 신문고 제도가 폐지된 뒤 실시한 제도로, 조선 시대 영조와 정조 때에 활발하게 시행한 제도입니다.

11 삼복 제도는 오늘날 인권을 보장하는 제도로 이어져 법원의 삼심 제도가 있습니다.

12 모든 사람이 태어나면서부터 똑같은 권리를 지니며, 누구도 인권을 억압하거나 침해할 수 없다는 내용이 담겨 있습니다.

13 경국대전은 조선 시대의 법전으로, 인권 신장을 위한 여러 가지 제도에 관한 내용이 나타나 있습니다.

14 공정하지 못하고 한쪽으로 치우친 생각을 편견이라고 합니다.

15 장애가 있는 사람들의 인권을 보장하기 위해 우리 사회가 노력하는 사례들입니다.

16 ㉢은 점자로 공공시설을 편리하게 이용할 수 있도록 주변의 장소 정보를 알려 주는 시각 장애인용 점자 안내판 사진입니다.

17 도서관에서는 노인이나 저시력자 등 시력이 약한 사람들을 위해 글자가 1.5배 큰 책을 제공합니다.

18 인권을 침해할 우려가 있는 법이나 제도의 문제점을 찾아 개선하는 일을 하는 국가 기관이기도 합니다.

19 인권 보호를 위해 국가에서 운영하는 제도로, 모든

국민이 혜택을 받는 제도입니다.

20 일상생활에서 인권을 보호하기 위해 개인이나 단체, 국가 기관 등은 다양한 노력을 하고 있습니다.

1회   2. ② 헌법과 인권 보장   13~15쪽

1 헌법   **2** 국민   **3** ①   **4** 예 국민의 인권을 보장하기 위해서   **5** 국민 투표   **6** ②   **7** 국가 인권 위원회   **8** 헌법 재판소   **9** ⑤   **10** 사회권   **11** 공무 담임권   **12** 안전 보장   **13** ②   **14** ①   **15** ②   **16** ⓒ   **17** ㉣   **18** 환경 보전의 의무   **19** 예 권리와 의무를 조화롭게 실천하려는 태도가 필요하다.   **20** ④

풀이

1 모든 국민이 존중받고 행복한 삶을 살아가는 데 필요한 내용이 담겨 있는 법입니다.

2 헌법에는 우리나라가 민주 국가이고, 국가의 주인이 국민임을 명확히 밝히고 있습니다.

3 헌법은 국민 투표를 통해서 내용을 바꾸거나 새로 정할 수 있습니다.

4 국가는 국민의 인권을 보장할 의무가 있고, 국민의 인권을 함부로 침해해서는 안 됩니다.

5 국가의 중요한 일을 국민이 직접 투표하여 결정하도록 하는 제도를 말합니다.

6 헌법에 제시된 국민의 행복을 추구할 권리를 보장하기 위해 법원은 타당한 이유가 있으면 이름을 바꿀 수 있도록 허가해 주고 있습니다.

7 국가 인권 위원회는 비학생 청소년 차별 금지를 위한 청소년증 시행을 통한 청소년 할인제 시행을 권고하였습니다.

8 헌법이 추구하는 가치 및 국민의 자유와 행복의 보장과 관련된 다툼이나 위험이 발생했을 때 헌법 재판으로 이를 해결하여 헌법 질서를 지키는 기관입니다.

9 국가 의사 결정 과정에 참여할 수 있는 권리로, 선거권과 공무 담임권 같은 권리에 이에 속합니다.

10 인간답게 살 수 있도록 국가에 요구할 수 있는 권리를 말합니다.

11 국민이 공무원이 되어 국가나 공공 단체의 일을 담당

할 수 있는 권리를 공무 담임권이라고 합니다.

12 국민의 기본권이 제한될 수 있는 경우는 국가의 안전 보장, 사회 질서 유지, 공공의 이익 추구 등입니다.

13 국가의 간섭을 받지 않고 자유롭게 생각하고 행동할 수 있는 권리를 자유권이라고 합니다.

14 성별, 장애, 인종, 신분 등으로 차별받지 않고 누구나 똑같은 기회를 누릴 수 있는 권리는 평등권입니다.

15 위 사진들은 모두 국민의 의무를 나타냅니다.

16 헌법 제32조 제2항에는 '모든 국민은 근로의 의무를 진다'라는 조항이 있습니다.

17 '납세'는 세금을 낸다는 뜻으로, 세금을 낼 의무를 납세의 의무라고 합니다.

18 헌법 제35조 제1항에는 '국가와 국민은 환경 보전을 위하여 노력하여야 한다'라는 환경 보전의 의무가 담겨 있습니다.

19 권리와 의무 가운데 하나만 강조해서는 안 되고, 서로의 입장을 이해하고 권리와 의무를 조화롭게 추구하는 태도가 필요합니다.

20 우리 사회는 다양한 사람들이 함께 살아가고 있기 때문에 권리와 의무가 충돌하는 일이 발생합니다. 상대방의 의견을 존중하고 합리적으로 판단하는 태도를 가지는 것이 문제를 해결하는 바람직한 자세입니다.

1회   2. ③ 법의 의미와 역할   16~18쪽

1 ②   **2** ②   **3** 「학교 급식법」   **4** ①   **5** 「어린이 놀이 시설 안전 관리법」   **6** 「저작권법」   **7** ⑤   **8** ⑤   **9** 「소비자 기본법」   **10** 미성년자   **11** ①   **12** 예 국민이 가진 권리를 보호해 준다.   **13** 사회 질서   **14** 재판   **15** ㉠ 검사 ㉡ 변호사   **16** 피고인   **17** 판사   **18** ⑤   **19** 권리   **20** 예 법을 지키지 않는 행동은 다른 사람에게 피해를 준다.

풀이

1 건널목을 무단으로 횡단하는 행동은 자칫하면 생명을 잃을 수 있는 위험한 행동으로, 국가가 만든 강제성이 있는 규범인 법으로 제재를 받습니다.

2 법이 사회의 변화에 따라 맞지 않거나 인권을 침해할 때에는 법을 바꾸거나 새로 만들 수 있습니다.

3 법은 우리가 안심하고 살 수 있도록 우리 생활 곳곳에 함께하고 있습니다.

4 교통 사고가 나지 않도록 안전한 통행을 보장하는 법은 「도로 교통법」입니다.

5 어린이 놀이 시설이 안전한지 정기적으로 점검하도록 하여, 아이들이 안전하게 놀이터에서 놀 수 있도록 보호하는 역할을 하는 법입니다.

6 음악이나 영화, 출판물 등 창작물을 만든 사람의 저작권을 보호해 주는 법입니다.

7 ⑤는 「장애인 차별 금지법」에 관한 내용입니다.

8 「학교 폭력 예방 및 대책에 관한 법률」에서는 학교 폭력을 금지하고 있습니다.

9 소비자에게는 소비 생활에 피해가 있을 때 신속하고 공정한 절차에 따라 보상받을 권리가 있습니다.

10 성년이 아닌 사람으로, 민법상 만 18세 미만의 사람을 이릅니다.

11 법은 개인의 재산을 보호해 주지만 늘려 주지는 않습니다.

12 법은 국가나 다른 사람들이 개인의 자유와 권리를 침해하는 것을 막아 사람들의 권리를 보호해 줍니다.

13 범죄로부터 우리 사회를 안전하게 지켜 주는 것뿐만 아니라 교통사고를 예방하거나 자연환경이 파괴되지 않도록 보호해 주는 일도 사회 질서를 유지하는 일입니다.

14 법을 어겼을 때는 재판을 하여 다른 사람에게 피해를 준 사람의 권리를 제한하거나 강제로 책임을 지우기도 합니다.

15 법을 어긴 점에 대해 심판을 요청하는 사람은 검사고, 피고인을 대신해 권리를 주장하는 사람은 변호사입니다.

16 형사 소송에서 검사에 의하여 형사 책임을 져야 할 자로 공소 제기를 받은 사람을 피고인이라고 합니다.

17 검사와 변호인의 논쟁, 증인의 진술, 증거 등을 검토하여 법에 따라 판결을 내리는 사람입니다.

18 법은 공정하고 객관적인 판단 기준으로, 사람들 간에 분쟁을 해결해 주는 역할을 합니다. 법을 어기면 이 역할을 하지 못하게 됩니다.

19 법을 준수하면 자신의 권리뿐만 아니라 다른 사람의 권리도 지킬 수 있습니다.

20 우리 생활 속에서 법을 지키지 않아서 다른 사람에게 피해를 주는 사례입니다.

2회   1. ① 우리 국토의 위치와 영역   19~21쪽

1 ㉠ 적도 ㉡ 본초 자오선   **2** ④   **3** 예 대륙과 해양으로 나아가기 좋은 위치에 있다.   **4** ④   **5** ㉠ 영공 ㉡ 영토   **6** ②   **7** ⑤   **8** ③   **9** 예 우리 국토는 우리나라 사람들이 살아가는 삶의 터전이기 때문이다.   **10** ②   **11** ②   **12** ㉠ 멸악산맥 ㉡ 휴전선   **13** ④   **14** ③, ④   **15** ⑤   **16** 조령(문경 새재)   **17** ㉠ 영서 ㉡ 영동   **18** ①   **19** ⑤   **20** ①

풀이

1 위도는 적도를 기준으로 북쪽과 남쪽을 나타내는 좌표고, 경도는 본초 자오선을 기준으로 동쪽과 서쪽을 나타내는 좌표입니다.

2 우리나라는 북쪽으로 대륙, 남쪽으로 태평양과 접하고 있습니다.

3 반도는 삼면이 바다와 맞닿아 있고 한 면은 육지와 연결되어 있기 때문에 대륙과 해양으로 진출하기에 좋습니다.

4 아시안 하이웨이가 모두 연결되면 우리나라에서 자동차를 타고 유럽까지 갈 수 있습니다.

5 한반도와 한반도에 속한 여러 섬을 영토, 우리나라 영토와 영해 위에 있는 하늘을 영공이라 합니다.

6 영해는 우리나라의 주권이 미치기 때문에 다른 나라 선박이 함부로 들어올 수 없습니다.

7 우리나라 영토의 남쪽 끝은 마라도입니다.

8 우리나라 영토의 동쪽 끝인 독도는 울릉도에서 남동쪽으로 약 87km 떨어져 있는 화산섬으로, 섬 전체가 천연기념물로 지정되어 있습니다.

9 국토는 우리 삶의 터전이고, 국토가 없으면 국가도 존재할 수 없기 때문에 소중히 여기고 사랑해야 합니다.

10 이외에도 국토를 지키고 있는 국군에게 응원의 편지 보내기, 평소에 국토에 관심을 갖고 공부하기 등이 있습니다.

11 국토 사랑 신문은 우리 국토의 아름다움이 드러나게 써야 합니다.

12 예전에는 멸악산맥 위쪽을 북부 지방이라고 불렀고, 오늘날에는 휴전선 위쪽을 북부 지방이라고 부릅니다.

13 금강과 소백산맥을 기준으로 중부 지방과 남부 지방을 구분합니다.

14 우리나라는 산줄기, 고개, 강, 호수 등을 기준으로 지역을 구분하였고, 철령관이나 의림지 같은 요새 및 저수지를 기준으로 구분하기도 했습니다.

15 해서 지방은 경기만의 서쪽에 있어서, 호서 지방은 의림지 및 금강(호강)의 서쪽에 있어서, 영남 지방은 조령 고개의 남쪽에 있어서 영남 지방이라고 합니다.

16 영남 지방은 조령의 남쪽에 있어서 영남 지방이라고 불립니다.

17 관동 지방은 태백산맥을 기준으로 영동 지방과 영서 지방으로 나뉩니다.

18 평안도는 지역의 중심 도시였던 평양과 안주의 이름을 따서 정해진 이름입니다.

19 전라남도의 도청은 목포가 아닌 무안에 있습니다. 2005년에 전라남도 도청이 광주광역시에서 무안으로 이전되었습니다.

20 세종특별자치시는 대한민국 유일의 특별자치시입니다.

2회   1. ② 우리 국토의 자연환경   22~24쪽

1 ⑤   2 하천 주변의 넓고 평평한 땅이다. / 농사짓기가 좋다. / 사람들이 많이 모여 산다.   3 ④   4 지형도   5 ㉠ 대동강 ㉡ 한강 ㉢ 금강 ㉣ 영산강 ㉤ 낙동강   6 ㉮ 태백산맥 ㉯ 소백산맥   7 ⑤   8 ⑤   9 ㉠ 중위도 ㉡ 남쪽(남동쪽) ㉢ 북서쪽   10 ③   11 ④   12 우데기   13 ①, ②, ⑤   14 ②   15 (가) 황사 (나) 가뭄   16 ⑤   17 ③   18 ⑤   19 ㉘ 자연재해가 예상될 때 기상 특보를 발령하거나 재난 문자를 발송한다.   20 ②

풀이

1 하천은 빗물과 지하수 등이 모여 흐르는 물줄기입니다.

2 평야는 하천 주변의 넓고 평평한 지형이고, 농사짓기가 좋아서 사람들이 많이 모여 삽니다.

3 양식장은 수산물을 인공적으로 길러 번식하게 하는 곳으로, 해안을 이용하는 모습입니다.

4 땅의 생김새를 나타낸 지도로, 등고선이나 색 등으로 땅의 높낮이를 나타낸 지도는 지형도입니다.

5 우리나라의 강은 대부분 동쪽에서 서쪽으로 흐르고, 강의 이름은 위에서부터 대동강, 한강, 금강, 영산강입니다. 경상도에 있는 낙동강은 북쪽에서 남쪽으로 흐릅니다.

6 한반도의 오른쪽을 길게 가로지르는 산맥이 태백산맥, 태백산맥에서 갈라져 나온 산맥이 소백산맥입니다.

7 고도가 높은 산지가 주로 동쪽에 있기 때문에 대부분의 하천은 동쪽에서 서쪽으로 흐릅니다.

8 서해안은 밀물과 썰물의 차이가 커서 갯벌이 발달했으며, 갯벌에서 해산물이나 소금을 채취하고, 갯벌을 간척해 농경지나 공업용지로 사용하기도 합니다.

9 우리나라는 중위도에 위치하여 사계절이 나타나고, 계절별로 기온의 차이가 큽니다. 또한, 여름에는 남쪽의 바다에서 덥고 습한 바람이 불고, 겨울에는 북서쪽의 대륙에서 차고 건조한 바람이 불어옵니다.

10 우리나라 사람들은 가을에는 농작물을 수확하고, 산으로 단풍 구경을 갑니다.

11 차가운 북서풍을 막아주는 태백산맥과 수심이 깊은 동해의 영향으로 동해안의 겨울 기온은 서해안보다 높은 편입니다.

12 투막집은 눈이나 바람을 막고 집 안에서 생활하기 편리하도록 '우데기'라는 외벽을 설치했습니다.

13 온돌, 정주간과 터돋움집은 우리나라 기후에 적응한 독특한 생활 모습입니다.

14 대체로 남부 지방은 강수량이 많고, 북부 지방은 강수량이 적습니다.

15 (가)는 중국의 모래가 강한 바람으로 우리나라까지 날아와 가라앉는 황사, (나)는 오랫동안 비가 내리지 않아 땅이 갈라지는 가뭄입니다.

16 황사와 가뭄은 모두 봄에서 초여름 사이에 우리나라에서 발생하는 자연재해입니다.

17 태풍은 강한 비와 바람을 동반하여 큰 피해를 주는 자연재해입니다.

18 지진은 다른 자연재해에 비해 짧은 기간에 걸쳐 발생하지만 넓은 지역에 많은 피해를 입힙니다.

19 행정 안전부와 기상청은 자연재해가 예상될 때 기상 특보를 발령하거나 재난 문자를 발송하는 등 국민이 미리 대처할 수 있도록 해 줍니다.

20 무더위 그늘막은 폭염 피해를 대비해 설치한 시설입니다.

1 ④　2 ⑤　3 인구 피라미드　4 ⑩ 유소년층의 인구 비율이 더욱 감소할 것이다.　5 ①　6 ③　7 ③　8 ⑩ 주택 부족, 환경 오염　9 ④　10 혁신 도시　11 ⓒ, ⓔ, ⊙, ⓒ　12 ⑤　13 ①　14 ⑩ 수입과 수출에 유리한 항구가 발달해서　15 ②　16 ⑤　17 ⑩ 지역 간 이동이 활발해져 원료의 공급, 제품의 수송 등이 원활해졌다.　18 ⊙ 일일생활권 ⓒ 반나절 생활권　19 고속 철도　20 ③

◆ 풀이 ◆

1 오늘날 우리 사회는 유소년층 인구 비율이 낮아지고 노년층 인구 비율이 높아지는 저출산·고령 사회의 특징이 나타납니다.

2 경제가 발전하고 아이를 적게 낳는 가정이 늘어나 출생률이 감소하여 유소년층 비율이 낮아졌고, 의료 기술이 발달하면서 사망률이 감소하여 노년층 비율이 높아졌습니다.

3 인구 피라미드는 국가나 특정 지역의 남녀별, 연령별 인구 비율을 피라미드 모양으로 나타낸 그래프입니다.

4 출산율이 감소하면 출생아 수가 줄어들고 앞으로 유소년층 인구 비율이 더욱 감소할 것입니다.

5 1960년대 이전까지 농업 사회였던 우리나라는 산지가 발달한 동쪽과 내륙 지역보다 평야가 발달한 남쪽과 서쪽의 인구 밀도가 높게 나타났습니다.

6 1960년대 이후에는 촌락의 인구가 일자리를 찾아 도시로 이동하며 도시와 인구 밀도 차이가 커지는 등 인문환경이 인구 밀도에 큰 영향을 미쳤습니다.

7 촌락은 노년층의 비율이 높아 일손 부족, 교육 및 의료 시설 부족 등의 문제가 나타납니다.

8 사람들이 많이 모여 사는 도시 지역에서는 주택 부족, 교통 혼잡, 환경 오염, 수질 오염 등의 문제가 발생합니다.

9 군산은 전라북도의 도시로 서울의 기능을 분담하는 신도시가 아닙니다.

10 국토의 균형 발전을 위해 수도권에 집중한 여러 기관을 지방으로 옮겨 새롭게 만든 도시를 혁신 도시라 합니다.

11 우리나라의 산업은 농업, 제조업, 중화학 공업, 첨단 산업의 순서로 발달했습니다.

12 제주는 독특한 자연환경을 바탕으로 관광 산업이 발달했습니다.

13 광양은 원료 수입과 제품 수출에 좋은 항구를 바탕으로 제철 산업이 발달했습니다.

14 광양은 원료를 수입하고 제품을 수출하기 좋은 해안가에 위치해 있기 때문에 제철 산업이 발달했습니다.

15 교통 시설이 발달하고 교통수단이 다양해지면서 지역 간 이동 시간이 줄어 생활에 많은 변화가 나타났습니다.

16 고속 국도, 고속 철도, 항구, 공항 등 여러 교통 수단 및 시설이 발달하며 지역 간의 교류가 더욱 활발해졌습니다.

17 교통의 발달로 인구 및 물자의 이동이 편리해져 다양한 산업이 발달했습니다.

18 우리나라는 경부 고속 국도 이후 일일생활권으로, 고속 철도 개통 이후 반나절 생활권이 가능해졌습니다.

19 2004년 고속 철도가 개통되면서 반나절 생활권이 가능해졌습니다.

20 산업이 발달하며 일자리가 많아져 인구가 도시로 집중됐고, 도시의 교통과 산업은 더욱 발달했습니다.

1 인권　2 ②　3 ③　4 ⑩ 임산부 전용 좌석을 버스나 지하철 안에 설치한다.　5 ④　6 ④　7 ⑤　8 ①　9 삼복제　10 ②　11 격쟁　12 ⑤　13 ①　14 ①, ④　15 ③　16 ⊙, ⓒ　17 ⓒ　18 ⑩ 국민의 인권 보장을 위한 정책을 제안하고 검토한다.　19 ⑤　20 ⑤

◆ 풀이 ◆

1 사람이 태어나면서부터 당연히 갖는 권리를 인권이라 합니다.

2 권리는 어떤 일을 하거나 다른 사람에게 요구할 수 있는 힘입니다.

3 어린이 보호 구역은 어린이가 안전하게 다닐 수 있도록 학교 주변에 정한 구역입니다.

4 임산부 전용 좌석, 출산 휴가, 육아 휴직 등은 임산부의 인권을 존중하기 위한 방법입니다.

5 휠체어를 이용하는 사람들이 자유롭게 이동할 수 있도록 승강기나 경사로를 설치합니다.

6 허난설헌은 가족의 지원으로 학문을 익혔지만, 여자라는 이유로 재능을 인정받지 못한 인물입니다.

7 방정환은 어린이의 인권을 소중히 여기는 사회를 만들기 위해 '어린이'라는 용어를 처음 사용하고, 어린이날을 만들었습니다.

8 헬렌 켈러는 앞이 안 보인다는 이유로 교육도 제대로 받지 못하고 직업을 구하기도 어려웠던 시각 장애인들의 인권 향상을 위해 노력한 인물입니다.

9 삼복제는 생명의 존엄성을 지키기 위해 실시하던 조선 시대의 제도입니다.

10 피맛골은 신분 제도가 있었음을 알려 주는 것으로 인권 존중을 위한 노력과 거리가 멉니다.

11 격쟁은 백성들이 임금의 행차 때 꽹과리를 쳐서 억울함을 호소하던 제도입니다.

12 친구의 수첩이나 일기장을 훔쳐보는 행동은 사생활 침해에 해당합니다.

13 나와 다르다는 이유로 타인을 놀리고 괴롭히는 행위는 차별입니다.

14 국가와 지방 자치 단체는 최소한의 인간다운 생활을 보장하기 위해 다양한 사회 보장 제도를 만들어 시행합니다.

15 재판을 통해 인권을 침해받은 주민을 구제하는 것은 법원이 하는 일입니다.

16 시각 장애인용 음향 신호기와 점자 안내판은 시각 장애인이 일상생활에서 겪는 불편을 해소해 주는 장치입니다.

17 도서관에서는 노인과 저시력자를 위해 일반 책보다 글자가 1.5배 큰 책을 제공합니다.

18 국가 인권 위원회는 국민의 인권 보장을 위한 정책을 제안하고 검토하고, 인권을 침해당한 사람들을 보호하거나 도움을 줍니다.

19 피부색이 다른 사람은 무조건 외국인이라고 생각하는 것은 편견입니다.

20 장애인 인권 보호에 앞장서는 시민 단체 활동에 참여하는 그림입니다.

44 사회 5-1

2회 2. ② 헌법과 인권 보장   31~33쪽

1 헌법 **2** ④ **3** ㉠ 존엄 ㉡ 행복 ㉢ 인권 **4** 예) 우리나라 헌법을 처음 만들어서 국민들에게 알린 날. **5** ③ **6** ② **7** 헌법 재판소 **8** ① **9** ④ **10** 자유권 **11** 참정권 **12** ① **13** ② **14** 교육의 의무, 국방의 의무, 근로의 의무, 납세의 의무, 환경 보전의 의무 **15** ①, ③, ⑤ **16** ④ **17** (나) **18** ⑤ **19** 자유권 **20** 예) 권리와 의무를 조화롭게 실천하려는 태도가 필요하다.

풀이

1 헌법은 우리나라 법 중에 가장 기본이 되는 법으로, 국민의 권리와 의무를 정하고 있습니다.

2 헌법은 국가가 국민의 인권을 보장할 의무가 있음을 분명히 밝히고 있습니다.

3 우리 모두 인간으로서 가치 있는 존재이며, 행복을 누릴 권리가 있고, 국가는 개인의 인권을 보장할 의무가 있습니다.

4 제헌절은 우리나라의 헌법을 만들어 국민들에게 알린 날입니다.

5 헌법에는 국민의 권리와 의무뿐만 아니라 국가 기관을 어떻게 구성하고 운영할지에 관한 원칙 등이 담겨 있습니다.

6 헌법의 내용을 바꾸거나 새로 정할 때에는 국민 투표를 해야 합니다.

7 헌법 재판소는 법률이 어긋난다고 판단할 경우 헌법 재판을 통해 '위헌' 결정을 내려 잘못된 법률을 바로잡습니다.

8 법이 개인의 권리를 침해했다고 판단될 경우, 국민 누구나 그에 대한 헌법 재판을 요청할 수 있습니다.

9 국민의 기본권은 자유권, 평등권, 참정권, 청구권, 사회권입니다.

10 자유권은 자기 뜻에 따라 선택하고 행동할 수 있는 권리입니다.

11 참정권은 국가 의사 결정에 참여할 수 있는 권리입니다. 국민 투표에 참여할 수 있는 선거권과 선거에 나가 공직자로 선출될 수 있는 공무 담임권이 있습니다.

12 청구권은 기본권이 침해되었을 때 국가에 일정한 행위를 요구할 수 있는 권리입니다.

13 기본권은 국가의 안전 보장이나 공공의 이익, 사회

질서 유지 등을 위해 필요한 경우 법률에 따라 제한될 수 있습니다.

14 헌법이 정한 국민의 의무는 교육의 의무, 국방의 의무, 근로의 의무, 납세의 의무, 환경 보전의 의무입니다.

15 교육의 의무, 근로의 의무, 환경 보전의 의무는 국민의 기본권인 동시에 의무입니다.

16 (가)는 납세의 의무, (나)는 교육의 의무, (다)는 국방의 의무, (라)는 근로의 의무입니다.

17 교육의 의무는 자녀가 잘 성장할 수 있도록 교육을 받게 할 의무가 있음을 의미합니다.

18 생태 보호 지역으로 지정된 곳에 공장을 짓는 것은 환경 보전의 의무를 지키지 않는 행동입니다.

19 (가)는 자기 뜻에 따라 선택하고 행동할 수 있는 자유권을 주장할 수 있습니다.

20 국민 모두가 행복한 사회를 만들려면 권리와 의무를 조화롭게 실천하려는 태도가 필요합니다.

2회   2. ③ 법의 의미와 역할   34~36쪽

1 ③   2 ③, ④, ⑤   3 예 법은 지키지 않으면 제재를 받는다는 점에서 도덕과 차이가 있다.   4 ⊙ 질서 ⓒ 안전   5 ⑤   6 ④   7 ②   8 「학교 폭력 예방법」   9 ③   10 ④   11 ③   12 ③, ⑤   13 예 개인의 생명이나 재산을 보호해 준다.   14 ①   15 ②   16 ⑤   17 ③   18 ⊙ 검사 ⓒ 변호사 ⓒ 피고인 ⓔ 판사   19 ①   20 재판

풀이

1 법은 누구나 지켜야 하는 사회 규범이며, 지키지 않으면 제재를 받는 강제성이 있습니다.

2 무단횡단, 프로그램 무단 복제, 절도는 법으로 제재를 받는 행위입니다.

3 법은 지키지 않으면 제재를 받지만, 도덕을 지키지 않았을 때는 비난을 받지만 제재를 받지는 않습니다.

4 법은 질서를 유지하고 사람들의 안전을 지켜주기 위해 존재합니다.

5 법은 시대나 사회 변화에 따라 바뀌거나 새로 만들어지기도 합니다.

6 「어린이 놀이 시설 안전 관리법」은 어린이 놀이 시설을 안전하게 짓고 관리하기 위한 법입니다.

7 「도로 교통법」은 도로에서 일어나는 교통상의 모든 위험과 장애를 방지하고 제거하여 안전한 통행을 보장하기 위한 법입니다.

8 학교 폭력을 예방하기 위해 관련 교육을 학생들에게 실시하는 법은 「학교 폭력 예방법」입니다.

9 새치기는 도덕을 지키지 않는 것으로 「식품 위생법」과 관련이 없습니다.

10 식품 위생법은 병원, 식당, 산업체, 사회 복지 시설 등 많은 사람들이 모여서 밥을 먹는 곳에 모두 적용됩니다.

11 법에 대해서 잘 아는 전문가와 면담을 하는 게 좋습니다.

12 법은 사회 질서를 유지하고 개인의 생명과 재산을 보호해 주기 위해 필요합니다.

13 소방관이 화재 진화 작업을 하는 모습으로 소방관의 구조 활동은 법으로 규정되어 있습니다. 따라서 법은 개인의 생명이나 재산을 보호하는 역할을 합니다.

14 법은 개인의 권리를 보장하기 위해 개인 간의 분쟁 해결, 개인의 재산과 생명 보호 등의 역할을 합니다.

15 개인 정보 보호는 개인의 권리를 보장하기 위해 법이 하는 역할입니다.

16 법을 지키지 않으면 다른 사람들에게 피해를 주고, 사람들 사이에 갈등을 일으킵니다.

17 골목 주변에 불법으로 주차한 사람들 때문에 소방차가 현장에 다가가는 데 어려움을 겪어 피해가 커졌습니다.

18 재판에는 재판을 받는 피고인, 피고인의 심판을 요청하는 검사, 피고인의 권리를 주장하는 변호사, 법에 따라 판결을 내리는 판사가 참여합니다.

19 저작권법은 창작물을 만든 사람의 권리를 보호합니다. 저작권이란 시, 소설, 음악, 미술, 영화, 연극, 컴퓨터 프로그램 등과 같은 저작물에 대하여 창작자가 가지는 권리를 말합니다.

20 재판을 통해 그 사람이 정말 죄를 지었는지 확인하고, 법을 어긴 것이 확인되면 벌을 줍니다.

MEMO

MEMO

MEMO

11종 검정 교과서 사회

완벽 분석 종합평가

선생님이 **강**력 **추**천하는

개념 PLUS +
단원평가

사회

정답과 풀이

5-1

정답과 풀이

1 국토와 우리 생활

1 우리 국토의 위치와 영역

개념을 확인해요
9~11쪽

1 아시아 　**2** 북위, 동경 　**3** 일본 　**4** 삼면 　**5** 아시안 하이웨이 　**6** 영토 　**7** 영공 　**8** 주권 　**9** 독도 　**10** 마라도 　**11** 터전 　**12** 북한 　**13** 소백산맥, 금강 　**14** 철령관 　**15** 경기 　**16** 행정 구역 　**17** 6, 8 　**18** 전주, 나주 　**19** 서울 　**20** 청주

개념을 다져요
12~13쪽

1 ② 　**2** (1) ○ 　(2) ○ 　(3) × 　**3** (1)-ⓛ 　(2)-⑤ 　(3)-ⓒ 　**4** (1) ⑤ 　(2) ② 　**5** 중부 지방 　**6** 영남 지방 　**7** 행정 구역 　**8** (1)-ⓛ 　(2)-⑤ 　(3)-ⓒ

풀이

1 러시아는 우리나라의 북쪽에 위치하고 있습니다.

2 우리나라는 삼면이 바다와 맞닿아 있기 때문에 해양으로 나아가기에 좋은 위치에 있습니다.

3 영토는 한반도와 한반도에 속해 있는 섬을 말하고, 영해는 우리나라 영토 주변의 바다를 말합니다. 영공은 우리나라의 영토와 영해 위에 있는 하늘을 말합니다.

4 우리나라 동쪽의 끝은 독도이고, 남쪽의 끝은 마라도입니다. 그리고 서쪽의 끝은 북한 지역의 섬인 마안도이고, 북쪽의 끝은 역시 북한 지역에 속하는 유원진입니다.

5 6·25 전쟁 이후부터는 북한 지역을 북부 지방이라고 하고, 휴전선 남쪽으로 소백산과 금강 하류까지를 중부 지방이라고 합니다. 그 아래쪽을 남부 지방이라고 합니다.

6 지금의 문경 새재인 조령의 남쪽에 있다고 하여 '영남'이라는 이름이 붙여졌습니다.

7 행정 구역은 서울특별시, 강원도, 대구광역시와 같이 어떤 지역의 명칭을 의미합니다.

8 경상남도의 도청 소재지는 창원이고, 전라북도의 도청 소재지는 전주, 강원도의 도청 소재지는 춘천입니다.

1회 실력을 쌓아요
14~16쪽

1 아시아 　**2** (가) 몽골 　(나) 중국 　(다) 일본 　**3** ④ 　**4** ④ 　**5** 영토, 영해, 영공 　**6** ⑤ 　**7** 상우 　**8** 비무장 지대 　**9** 생태계 　**10** ② 　**11** 예 쓰레기를 함부로 버리지 않고 나무를 많이 심는다. 　**12** ② 　**13** ④ 　**14** ① 　**15** 예 왕이 사는 도읍(한양) 주변의 땅을 의미한다. 　**16** ② 　**17** 1곳, 세종특별자치시 　**18** ⑤ 　**19** ② 　**20** (1) 함흥, 경성 　(2) 충주, 청주 　(3) 전주, 나주 　(4) 경주, 상주

풀이

1 우리 국토는 아시아 대륙의 동쪽에 위치해 있습니다.

2 우리나라의 위쪽에는 러시아와 몽골이 있고, 왼쪽에는 중국, 오른쪽에는 일본이 있습니다.

3 우리 국토는 북반구의 중위도에 위치해 있습니다.

> **더 알아볼까요!**
>
> 우리 국토의 위치
> • 아시아 대륙의 동쪽에 있습니다.
> • 중국과 일본 사이에 있습니다.
> • 북반구, 중위도에 있습니다.
> • 북위 33°에서 43° 사이에 있고 동경 124°에서 132° 사이에 있습니다.

4 삼면이 바다로 둘러싸인 우리나라는 배를 타고 다른 나라의 도시에 쉽게 갈 수 있습니다.

5 한 나라의 영역은 그 나라의 주권이 미치는 범위를 말하며 영토, 영해, 영공으로 이루어집니다.

6 영해도 우리나라의 주권이 미치는 곳이기 때문에 다른 나라의 배들이 들어오려면 우리나라의 허가를 받아야 합니다.

> **더 알아볼까요!**
>
> 우리나라의 영해
> 우리나라 바다의 영역으로, 영해를 설정하는 기준선으로부터 12해리(약 22km)까지입니다. 동해안은 썰물일 때의 해안선을 기준으로 하고, 서해안과 남해안은 섬이 많아서 가장 바깥에 위치한 섬들을 직선으로 그은 선을 기준으로 합니다.

7 영공은 영토와 영해의 수직 상공을 말하며, 대기권 바깥은 영공으로 인정하지 않습니다.

8 비무장 지대는 휴전선을 중심으로 남과 북에 각각 2km내에 위치한 영역으로, 군인이나 무기를 원칙적

으로 배치하기 않기로 한 곳입니다.

9 비무장 지대는 전 세계에서 유일하게 우리나라에만 있으며, 이 지역을 중심으로 남북이 대립하고 있습니다.

10 독도는 일본이 자신의 영토라고 주장하면서 분쟁 지역으로 만들려고 하지만 우리가 실효적으로 지배하고 있습니다. 독도에서는 군사적인 충돌은 일어나지 않고 있습니다.

11 이밖에도 우리 국토를 지키려고 애쓰시는 국군과 독도 해양 경찰에게 감사와 응원의 편지를 씁니다.

12 휴전선 위쪽의 북한 지역을 북부 지방이라고 합니다.

13 소백산맥과 금강 하류의 남쪽 지역을 남부 지방이라고 합니다.

14 군사적으로 매우 중요한 고개인 철령에 외적의 침입을 막으려고 건설한 요새가 철령관인데, 이곳을 기준으로 서쪽을 '관서', 북쪽을 '관북'이라고 합니다.

15 '경기'는 왕이 사는 도읍의 주변 지역을 뜻합니다.

16 행정 구역은 나라를 효율적으로 관리하려고 나눈 지역을 말합니다.

17 특별시는 서울특별시 1곳이며, 특별자치시는 세종특별자치시 1곳입니다.

18 (마)는 부산광역시이고, 나머지는 도입니다.

19 경상남도의 도청은 창원에 있습니다.

20 강원도는 강릉의 '강' 자와 원주의 '원' 자를 따서 지역의 명칭을 정했습니다.

2회 실력을 쌓아요

17~19쪽

1 ①   2 ②   3 ㉠ 33°~43° ㉡ 124°~132°   4 ④
5 ③   6 ③   7 ㉠ 영공 ㉡ 영토 ㉢ 영해   8 미선
9 ⑤   10 제주특별자치도 서귀포시 마라도   11 (1)
○ (2) ○   12 비무장 지대   13 승혁   14 예 독도가 우리나라의 고유한 영토라는 증거이다.   15 (1)
북부 지방 (2) 남부 지방 (3) 중부 지방   16 ③   17
행정 구역   18 ④   19 ②   20 (1) 서울특별시 (2)
세종특별자치시 (3) 제주특별자치도

풀이 ▶

1 우리나라는 아시아 대륙의 동쪽에 위치한 반도 국가입니다.

2 몽골은 러시아, 중국에 둘러싸여 있어서 바다와 접하지 못하고 육지에만 접해 있는 나라입니다.

3 위도와 경도를 이용하면 지도에서 우리나라의 위치를 편리하게 알 수 있습니다.

4 우리나라는 삼면이 바다로 둘러싸인 반도 국가입니다. 때문에 해양으로 나아가기에 유리합니다.

더 알아볼까요!

우리나라 위치가 갖는 장점
• 우리나라는 육지와 바다 모두 접하고 있습니다.
• 도로나 철도를 이용해 대륙으로 나아가기 유리합니다.
• 삼면이 바다와 맞닿아 있어 해양으로 나아가기에도 좋은 위치에 있습니다.
• 우리나라는 이러한 장점을 이용해 세계 여러 나라와 교류하고 있습니다.

5 아시아 하이웨이가 완공되면 우리나라에서 인도를 거쳐 터키까지, 또는 러시아를 지나 유럽까지 자동차로 갈 수 있게 될 것입니다.

6 다른 나라의 간섭 없이 중요한 일들을 스스로 결정하는 권리를 주권이라고 합니다.

7 영토는 땅, 영해는 바다, 영공은 하늘에서의 영역입니다.

8 우리나라의 영토는 한반도와 한반도에 속하는 섬이며, 당연히 독도는 한반도에 속한 섬이기 때문에 우리의 영토입니다.

9 영공은 대기권까지만 인정하므로 대기권 바깥인 외기권은 인공위성이 자유롭게 통과할 수 있습니다.

10 우리나라 영토의 남쪽 끝은 제주특별자치도 서귀포시 마라도입니다.

11 우리나라의 영역에는 함부로 다른 나라의 군대가 들어올 수 없습니다.

12 남과 북이 서로 대치하면서 휴전선을 중심으로 남한과 북한이 각각 2km를 비무장 지대로 설정했습니다.

13 비무장 지대는 전 세계적으로 유일하게 우리 국토에만 있는 곳으로, 비극과 평화, 생태계 보전으로 주목을 받고 있는 곳입니다.

14 『세종실록지리지(1454년)』의 내용을 보면 오랜 옛날부터 독도가 우리의 땅이라는 것을 알 수 있습니다. 이러한 문헌들은 독도가 우리 땅이라는 주장을 뒷받침하는 중요한 근거 자료입니다.

15 남북으로 긴 우리나라는 큰 산맥과 하천을 중심으로 북부, 중부, 남부 지방으로 구분할 수 있습니다.

16 철령관은 서울에서 원산으로 가는 길에 있는 높은 고개에 외적의 침입을 막으려고 건설한 요새입니다. 이

철령관의 북쪽을 관북 지방, 서쪽을 관서 지방, 동쪽을 관동 지방이라고 부릅니다.

17 행정 구역은 나라를 효율적으로 관리하려고 나눈 지역을 말합니다.

18 독도는 경상북도 울릉군 울릉읍 독도리입니다. 지도에서 울릉도와 독도의 색깔이 경상북도의 색깔과 같습니다.

19 경기도는 수원과 의정부, 경상북도는 안동, 전라남도는 무안, 충청북도는 청주, 충청남도는 홍성에 도청이 위치하고 있습니다.

20 이밖에도 도는 강원도, 경기도, 충청남도, 충청북도, 전라남도, 전라북도, 경상남도, 경상북도 등 8곳입니다.

더 알아볼까요!

우리나라의 행정 구역

특별시	서울특별시
특별자치시	세종특별자치시
광역시	부산광역시, 대구광역시, 인천광역시, 광주광역시, 대전광역시, 울산광역시
도	강원도, 경기도, 충청북도, 충청남도, 전라북도, 전라남도, 경상북도, 경상남도
특별자치도	제주특별자치도

1회 탐구 서술형 평가

20~21쪽

1 (1) ① 아시아 ② 러시아, 몽골, 중국, 일본

(2) 예 육지와 바다 모두 접하고 있다. 대륙과 바다에 접해 있는 반도이다.

2 (1) 위선

(2) 예 지구본에서 우리나라 위치를 편리하게 알 수 있다.

3 (1) 영토 - (나) / 영해 - (다) / 영공 - (가)

(2) ① 예 한반도와 한반도에 속해 있는 섬이다.

② 예 우리나라 영토 주변의 바다이다.

③ 예 영토와 영해 위에 있는 하늘이다.

4 (1) 예 북부 지방, 중부 지방, 남부 지방으로 나누었다.

(2) 예 휴전선 남쪽으로 소백산맥과 금강 하류까지의 지역이다.

풀이

1 (1) 지도를 보면 우리나라는 아시아 대륙의 동쪽에 위치해 있고, 우리나라 주변에는 중국, 몽골, 러시아, 일본 등의 나라가 있습니다.

(2) 우리나라는 삼면이 바다로 둘러싸이고, 한 면이 대륙에 접하고 있는 반도입니다.

상	우리나라가 위치한 곳이 어디인지 알고, 우리나라 위치의 특징에 대해서도 잘 알고 있습니다.
중	우리나라가 위치한 곳이 어디인지 알지만, 우리나라 위치의 특징에 대해서도 알지 못합니다.
하	우리나라가 위치한 곳과 우리나라 위치의 특징에 대해서 알지 못합니다.

2 (1) 위선과 경선은 위치를 찾기 편리하도록 지도나 지구본에 나타낸 가상의 선입니다.

(2) 지구본은 지구를 본떠 만든 모형으로, 위치를 쉽게 알 수 있도록 하기 위해 위선과 경선이 그려져 있습니다.

상	위선과 경선의 뜻을 알고 그것을 이용했을 때의 좋은 점에 대해서도 잘 알고 있습니다.
중	위선과 경선의 뜻은 알지만 그것을 이용했을 때의 좋은 점에 대해서는 알지 못합니다.
하	위선과 경선의 뜻을 알지 못하고 그것을 이용했을 때의 좋은 점도 알지 못합니다.

3 (1) 한 나라의 영역은 그 나라의 주권이 미치는 범위인데, 영토는 땅, 영해는 바다, 영공은 땅의 범위를 말합니다.

(2) 우리나라의 영토는 한반도와 그에 속한 섬이고, 영해는 우리나라의 주권이 미치는 바다입니다. 또 우리나라의 영공은 영토와 영해 위에 있는 하늘입니다.

상	우리나라의 영역을 구성하는 요소와 그 범위에 대해 잘 알고 있습니다.
중	우리나라의 영역을 구성하는 요소는 알지만 그 범위에 대해서는 알지 못합니다.
하	우리나라의 영역을 구성하는 요소와 그 범위를 모두 알지 못합니다.

4 (1) 우리나라는 크게 북한 지역인 북부 지방, 경기도, 충청도, 강원도 일대인 중부 지방, 그 아래의 남부 지방으로 나누어집니다.

(2) 북부 지방과 중부 지방을 나누는 경계는 휴전선이고, 중부 지방과 남부 지방을 나누는 경계는 금강 하류와 소백산맥입니다.

상	자연환경에 따른 우리나라의 지역 구분과 구분된 지역의 범위에 대해 잘 알고 있습니다.
중	자연환경에 따른 우리나라의 지역 구분은 알지만 구분된 지역의 범위에 대해서는 알지 못합니다.
하	자연환경에 따른 우리나라의 지역 구분과 구분된 지역의 범위에 대해 모두 알지 못합니다.

2회 탐구 서술형 평가

22~23쪽

1 (1) ⑩ 우리나라는 육지와 바다에 모두 접하고 있다.
(2) ⑩ 도로나 철도를 이용해 대륙으로 진출하기 유리하다. 삼면이 바다로 열려 있어 해양으로 나아가기 쉽다.
2 (1) 독도
(2) ⑩ 독도를 직접 찾아가거나 독도 관련 행사에 참여한다.
3 (1) 철령관
(2) ① ⑩ 금강(옛 이름 호강)의 남쪽에 있어서 호남이라 하였다. ② ⑩ 조령 고개의 남쪽에 있어서 영남이라고 하였다. ③ ⑩ 경기만의 서쪽에 있어서 해서라고 하였다.
(3) ⑩ 우리 조상들은 오래전부터 산이나, 호수, 강 등의 자연환경으로 지역을 구분하였다.

풀이

1 (1) 우리나라는 육지가 바다 쪽으로 뻗어 나와 삼면이 바다이고, 한 면이 대륙에 접한 땅인 반도입니다.
(2) 우리나라는 대륙과 접해 있고, 삼면이 바다로 둘러싸여 있기 때문에 다양한 교통수단을 이용하여 사람과 물자가 이동할 수 있는 지리적 장점을 가지고 있습니다.

상	우리나라 위치의 특징과 그 위치가 갖는 장점에 대해 잘 알고 있습니다.
중	우리나라 위치의 특징과 그 위치가 갖는 장점에 대해 일부만 알고 있습니다.
하	우리나라 위치의 특징과 그 위치가 갖는 장점에 대해 모두 알지 못합니다.

2 (1) 제시된 신문 기사는 우리 영토의 동쪽 끝인 독도가 중요한 까닭에 대해 이야기하고 있습니다.
(2) 우리나라는 독도 섬 전체를 천연기념물로 지정하여 보호하고 있습니다.

상	독도의 중요성과 독도 사랑을 실천하는 방법을 잘 알고 있습니다.
중	독도의 중요성에 대해서는 알지만 독도 사랑을 실천하는 방법은 알지 못합니다.
하	독도의 중요성과 독도 사랑을 실천하는 방법을 모두 알지 못합니다.

3 (1) 철령관을 기준으로 서쪽 지방을 '관서', 북쪽 지방을 '관북', 동쪽 지방을 '관동'이라고 하였습니다.
(2) 어떤 자연환경을 기준으로 지방이 나뉘는지 살펴보아야 합니다.
(3) 지역을 구분할 때에는 높은 고개, 하천, 저수지, 바다 등을 기준으로 구분할 수도 있습니다.

상	전통적인 지역 구분이 이루어지는 기준과 각 지역의 명칭이 붙여진 까닭에 대해 잘 알고 있습니다.
중	전통적인 지역 구분이 이루어지는 기준과 각 지역의 명칭이 붙여진 까닭 중에서 일부만 알고 있습니다.
하	전통적인 지역 구분이 이루어지는 기준과 각 지역의 명칭이 붙여진 까닭에 대해 모두 알지 못합니다.

2 우리 국토의 자연환경

개념을 확인해요

25~27쪽

1 해안   2 산지   3 북쪽, 서쪽   4 평야   5 남해안   6 갯벌   7 동해안   8 양식업   9 기후   10 남동쪽   11 남쪽, 북쪽   12 해안   13 누비옷   14 여름   15 우데기   16 황사   17 폭염   18 한파   19 탁자   20 특보

개념을 다져요

28~29쪽

1 ④   2 (1) 동해안 (2) 남해안   3 (1) ○ (2) × (3) × (4) ○   4 겨울   5 여름   6 ②, ④   7 ③   8 기상 특보

풀이

1 큰 하천은 대부분 지형이 높은 동쪽에서 지형이 낮은 서쪽으로 흐릅니다.

2 동해안은 해안선이 단조롭고 모래사장이 펼쳐진 곳이 많아 해수욕장이 발달해 관광객이 많습니다.

3 우리나라는 겨울에 동해안이 서해안보다 더 따뜻하고, 바다에 접한 지역이 그렇지 않은 지역보다 더 따뜻합니다.

> **더 알아볼까요!**
>
> 우리나라 기온의 특징
> • 대체로 남쪽으로 갈수록 기온이 높아져 더 따뜻하고, 북쪽으로 갈수록 기온이 낮아져 더 춥습니다.
> • 차가운 북서풍을 막아 주는 태백산맥과 수심이 깊은 동해의 영향으로 동해안의 겨울 기온은 서해안보다 높은 편입니다.
> • 해안 지역이 내륙 지역보다 겨울에 더 따뜻합니다.

4 겨울에는 솜을 넣어 누빈 두꺼운 누비옷으로 몸을 따뜻하게 했습니다.

5 우리나라의 여름에는 장마와 태풍의 영향으로 비가 많이 내려 강수량이 많습니다.

6 중강진을 포함한 북쪽 지역은 연평균 강수량이 1,000mm 미만으로 강수량이 적은 편입니다.

7 황사는 중국이나 몽골의 사막에서 발생한 미세한 모래 먼지가 우리나라까지 날아와 가라앉는 현상입니다. 주로 봄에 많이 발생합니다.

8 휴대 전화의 긴급 재난 문자, 방송 매체, 기상청 누리집, 스마트폰 응용 프로그램 등을 통해 기상 특보를 발령하여 국민이 미리 대처할 수 있도록 해 줍니다.

1회 실력을 쌓아요

30~32쪽

1 ② **2** ③ **3** ② **4** 산지 **5** ③ **6** ㉠ **7** 서해안 **8** 동해안 **9** ② **10** (1) ○ **11** ㉠, ㉣ **12** (1)-㉠ (2)-㉢ (3)-㉣ (4)-㉡ **13** 예 지구 온난화로 기후가 변했기 때문이다. **14** 남쪽, 북쪽 **15** 남부 지방 **16** (1) 월 (2) 강수량 **17** 서울 **18** ② **19** ① **20** ①

풀이

1 우리가 살고 있는 땅의 모양을 지형이라고 합니다.

2 해안은 바다와 맞닿은 부분으로 갯벌이 나타나거나 모래사장이 있는 곳도 있습니다.

> **더 알아볼까요!**
>
> 우리나라의 다양한 지형
> • 섬: 바다로 둘러싸인 땅을 섬이라고 하며, 우리나라에는 약 3,300여 개의 섬이 있습니다.
> • 해안: 바다와 맞닿은 육지 부분으로 갯벌이 나타나거나 모래사장이 있는 곳도 있습니다.
> • 하천: 빗물과 지하수가 낮은 곳으로 흘러가면서 크고 작은 물줄기를 만드는데 이를 하천이라고 합니다.
> • 평야: 하천 주변으로 넓고 평탄한 땅인 평야가 있습니다. 평야는 농사짓기가 좋아서 사람들이 많이 모여 삽니다.
> • 산지: 높이 솟은 산들이 모여 이룬 지형으로 땅의 높이가 높은 곳과 낮은 곳의 차이가 큽니다.

3 넓고 평탄한 평야는 농사짓기가 좋아서 사람들이 많이 모여 삽니다.

4 높이 솟은 산들이 모여 있고 땅의 높이 차이가 큰 곳은 산지입니다.

5 하천 주변에는 평야가 펼쳐져 있으며, 이곳에서는 논 농사를 많이 짓습니다.

6 ㉠은 태백산맥으로, 이곳은 높은 산지가 분포하는 곳입니다. 산지에는 스키장과 같은 시설을 만들어 사람들이 여가를 즐기도록 합니다.

7 서해안은 밀물과 썰물의 차이가 커서 넓은 갯벌이 형성되어 있습니다.

8 동해안에는 길게 뻗은 모래사장이 펼쳐진 곳이 많아 여름이 되면 해수욕을 즐기려는 관광객이 몰려듭니다.

9 우리나라의 봄과 가을은 온화하며, 여름과 겨울보다 기간이 짧습니다.

10 겨울에는 차갑고 건조한 바람이 북서쪽에서 불어오고, 여름에는 덥고 습한 바람이 남동쪽에서 불어옵니다.

11 우리나라의 봄은 날씨는 온화하지만 초봄에는 꽃샘추위가 찾아오고, 황사도 심하게 나타납니다.

> **더 알아볼까요!**
>
> 우리나라의 계절별 기후 특징
>
> | 봄 | 온화한 날씨, 꽃샘추위, 황사 |
> |---|---|
> | 여름 | 장마철과 한여름으로 구분, 집중 호우, 열대야 현상 |
> | 가을 | 청명한 날씨, 가을비 |
> | 겨울 | 눈, 한파, 삼한사온 |

12 사람들은 계절에 따라 생활하는 모습이 다릅니다.

13 지구의 평균 기온이 점점 올라가는 지구 온난화 때문에 전 세계적으로 기후가 변화하고 있습니다.

14 남쪽으로 갈수록 기온이 높아지고, 북쪽으로 갈수록 기온이 낮아집니다.

15 기온이 높아 음식이 쉽게 상하는 남쪽 지방에서는 소금과 젓갈이 많이 들어간 음식이 발달했습니다.

16 가로축은 월을 나타내고 세로축은 강수량을 나타냅니다.

17 서울은 7월과 8월의 강수량이 다른 월보다 월등히 많은 편입니다.

18 제시된 그래프를 보면 공통적으로 여름철인 7~8월에 강수량이 많다는 것을 알 수 있습니다.

19 울릉도에서는 눈이 집으로 들어오는 것을 막고 집 안에서 생활하기 편리하도록 우데기라는 외벽을 설치했습니다.

더 알아볼까요!

강수량이 생활에 끼친 영향
• 가뭄에 대비하려고 저수지를 만들었습니다.
• 비가 많이 내리는 지역에서는 집이 물에 잠기는 것을 막으려고 터돋움집을 지었습니다.
• 겨울에 눈이 많이 오는 울릉도에서는 눈이 집으로 들어오는 것을 막고 집 안에서 생활하기 편리하도록 우데기라는 외벽을 설치했습니다.
• 영동 지방이나 울릉도와 같이 눈이 많이 내리는 지역에서는 눈에 빠지거나 미끄러지지 않도록 설피를 신기도 하였습니다.

20 자연현상으로 인해 일어나는 피해를 자연재해라고 합니다.

2회 실력을 쌓아요

33~35쪽

1 ④, ⑤ **2** ② **3** ㉠ 태백산맥 ㉡ 낙동강 ㉢ 소백산맥 ㉣ 금강 **4** ②, ④ **5** (2) ○ (3) ○ **6** 다목적 댐 **7** ①, ② **8** 남해안 **9** ④ **10** ④ **11** 겨울 **12** ③ **13** ④ **14** 대청 **15** ③ **16** ③ **17** ⑤ **18** 예 겨울철에 눈이 많이 내리기 때문이다. **19** ③ **20** 성주

풀이

1 빗물과 지하수가 낮은 곳으로 흘러가면서 크고 작은 물줄기를 만드는데 이를 하천이라고 합니다.

2 하천 주변으로 넓고 평탄한 땅인 평야는 농사짓기에 적당하여 사람들이 많이 모여 삽니다.

3 ㉠은 태백산맥, ㉡은 낙동강, ㉢은 소백산맥, ㉣은 금강입니다.

4 지형도에서 갈색으로 표시된 부분이 산지인데, 주로 북쪽과 동쪽에 많이 분포해 있습니다.

5 갈색으로 표시된 산지가 넓게 분포한 것으로 보아 평지보다 산지가 많다는 것을 알 수 있습니다.

6 하천 상류에 댐을 만들어 전기를 생산하고 홍수를 방지합니다.

더 알아볼까요!

다양한 지형을 이용하는 모습
• 사람들은 여가 생활을 즐길 수 있도록 높은 산지에 스키장과 휴양 시설을 만듭니다.
• 하천 상류에 다목적 댐을 건설해 홍수를 방지하고 전기를 생산합니다.
• 하천 중·하류 주변 평야에서는 논농사를 많이 짓습니다.
• 평지에는 옛날부터 많은 사람이 모여들어 큰 도시들이 발달했습니다.

7 사람들은 평야에서 농사를 많이 지으며, 낮고 평탄한 평야 지역에는 옛날부터 큰 도시가 발달하였습니다.

8 남해안은 해안선이 복잡하고 섬들이 많아 다도해라고 불립니다. 그리고 남해안은 물이 깨끗하고 파도가 잔잔해 양식업이 발달했습니다.

9 우리나라는 여름에 비가 많이 내리고 기온이 높습니다. 겨울은 춥고 눈이 내립니다. 또한 계절별로 기온의 차이도 크게 납니다.

10 우리나라는 중위도에 위치해 사계절이 나타나며 계절별로 기온의 차이가 큽니다.

11 우리나라는 겨울에 북서쪽에서 차갑고 건조한 바람이 불어와 춥고 눈이 내립니다.

12 한라봉, 녹차 등의 재배지가 점점 위쪽으로 올라가고 있음을 확인할 수 있습니다.

13 지구 온난화의 영향으로 작물의 재배지가 점점 위쪽 지방으로 옮겨가고 있습니다.

14 우리 조상들은 여름에는 시원한 대청에서 더위를 피하고, 겨울에는 온돌로 난방을 했습니다.

15 등온선은 기온이 같은 곳을 연결한 선으로 직선이 아니라 곡선 형태를 보입니다.

16 등온선이 이어지는 곳을 찾아보면 춘천과 신의주가 24℃를 나타내는 선에 위치하고 있습니다.

17 바다에 접한 해안 지역이 그렇지 않은 내륙 지역보다 더 따뜻하다는 것을 알 수 있습니다.

18 겨울철 강수량이 많은 것으로 보아 울릉도에 눈이 많이 내린다는 것을 알 수 있습니다.

19 여름철에 비가 많이 오는 지역에서는 집이 물에 잠기는 것을 막기 위해 터돋움집을 지었습니다.

20 황사의 피해를 줄이기 위해서는 황사 마스크를 쓰고 외출하고 집에 들어와서는 손을 씻는 것이 좋습니다.

더 알아볼까요!

자연재해에 대처하기
• 황사가 발생했을 때
  – 실외 활동을 자제하고 외출 시에는 마스크를 착용합니다.
  – 외출하고 돌아오면 손과 얼굴을 깨끗이 씻어야 합니다.
• 폭염이 발생했을 때
  – 물을 많이 마십니다.
  – 뜨거운 햇볕에 장시간 머물러 있지 않도록 합니다.

1회 탐구 서술형 평가

36~37쪽

1 (1) ① 산지 ② 하천 ③ 해안 ④ 평야
(2) (가) 예 높이 솟은 산들이 모여 있으며 땅의 높이가 높은 곳과 낮은 곳의 차이가 크다. (나) 예 작은 물줄기도 있고 내려오면서 넓은 강을 이루기도 한다. (다) 예 갯벌이 나타나거나 모래사장이 있는 곳도 있다. (라) 예 농사짓기가 좋아서 사람들이 많이 모여 산다.
2 (1) 복잡하다.
(2) 작다.
(3) 예 해수욕장 근처에서 숙박업을 하거나 식당을 운영한다.
3 (1) 예 남쪽으로 갈수록 기온이 높아지고 북쪽으로 갈수록 기온이 낮아진다.
(2) 예 차가운 북서풍을 막아주는 태백산맥과 수심이 깊은 동해의 영향 때문이다.
4 (1) ① 여름 ② 겨울
(2) 예 다른 지역에 비해 일 년 내내 강수량이 고르게 나타난다.

풀이

1 (1) 우리나라에는 산지, 하천, 평야, 해안 등 다양한 지형이 나타납니다.

(2) 높은 산이 많이 모여 있는 산지, 크고 작은 물줄기가 흐르는 하천, 바다와 맞닿아 있는 해안, 넓고 평탄한 평야에서 볼 수 있는 모습과 특징은 무엇인지 알아봅니다.

상	우리나라에서 볼 수 있는 지형의 종류를 알고, 각 지형의 모습과 특징에 대해서도 잘 알고 있습니다.
중	우리나라에서 볼 수 있는 지형의 종류가 무엇인지 알지만, 각 지형의 모습과 특징에 대해서도 알지 못합니다.
하	우리나라에서 볼 수 있는 지형의 종류와 각 지형의 모습과 특징에 대해 모두 알지 못합니다.

2 해안선의 드나듦과 밀물과 썰물의 차로 인해 발생하는 자연환경을 동해안과 서해안·남해안에 사는 사람들이 어떻게 이용하고 있는지 생각해 봅니다.

상	우리나라 해안의 특징과 그 곳 사람들의 생활 모습에 대해 잘 알고 있습니다.
중	우리나라 해안의 특징과 그 곳 사람들의 생활 모습에 대해 일부만 알고 있습니다.
하	우리나라 해안의 특징과 그 곳 사람들의 생활 모습에 대해 모두 알지 못합니다.

3 (1) 대체로 남쪽으로 갈수록 기온이 높아져 더 따뜻하고, 북쪽으로 갈수록 기온이 낮아져 더 춥습니다.
(2) 같은 위도상에 위치하고 있지만 강릉은 서울보다 겨울에 더 따뜻합니다. 그 이유는 태백산맥과 바다의 영향 때문입니다.

상	기후도를 보고 우리나라의 기온 분포와 기온의 특성에 대해 잘 정리했습니다.
중	기후도를 보고 우리나라의 기온 분포와 기온의 특성 중에서 일부만 정리했습니다.
하	기후도를 보고 우리나라의 기온 분포와 기온의 특성을 정리하지 못했습니다.

4 (1) 지역별로 차이는 있지만 주로 여름에 강수량이 많고 겨울에 강수량이 적습니다.
(2) 울릉도는 겨울에 눈이 많이 내리기 때문에 다른 지역에 비해 일 년 내내 강수량이 고른 편입니다.

상	강수 분포를 나타낸 그래프를 보고 계절별 강수량과 지역별 강수량의 특징에 대해 잘 정리했습니다.
중	강수 분포를 나타낸 그래프를 보고 계절별 강수량은 정리하였지만 지역별 강수량의 특징에 대해서는 정리하지 못했습니다.

하	강수 분포를 나타낸 그래프를 보고 계절별 강수량과 지역별 강수량의 특징에 모두 정리하지 못했습니다.

2회 탐구 서술형 평가　　　　　　　38~39쪽

1 (1) 북쪽과 동쪽

(2) 예 큰 하천은 주로 서쪽과 남쪽으로 흘러간다. 그 까닭은 높은 산들이 동쪽과 북쪽에 많고 서쪽과 남쪽은 땅의 높이가 낮기 때문이다.

2 (1) ① 남동쪽　② 북서쪽

(2) ① 예 여름에 불어오는 바람은 덥고 습하다.　② 예 겨울에 불어오는 바람은 차갑고 건조하다.

3 (1) 예 일정한 장소에 일정 기간 내린 눈, 비 등 물의 양을 의미한다.

(2) 예 대체로 남부 지방은 강수량이 많고 북부 지방은 강수량이 적다.

4 (1) (가) 홍수, 여름　(나) 가뭄, 봄　(다) 폭설, 겨울

(2) 예 댐이나 제방을 쌓거나 빗물을 가두어 놓은 시설을 설치한다.

풀이

1 (1) 지형도에서 산지를 나타내는 갈색 부분은 주로 북쪽과 동쪽에서 많이 분포해 있습니다.

(2) 땅의 높이가 높은 북쪽과 동쪽에서 땅의 높이가 낮은 서쪽과 남쪽으로 물이 흐르므로 우리나라의 큰 하천은 주로 서쪽과 남쪽으로 흘러갑니다.

상	우리나라 지형도를 보고 산지와 하천의 특징에 대해 잘 정리했습니다.
중	우리나라 지형도를 보고 산지와 하천의 특징에 대해 일부만 정리했습니다.
하	우리나라 지형도를 보고 산지와 하천의 특징에 대해 정리하지 못했습니다.

2 (1) 여름에는 남서쪽에서 바람이 불어오고, 겨울에는 북동쪽에서 바람이 불어옵니다.

(2) 여름에는 남동쪽에서 덥고 습한 바람이 많이 불어오고, 겨울에는 북서쪽에서 불어오는 차갑고 건조한 바람이 불어옵니다.

상	우리나라의 여름과 겨울에 불어오는 바람의 방향과 특징에 대해 잘 알고 있습니다.
중	우리나라의 여름과 겨울에 불어오는 바람의 방향은 알지만 특징에 대해서는 알지 못합니다.
하	우리나라의 여름과 겨울에 불어오는 바람의 방향과 특징에 대해 모두 알지 못합니다.

3 (1) 강수는 하늘에서 내린 물의 양을 나타내므로 강수량은 눈과 비를 모두 포함합니다.

(2) 이밖에도 해안 지역이 내륙 지역보다 강수량이 많은 편입니다.

상	강수량의 뜻과 지역에 따른 강수량의 특징에 대해 잘 알고 있습니다.
중	강수량의 뜻은 알지만 지역에 따른 강수량의 특징에 대해서는 알지 못합니다.
하	강수량의 뜻과 지역에 따른 강수량의 특징에 대해 모두 알지 못합니다.

4 (1) 봄에는 가뭄과 황사가 발생하고 여름에는 폭염, 홍수, 태풍이 발생합니다. 또 겨울에는 폭설과 한파가 발생합니다.

(2) 홍수는 비가 많이 내리면서 하천이 흘러넘쳐 주변의 도로나 건물 등이 물에 잠기는 재해입니다. 홍수 피해를 막기 위해서는 댐이나 제방을 쌓아 대비해야 합니다.

상	계절별로 발생하는 자연재해와 자연재해로 인한 피해를 줄일 수 있는 방법에 대해 잘 알고 있습니다.
중	계절별로 발생하는 자연재해는 알지만 자연재해로 인한 피해를 줄일 수 있는 방법은 알지 못합니다.
하	계절별로 발생하는 자연재해와 자연재해로 인한 피해를 줄일 수 있는 방법에 대해 모두 알지 못합니다.

3 우리 국토의 인문 환경

개념을 확인해요　　　　　　　41~43쪽

1 유소년층, 노년층　**2** 저출산　**3** 고령화　**4** 남서
5 수도권　**6** 대도시　**7** 도시　**8** 신도시　**9** 공업
10 지방　**11** 남동쪽　**12** 대전　**13** 제주　**14** 동해
15 자연환경　**16** 제철　**17** 경부 고속 국도　**18** 교통　**19** 고속 철도　**20** 인구

44~45쪽

1 (1) ○ (2) × (3) ○ **2** 2018년 **3** ④ **4** ㉠, ㉡ **5** 수도권, 남동쪽 해안가 **6** (1)-㉢ (2)-㉣ (3)-㉠ (4)-㉡ **7** ㉠ 경부 고속 국도 ㉡ 고속 철도 **8** ③

풀이

1 우리나라는 저출산·고령화가 지속되면서 유소년층이 줄어들고 노년층이 늘어나고 있습니다.

2 65세 이상의 노인 인구가 14%가 넘으면 고령 사회라고 합니다. 2018년에 노인 인구가 14%가 되어 우리나라가 고령 사회에 진입하였습니다.

3 농사지을 땅이 넓은 남서쪽의 평야 지역에 사람들이 많이 모여 살아 인구 밀도가 높았던 때는 1960년대입니다.

4 인구가 늘어나는 지역에서는 주택 부족, 교통 혼잡, 환경 오염 문제가 발생할 수 있습니다. 반면에 인구가 줄어드는 지역에서는 교육 시설이나 의료 시설 부족, 일손 부족 문제가 발생할 수 있습니다.

5 오늘날에는 수도권과 남동쪽 해안가에 공업이 많이 발달했습니다.

6 각 지역은 자연환경과 인문 환경의 차이 때문에 서로 다른 산업이 발달했습니다. 부산은 물류 산업, 대전은 첨단 산업, 광주는 자동차 산업, 제주는 관광 산업이 발달했습니다.

7 생활권은 통학, 통근 등 사람들의 일상생활이 이뤄지는 범위입니다.

8 사람들은 일자리가 많고 교통이 편리한 도시로 모여듭니다.

46~48쪽

1 (1) ○ (2) ○ **2** (1) 2000년 (2) 2018년 **3** ③ **4** ⑩ 14세 이하의 유소년층 인구는 점점 줄어들고 있고, 65세 이상 노년층 인구는 점점 늘어가고 있다. **5** ① **6** 남서쪽 **7** ① **8** 인구 밀도 **9** 촌락 **10** ③ **11** (1) 도시 (2) 도시의 인구 **12** 서울, 부산, 대구 **13** ㉠ **14** ⑤ **15** ③ **16** ① **17** ⑤ **18** ① **19** ④ **20** ⑩ 산업에 필요한 원자재를 쉽고 빠르게 운반할 수 있게 되었다.

풀이

1 1960년대에는 학급당 학생 수가 60명을 넘었으나, 점점 그 수가 줄어서 2019년에는 거의 22명이 되었습니다. 이러한 추세로 가면 남아도는 교실이 생길 수도 있습니다. 이러한 결과가 나오는 원인은 저출산 때문입니다.

2 우리나라는 2000년에 노인 인구가 7%를 넘어 고령화 사회가 되었고, 2018년에는 14%를 넘어 고령 사회에 진입했습니다.

3 지금과 비슷한 흐름으로 간다면 2026년에는 초고령 사회로 진입할 것이라는 전망을 내놓았습니다.

4 시간이 지남에 따라 유소년층의 인구 비율은 줄고, 노년층의 인구 비율이 늘어나고 있음을 확인할 수 있습니다.

5 아이를 적게 낳는 가정이 늘어나면서 새로 태어나는 아기의 수는 점점 줄고, 평균 수명의 연장으로 노년층이 차지하는 비율이 늘고 있기 때문입니다.

6 1960년대에는 농사지을 땅이 넓은 남서쪽의 평야 지역에 사람들이 많이 모여 살아 인구 밀도가 높았습니다.

7 1960년대 이전에는 벼농사 중심의 농업 사회였기 때문에 남서쪽의 평야 지역에 인구가 많았습니다.

8 일정한 넓이 안에 거주하는 인구로 인구의 밀집 정도를 나타낸 것을 인구 밀도라고 합니다.

9 촌락 지역에는 65세 이상 노년층 인구의 비율이 높습니다.

10 일손 부족은 인구가 줄어드는 지역에서 나타나는 문제입니다.

11 원은 도시를 나타내고 원의 크기는 그 도시의 인구를 나타냅니다.

12 지도를 보면 1970년에 인구 100만 명 이상인 도시는 서울과 부산, 대구 세 곳뿐이었습니다.

13 서울을 중심으로 인천과 경기를 포함한 수도권에 도시가 가장 많이 늘어났습니다.

14 학생 수 감소는 저출산에 따른 문제점으로 촌락에서 더 심각하게 나타납니다.

15 제주는 독특하고 아름다운 자연환경 덕분에 관광 산업이 발달했습니다.

16 광주에는 자동차와 관련된 연구 시설이 많아 자동차 산업이 발달할 수 있었습니다.

17 지역마다 가진 자연환경과 교통이나 도시 분포와 같

은 인문 환경이 다르기 때문에 지역별로 산업이 다르게 발달합니다.

더 알아볼까요?

다양한 산업의 발달
- 서울: 소비 시장이 넓어 서비스업, 운송업 등 다양한 산업이 발달했습니다.
- 대전: 연구소와 대학교가 협력해 첨단 산업이 성장했습니다.
- 광주: 자동차 산업이 발달했으며 이와 관련된 여러 가지 시설을 볼 수 있습니다.
- 동해: 시멘트의 주원료인 석회석이 풍부해 시멘트 산업이 발달했습니다.
- 부산: 원료를 수입하고 제품을 수출하기 좋은 해안가에 위치해 물류 산업이 발달했습니다.
- 제주: 독특하고 아름다운 자연환경 덕분에 관광 산업이 발달했습니다.

18 1980년대에 비해 2020년에는 고속 국도가 많이 늘어났고, 고속 철도가 새롭게 생겨났습니다.

19 다른 교통 시설에 비해 고속 국도가 크게 증가하여 그물망처럼 전국을 이어 주고 있습니다.

20 교통이 발달하면 산업 현장에서 필요한 원자재를 쉽고 빠르게 운반할 수 있습니다. 뿐만 아니라 생산된 제품을 소비지에 빠르게 운송할 수도 있습니다.

2회 실력을 쌓아요

49~51쪽

1 ① **2** ④ **3** 7 **4** ① **5** ⑩ 북서쪽 지역에 비해 기후가 온화하고 평야가 넓어 농사짓기에 유리하기 때문이다. **6** ③ **7** ② **8** 수도권 **9** ③ **10** 늘어났는데, 남동쪽 **11** ③ **12** ① **13** ① **14** 우리나라의 주요 공업 지역 **15** 남동 임해 공업 지역 **16** 시멘트 산업 **17** ⑩ 생산에 필요한 원료가 항구를 통해 운반되기 때문이다. **18** ②, ③ **19** ㉡ **20** ②

풀이

1 교실이 남아도는 것을 걱정할 만큼 출산율이 떨어진 것에 대해 문제를 제기하고 있습니다.

2 저출산으로 학생 수가 줄어드는 추세가 계속된다면 앞으로 학급당 학생 수가 20명 이하로 떨어질 수도 있습니다.

3 노인 인구가 7%가 넘으면 고령화 사회, 14%가 넘으면 고령 사회, 20%가 넘으면 초고령 사회라고 합니다.

4 노인 인구의 비율은 계속해서 증가하고 있는 추세입니다.

5 1960년대에는 벼농사 중심의 농업 사회였기 때문에 남서쪽 지역의 평야 지역에 사람들이 많이 모여 살았습니다.

6 대도시에는 공장, 공공 기관, 대학교, 문화 시설 등이 집중되어 있어 우리나라의 정치, 경제, 문화의 중심지 역할을 하고 있습니다.

7 교통 혼잡은 인구가 늘어나는 지역에서 발생할 수 있는 문제입니다.

8 서울을 중심으로 인천과 경기를 포함한 수도권에 인구가 가장 밀집되어 있습니다.

9 대도시 지역은 산업이 발달하여 일자리가 많기 때문에 인구가 많습니다.

10 제시된 지도를 보면 1970년에 비해 2020년에 도시의 수나 도시 인구가 크게 늘어났다는 것을 알 수 있습니다.

11 2020년에는 서울, 부산, 인천, 대구, 대전, 광주, 울산, 수원, 창원, 고양, 용인 등 11곳이 인구 100만 명을 넘었습니다.

12 경기도에 신도시를 건설하여 서울에 집중된 인구와 기능을 분산시키려고 했습니다.

13 과거에는 제품을 만드는 데 필요한 재료를 쉽게 얻을 수 있는 원료 산지에서 산업이 발달하였습니다.

14 오늘날에는 수도권과 남동쪽 해안가에 공업이 많이 발달했음을 지도를 통해 알 수 있습니다.

15 우리나라에서는 남동쪽 해안가에 중화학 공업 단지가 형성되었습니다.

16 동해는 시멘트의 주원료가 되는 석회석이 풍부해 시멘트 산업이 발달했습니다.

17 공업 지역에서 생산에 필요한 원료는 주로 배로 이동하여 항구에서 운반되기 때문에 주요 공업 지역과 항구가 가까이에 위치합니다.

18 산업이 발달하면서 도시가 성장하고, 공장이나 건물들이 늘어났습니다.

19 ㉡의 강원도 촌락은 인구가 많지 않습니다. 인구가 많은 곳에 교통망이 발달하므로 ㉡ 지역은 교통망이 발달되어 있지 않습니다.

20 인구 많은 지역은 교통이 발달하여 신속한 원료 공급으로 산업이 성장하면서 일자리를 많이 제공할 것입니다.

1회 탐구 서술형 평가

1 예 2040년에 비해 유소년층 인구는 더 줄고 노년층 인구는 더 늘어나게 될 것이다.

2 (1) 예 과거에는 지형, 기후 등 자연환경이 인구 분포에 많은 영향을 끼쳤다.
(2) 예 오늘날에는 공업, 서비스업, 교통 등 인문 환경이 인구 분포에 많은 영향을 주고 있다.

3 (1) ① 서울, 부산 ② 서울, 부산, 인천, 대구, 대전, 광주, 울산, 수원, 창원
(2) 예 수도권과 남동쪽 해안 지역의 도시 수와 도시 인구가 크게 증가하였다.

4 예 옛날에는 작은 어촌이었지만 오늘날에는 제철 산업이 발달한 도시로 성장했다.

풀이

1 그래프를 보면 노년층 인구는 늘어나고 유소년층 인구는 줄어들고 있습니다. 이러한 흐름이라면 2050년에는 2040년보다 노년층 인구는 더 늘고 유소년층 인구는 더 줄어들 것입니다.

상	우리나라의 연령별 인구 구성 비율의 변화 그래프를 보고 앞으로의 변화 모습에 대해 잘 예상했습니다.
중	우리나라의 연령별 인구 구성 비율의 변화 그래프를 보고 앞으로의 변화 모습에 대해 일부만 알맞게 예상했습니다.
하	우리나라의 연령별 인구 구성 비율의 변화 그래프를 보고 앞으로의 변화 모습에 대해 예상하지 못했습니다.

2 과거에는 인구 분포에 영향을 준 것이 자연환경이었지만 오늘날에는 인문 환경이 인구 분포에 많은 영향을 줍니다.

상	과거와 오늘날의 인구 분포가 다른 까닭을 자연환경과 인문 환경을 활용해 잘 설명했습니다.
중	과거와 오늘날의 인구 분포가 다른 까닭을 자연환경과 인문 환경을 활용해 일부만 설명했습니다.
하	과거와 오늘날의 인구 분포가 다른 까닭을 자연환경과 인문 환경을 활용해 설명하지 못했습니다.

3 (1) 인구 100만 명 이상인 도시가 1970년에는 서울과 부산, 대구 단 세 곳뿐이었지만, 2020년에는 인천, 대구, 대전, 광주, 울산, 수원, 창원, 고양, 용인까지 모두 열한 곳으로 늘어났습니다.

(2) 수도권과 남동쪽 해안 지역에 도시가 많이 늘어났고, 더불어 도시의 인구도 크게 증가한 것을 알 수 있습니다.

상	두 지도에서 100만 명이 넘는 도시를 잘 찾았고, 어느 지역의 도시 수와 도시 인구가 늘었는지 알고 있습니다.
중	두 지도에서 100만 명이 넘는 도시는 잘 찾았지만, 어느 지역의 도시 수와 도시 인구가 늘었는지는 알지 못합니다.
하	두 지도에서 100만 명이 넘는 도시를 찾지 못했으며, 어느 지역의 도시 수와 도시 인구가 늘었는지도 알지 못합니다

4 포항은 과거에 어촌이었던 곳이 포항 제철소가 들어서면서 큰 도시로 성장했습니다.

상	사진을 보고 산업의 발달에 따른 포항의 변화 모습을 잘 설명했습니다.
중	사진을 보고 산업의 발달에 따른 포항의 변화 모습을 일부만 설명했습니다.
하	사진을 보고 산업의 발달에 따른 포항의 변화 모습을 설명하지 못했습니다.

2회 탐구 서술형 평가

1 (1) ① 계속 줄어들고 있다. ② 계속 늘어나고 있다.
(2) 예 초등학교의 학급당 평균 학생 수는 20명 이하로 줄어들 것이고, 노인 인구 비율은 더 늘어 초고령 사회에 들어설 것이다.

2 예 인구가 줄어들기 때문에 교육 시설이나 의료 시설이 부족하고 일손도 부족해지는 문제가 나타나고 있다.

3 (1) 동해: 시멘트 산업 – 예 시멘트의 주원료인 석회석이 풍부하기 때문이다.
(2) 대전: 첨단 산업 – 예 연구소와 대학교가 모여 서로 협력하기 때문이다.
(3) 부산: 물류 산업 – 예 원료를 수입하고 제품을 수출하기에 좋은 해안가에 위치해 있기 때문이다.
(4) 제주: 관광 산업 – 예 독특하고 아름다운 자연환경을 볼 수 있기 때문이다.

4 (1) ① 고속 철도 ② 고속 국도
(2) 예 고속 철도를 타고 먼 거리를 짧은 시간에 이동할 수 있게 되었다. 비행기를 이용해 하루 안에 전국을 하루 안에 왕복할 수 있게 되었다.

풀이

1 (1) 초등학교의 학급 당 평균 학생 수를 나타내는 그래프는 계속 낮아지고 있고, 65세 이상 노인 인구 비율을 나타내는 그래프는 계속 높아지고 있습니다.

(2) 10년 뒤에는 저출산·고령화 문제가 좀 더 심각해질 것입니다.

상	그래프를 보고 초등학교의 학급당 평균 학생 수와 65세 이상 인구 비율의 변화 모습이 어떠한지 알고, 앞으로의 변화 모습에 대해서도 잘 예상했습니다.
중	그래프를 보고 초등학교의 학급당 평균 학생 수와 65세 이상 인구 비율의 변화 모습이 어떠한지 알았지만, 앞으로의 변화 모습에 대해서는 예상하지 못했습니다.
하	그래프를 보고 초등학교의 학급당 평균 학생 수와 65세 이상 인구 비율의 변화 모습과 앞으로의 변화 모습에 대해서 알지 못했습니다.

2 노년층 인구 비율이 높은 지역은 더 이상 인구가 늘지 않아 인구가 정체되거나 줄어들어서 각종 교육 시설이나 의료 시설의 부족과 일손 부족 문제가 나타날 수 있습니다.

상	65세 이상 노년층 인구 비율이 높은 지역에서 발생하는 문제점이 무엇인지 잘 알고 있습니다.
중	65세 이상 노년층 인구 비율이 높은 지역에서 발생하는 문제점 중 일부만 알고 있습니다.
하	65세 이상 노년층 인구 비율이 높은 지역에서 발생하는 문제점이 무엇인지 알지 못합니다.

3 자연환경과 인문 환경의 차이에 따라 지역별로 각기 다른 산업이 발달했습니다.

상	각 지역에서 발달한 산업과 그 산업이 발달한 이유에 대해 잘 알고 있습니다.
중	각 지역에서 발달한 산업은 알고 있지만 그 산업이 발달한 이유에 대해서는 알지 못합니다.
하	각 지역에서 발달한 산업과 그 산업이 발달한 이유에 대해 모두 알지 못합니다.

4 (1) 2004년 고속 철도가 처음으로 개통되었고, 1980년대와 비교했을 때 고속 국도가 가장 크게 증가했다는 것을 알 수 있습니다.

(2) 기차나 비행기 등 교통수단과 도로, 철도 등의 교통 시설이 발달하면서 사람과 물자의 이동이 빨라졌습니다.

상	교통도를 보고 교통 시설의 변화 모습과 교통 발달에 따라 달라진 점에 대해 잘 정리했습니다.
중	교통도를 보고 교통 시설의 변화 모습과 교통 발달에 따라 달라진 점 중에서 일부만 정리했습니다.
하	교통도를 보고 교통 시설의 변화 모습과 교통 발달에 따라 달라진 점에 대해 정리하지 못했습니다.

1회 단원 평가 · 연습

56~58쪽

1 북반구, 동쪽 **2** ③ **3** ③ **4** 영동 지방, 영서 지방 **5** ① **6** ② **7** 1곳, 제주특별자치도 **8** ㉠ **9** 동해안 **10** ⑤ **11** 지구 온난화 **12** ② **13** (1) ⑩ 무더운 날에는 야외 활동을 자제하고 시원한 곳에서 휴식을 취한다. (2) ⑩ 댐이나 제방을 쌓거나 빗물을 가두어 놓는 시설을 설치한다. **14** ㉡ **15** ⑤ **16** 자연적 요인 **17** ① **18** ⑤ **19** 경부 고속 국도 **20** ㉠, ㉢, ㉣

풀이

1 우리나라는 북반구의 중위도에 위치하며, 아시아 대륙의 동쪽, 서태평양의 서쪽에 위치하고 있습니다.

2 영해는 주권이 미치는 바다의 영역으로서, 수산 자원과 지하자원의 확보에 중요한 의미를 가집니다.

3 일본의 옛 문헌에서조차도 독도가 자신의 땅이 아니라는 것을 말하고 있습니다.

4 철령관 동쪽에 있는 관동 지방은 태백산맥을 기준으로 영동 지방과 영서 지방을 나눕니다.

5 금강의 옛 이름인 호강의 서쪽에 있다고 하여 호서 지방이라고 불렀습니다.

6 경상북도의 도청은 안동에 있고, 전라북도의 도청은 전주에 있습니다.

7 우리나라에는 특별자치시가 1곳으로 세종특별자치시가 있고, 특별자치도도 1곳으로 제주특별자치도가 있습니다.

8 해안은 바다와 맞닿은 육지 부분으로 갯벌이 나타나거나 모래사장이 있는 곳도 있습니다.

9 동해안은 해안선이 단조롭고 모래사장이 펼쳐진 곳이 많아 해수욕장이 발달했습니다.

10 가을철에는 농작물들을 수확하는 농부들의 모습을 볼 수 있고, 단풍이 든 산으로 단풍 구경을 가는 사람들도 볼 수 있습니다.

11 지구 온난화의 영향을 받아 우리나라도 지난 100년간 평균 기온이 1.5℃나 높아졌고, 사계절이 뚜렷하던 우리나라에서도 기후 변화 현상이 나타나고 있습니다.

12 사람들은 가뭄을 대비하여 물을 저장할 수 있는 저수지를 만들었습니다.

13 폭염은 하루 최고 기온이 33℃ 이상으로 올라가는 매우 심한 더위를 말합니다.

14 인구 구성을 연령별로는 14세 이하의 유소년층, 15~64세의 청장년층, 65세 이상의 노년층으로 나눌 수 있습니다.

15 2050년이 되면 유소년층 인구 비율은 더욱 줄어들고, 노년층 인구 비율은 더욱 늘어날 것이라고 추론할 수 있습니다.

16 오늘날에는 과학 기술이 발달하고 경제 성장이 가속화되면서 인구 분포의 자연적 요인보다는 사회·경제적 요인이 증대되었습니다.

17 서울시의 주택 문제를 해결하기 위해 경기도에 신도시를 만들기 시작했습니다. 분당, 산본, 일산, 중동, 평촌 등이 대표적인 신도시입니다.

18 바다와 인접해 있으면 항구를 통해서 제품의 수출과 원료의 수입이 편리합니다.

19 경부 고속 국도가 1970년에 완공되면서 전 국토가 1일 생활권으로 연결되었습니다.

20 인구가 많은 지역은 교통이 발달하여 신속한 원료 공급으로 다양한 산업이 성장하면서 일자리가 많아지고 인구가 집중됩니다. 또한 산업이 발달하면 일자리가 많고 교통이 편리하기 때문에 인구도 많아집니다.

2회 단원 평가 기출

59~61쪽

1 ② **2** ① **3** 비무장 지대 **4** 중부 지방 **5** ③ **6** ⑤ **7** ㉠ 서울특별시 ㉡ 울산광역시 ㉢ 강원도 ㉣ 제주특별자치도 **8** ① **9** ②, ④ **10** 강릉 **11** ②, ⑤ **12** (1) 모시옷 (2) 누비옷 **13** 예 겨울에 눈이 집으로 들어오는 것을 막기 위해 우데기라는 외벽을 설치했다. **14** ① **15** ⑤ **16** ①, ② **17** 고령 사회 **18** 농업 **19** 도시, 풍부하다 **20** ②

풀이

1 우리나라는 아시아 대륙의 동쪽에 위치하고 있으며, 한 면이 대륙과 접하고 있습니다.

2 우리나라의 영역은 우리의 주권이 미치는 곳이기 때문에 다른 나라에서 함부로 들어올 수 없습니다.

3 비무장 지대는 지금은 철조망으로 가로막혀 가 볼 수 없지만, 한반도 평화 유지에 중요한 장소입니다.

4 행정 구역상으로는 서울특별시, 경기도, 인천광역시, 대전광역시, 세종특별자치시, 충청북도, 충청남도, 강원도가 포함됩니다.

5 조령(문경 새재)이라는 고개의 남쪽에 있어서 '영남'이라고 불리게 되었습니다.

6 '경기'는 왕이 사는 도읍의 주변 지역을 뜻합니다.

7 특별시 1곳은 서울특별시이고, 특별자치도 1곳은 제주특별자치도입니다.

8 주요 산맥으로 나타난 부분은 밤색 점토를 붙입니다.

9 하천 상류에는 다목적 댐을 건설해 홍수를 방지하고 전기를 생산합니다.

10 서울은 -2.4℃이고, 강릉은 0.4℃이므로, 강릉이 기온이 더 높습니다.

11 강릉이 서울보다 기온이 높은 것은 태백산맥이 찬바람을 막아 주고 바다의 영향을 받기 때문입니다.

12 더운 여름에는 바람이 잘 통하는 시원한 옷감으로 옷을 만들어 입었고, 겨울에는 솜을 넣어 누빈 두꺼운 옷으로 몸을 따뜻하게 하였습니다.

13 눈이 많이 내리는 울릉도에서는 눈이 집으로 들어오는 것을 막고 집 안에서 생활하기 편리하도록 우데기라는 외벽을 설치하였습니다.

14 겨울철에는 주로 한파와 폭설 등의 자연재해가 발생합니다.

15 황사가 발생하면 외출할 때 마스크를 쓰고, 집에 돌아와서는 손발을 잘 씻어야 합니다.

16 저출산으로 초등학교의 학급 당 평균 학생 수가 줄고 있다는 것과 노인 인구 비율이 점점 높아져 우리 사회가 고령화 되어 간다는 것을 지적하고 있습니다.

17 우리나라는 2018년에 노인 인구가 14%를 넘어서 고령 사회에 도달했습니다.

18 평야가 많이 분포하는 남서쪽 지역에는 농사지을 땅이 넓었기 때문에 이 지역에 사람들이 많이 모여 살게 되어 인구가 많았습니다.

19 2020년 인구분포도를 보면 수도권과 대도시에 전체 인구의 70%가 밀집되어 있습니다.

20 바닷가에 위치한 포항은 포항 제철소가 들어서면서 큰 도시로 성장했습니다.

3회 단원 평가 실전

62~64쪽

1 예 대륙으로 쉽게 나아갈 수 있다. 해양으로 진출하기 유리하다.   2 ①   3 ㉠ 제주특별자치도 서귀포시 마라도 ㉡ 경상북도 울릉군 독도   4 ④   5 (가) 북부 지방 (나) 중부 지방 (다) 남부 지방   6 휴전선   7 ①   8 ④   9 ④   10 ②   11 서울   12 예 다른 지역에 비해 일 년 내내 강수량이 고르게 나타난다.   13 ③   14 ㉠, ㉡, ㉰   15 기상 특보   16 예 우리나라의 출산율이 낮아지면서 전체 인구에서 노년층이 차지하는 비율이 높아지고 있다.   17 ②   18 (1) ◯ (2) ◯ (4) ◯   19 ⑤   20 수영

풀이

1 반도는 삼면이 바다로 둘러싸여 있고, 대륙과도 연결된 곳을 말합니다. 따라서 대륙으로도 쉽게 나갈 수 있으며, 동시에 해양으로도 나아갈 수 있다는 장점이 있습니다.

2 위선은 적도를 기준으로 북극까지를 북위, 남극까지를 남위라고 합니다. 또 경선은 본초 자오선을 기준으로 동쪽은 동경, 서쪽은 서경이라고 합니다.

3 우리나라 영토의 남쪽 끝은 제주특별자치도 서귀포시 마라도이고, 동쪽 끝은 경상북도 울릉군 독도입니다.

4 국토 개발 계획을 수립하고 진행하는 일은 초등학생인 우리들이 실천하기에 어려운 일입니다.

5 남북으로 긴 우리나라는 큰 산맥과 하천을 중심으로 북부, 중부, 남부 지방으로 구분할 수 있습니다.

6 북부 지방은 지금의 북한 지역으로 말하고, 중부 지방은 휴전선 남쪽으로 소백산맥과 금강 하류까지의 지역을 말합니다.

7 전라도는 '전주'의 앞 글자와 '나주'의 앞 글자를 따서 정한 명칭입니다.

8 동고서저는 동쪽이 높고 서쪽이 낮다는 뜻입니다. 이 때문에 우리나라의 큰 하천은 대부분 동쪽에서 서쪽으로 흘러간다는 것을 알 수 있습니다.

9 낮고 평탄한 평야 지역에서는 농사를 많이 짓고, 옛날부터 큰 도시가 발달했습니다.

10 시원한 여름을 보내기 위해 대청을 만들었고, 겨울에 난방을 위해 온돌을 설치했습니다.

11 네 곳 모두 7~8월에 강수량이 많지만 서울은 강수량이 300mm 이상입니다.

12 울릉도의 강수 분포를 보면 겨울에도 눈이 많이 내리기 때문에 일 년 내내 강수량이 고르게 나타납니다.

13 울릉도와 영동 지방과 같이 눈이 많이 내리는 지역에서 눈에 빠지거나 미끄러지지 않도록 설피를 신기도 했습니다.

14 여름에는 홍수, 폭염, 태풍으로 많은 피해가 발생합니다.

15 자연재해의 피해를 줄이려면 자연재해에 대한 정확한 정보를 재빨리 알려 주는 예보와 경보 체계를 갖추는 것이 필요합니다.

16 오늘날 우리나라의 연령별 인구 구성 비율에서는 유소년층은 줄고 노년층은 늘어나면서 저출산·고령 사회로 접어들었습니다.

17 교육 혜택을 많이 누릴 수 있는 수도권과 대도시에 유소년층의 인구가 많이 분포합니다.

18 1980년대부터 경기도에 신도시를 건설해 서울의 인구와 기능을 분산시켰고, 국토의 균형 발전을 위해 공공 기관을 지방으로 옮겨 그 주변이 발전하도록 했습니다.

19 교통이 발달하면 이동 시간이 줄어들어 지역 간의 거리가 점점 가깝게 느껴집니다.

20 교통이 발달하면 원료 운송 시간과 비용이 줄어들어 산업 발전에 유리할 것입니다.

---

2 인권 존중과 정의로운 사회

1 인권을 존중하는 삶

개념을 확인해요

67~69쪽

1 인권   2 법   3 존중   4 허균   5 방정환   6 테레사   7 흑인   8 격쟁   9 북   10 세(3)   11 침해   12 인권   13 편견   14 시민 단체   15 다문화   16 장애인   17 시각 장애인   18 휠체어 리프트   19 사회 보장   20 보호

개념을 다져요

70~71쪽

1 인권   2 ⑤   3 방정환   4 ⑤   5 ④   6 삼복제   7 ⑤   8 ④

1 인권은 태어나면서부터 가지게 되는 권리로, 지역이나 시기에 상관없이 모든 사람들이 보편적으로 누릴 수 있는 권리입니다.

2 장애인, 몸이 약하고 아픈 사람이나 어린이, 노인 등은 사회의 관심에서 소외되고, 법의 보호를 충분히 받지 못하기 때문에 인권을 존중해 주어야 할 사람들입니다.

3 방정환은 모든 어린이가 꿈과 희망을 품고 행복하게 자라날 수 있도록 '어린이날'을 만들었습니다.

4 테레사 수녀는 평생 동안 가난하고 아픈 사람들을 도와주고 보살펴 주었습니다.

5 격쟁은 억울한 일을 당한 사람이 임금의 행차 때 징이나 꽹과리를 쳐 임금에게 억울함을 호소했던 제도입니다.

6 세 번까지 재판하는 삼복제는 오늘날의 삼심제로 이어지고 있습니다.

7 학교에서는 다문화 가족에 대한 사회적 차별과 편견을 예방하고, 문화의 다양성을 인정하며 존중할 수 있도록 하기 위해서 다문화 이해 교육을 실시하고 있습니다.

8 시각 장애인에게 건물의 위치와 구조에 대한 정보를 제공하는 안내판인 '시각 장애인용 점자 안내도'입니다.

1회 실력을 쌓아요

72~74쪽

1 ② 2 ④ 3 (다) 4 인권 5 ② 6 ③ 7 예 모든 어린이가 꿈과 희망을 품고 행복하게 자라기를 바라는 마음에서 만들었다. 8 ③ 9 ② 10 (1)-ⓒ (2)-ⓙ (3)-ⓛ 11 ① 12 ② 13 ③ 14 예 신체검사를 할 때 다른 친구들이 개인 정보를 허락 없이 확인하여 인권이 침해되었기 때문이다. 15 시민 단체 16 ② 17 ②, ⑤ 18 국가인권위원회 19 ④ 20 ⑤

1 제시된 그림 (가)~(라)는 생활 속에서 서로의 차이를 존중하는 모습을 나타낸 것입니다.

2 (나)는 키가 작은 어린이를 위해 낮은 세면대를 설치한 모습입니다.

3 (다)와 같이 장애인 전용 주차 구역을 만드는 것은 장애인의 인권을 존중하는 모습입니다.

4 모든 사람에게 평등하게 주어지며 다른 사람이 빼앗을 수 없는 권리이자, 인간으로서 행복과 안전을 누릴 수 있는 권리는 인권입니다.

더 알아볼까요!

인권의 의미와 특성
• 사람으로서 당연히 가지는 기본적인 권리입니다.
• 사람으로서 인간답게 살아갈 권리를 침해당하지 않는 것입니다.
• 태어날 때부터 갖는, 사람이기 때문에 존중되는 권리입니다.
• 다른 사람의 힘이나 권력으로 함부로 빼앗을 수 없는 권리입니다.

5 학교생활에서 인권 존중을 실천하려면 친구에게 장난이라도 욕을 하지 않고, 친구가 발표할 때 잘 들어 주며, 장애나 몸이 아픈 학생을 놀리지 않아야 합니다.

6 허균이 지은 『홍길동전』은 신분으로 차별받는 사람들의 인권을 다루고 있습니다.

7 방정환은 어린이를 업신여겨서는 안 되며, 어른과 동등한 하나의 인격체로 어린이를 존중해야 한다고 생각했습니다.

8 테레사 수녀는 인도 캘커타의 빈민가에서 가난한 사람과 아픈 사람들을 사랑으로 돌봤습니다.

9 격쟁, 신문고 제도, 상언 제도, 삼복제 등은 일반 백성들의 인권 신장을 위한 제도였고, 상소는 신분이 높은 사람이 자신의 억울함을 알리던 제도였습니다.

10 격쟁은 징과 꽹과리로 알리는 방법, 상언 제도는 글을 써서 올리는 방법, 신문고 제도는 북을 쳐서 알리는 방법입니다.

11 세 차례의 재판을 받는 삼복제는 억울하게 벌을 받는 일이 없도록 하기 위해 만든 제도입니다.

12 「국민 기초 생활 보장법」, 「재해 구호법」, 「의료 보호법」, 「아동 복지법」 등은 인권 보호를 위해 제정된 법입니다.

13 유엔 아동 권리 협약에서는 이 세상 어린이라면 마땅히 누려야 할 권리를 생존의 권리, 보호의 권리, 발달의 권리, 참여의 권리로 제시하고 있습니다.

14 신체검사를 할 때 다른 친구의 키와 몸무게 같은 개인 정보를 허락 없이 확인하는 것은 그 친구의 인권을 침해하는 행동입니다.

15 시민들은 시민 단체를 만들어 인권 개선 활동을 펼치

는 등 인권 보장을 위해 여러 가지 노력을 하고 있습니다.

16 휠체어 리프트는 몸이 불편한 사람이 계단을 쉽게 오르내릴 수 있게 만든 장애인 공공 편의 시설입니다.

더 알아볼까요!

장애인 공공 편의 시설
• 시각 장애인용 음향 신호기: 시각 장애인이 안전하게 횡단보도를 건널 수 있도록 소리로 신호등의 변화를 알려 주는 장치
• 휠체어 리프트: 몸이 불편한 사람이 계단을 쉽게 오르내릴 수 있게 만든 시설
• 장애인 콜택시: 1, 2급 장애인과 보호자, 동반 가족이 이용할 수 있는 교통수단

17 국가와 지방 자치 단체는 국민이 빈곤, 질병, 생활 불안 등에서 벗어나 안정적으로 살 수 있도록 사회 보장 제도를 만들어 시행합니다.

18 국가인권위원회는 국민들의 기본적인 인권을 보호하고 향상하기 위해 만들었습니다.

19 국가인권위원회에서는 인권과 관련된 법을 검토하지만 직접 만들지는 않습니다.

20 제시된 자료는 글과 그림을 이용하여 인권 보호 실천 방법을 포스터로 나타낸 것입니다.

2회 실력을 쌓아요

75~77쪽

1 ③, ④   2 ③   3 ⑤   4 허균   5 ③   6 테레사 수녀   7 ①   8 ②   9 ⓔ 백성들이 억울한 일을 당했을 때 억울함을 호소하고 해결할 수 있도록 하기 위해서이다.   10 삼복제   11 ③   12 (1) ㉠ (2) ㉡   13 (1) × (2) ○ (3) × (4) ×   14 ④   15 ⑤   16 ⓔ 몸이 불편한 노인이 편하게 병원에 갈 수 있는 교통수단을 만들거나 비용을 지원한다.   17 ②   18 인권 표어 만들기   19 ⑤   20 ③

풀이

1 인권은 모든 사람이 태어나면서부터 성별, 국적, 인종 등에 관계없이 존중을 받으며 인간답게 살아갈 권리로, 남에게 넘겨 줄 수 없습니다.

2 임신, 출산 등으로 일하기 힘든 경우에 법으로 휴가를 보장하는 모습을 나타낸 것입니다.

3 인권 존중은 서로의 개성과 생각을 존중해 주고, 나와 다른 사람을 배려하고 인격적으로 대해 주는 것입니다.

4 허균은 양반 신분임에도 가난한 백성의 편에 서서 신분 제도의 잘못된 점을 비판했습니다.

5 방정환은 어린이날을 만드는 등 어린이의 인권 신장을 위해 노력했습니다.

6 테레사 수녀는 가난하고 아픈 사람들을 위해 평생을 바쳤습니다.

7 마틴 루서 킹과 넬슨 만델라는 흑인의 인권 신장을 위해 노력했습니다.

더 알아볼까요!

인권 신장을 위해 노력한 다른 나라의 인물
• 테레사 수녀: 빈민가에서 가난하고 아픈 사람들을 사랑으로 돌봤습니다.
• 마틴 루서 킹: 차별받은 흑인의 인권 신장을 위해 노력했습니다.
• 헬렌 켈러: 자신의 일생을 장애인과 여성의 인권 신장을 위해 바쳤습니다.
• 넬슨 만델라: 인종 차별에 맞서 인권 운동을 펼치며 평생을 투쟁하였습니다.

8 격쟁은 억울한 일을 당한 사람이 임금의 행차 때 징이나 꽹과리를 쳐서 임금에게 억울함을 호소했던 제도입니다.

9 조선 시대에는 일반 백성은 원통하고 억울한 일을 당해도 하소연하기 어려웠습니다. 백성들이 억울함을 알릴 수 있도록 하기 위해 격쟁이나 신문고 제도를 만들었습니다.

10 삼복제는 억울하게 벌을 받는 일이 없도록 하기 위해서 세 번의 재판을 거쳐 판결을 내리도록 한 제도입니다.

11 「국민 기초 생활 보장법」은 생활이 어려운 사람들에게 필요한 돈을 주어 그들의 최저 생활을 보장하고 자활을 조성하는 것을 목적으로 제정된 법률입니다.

12 적절한 생활 수준과 안전한 주거지, 건강을 유지할 수 있도록 영양을 섭취하고 보건 서비스를 받을 수 있는 '생존의 권리'가 있습니다.

13 격쟁이나 신문고 제도 등을 통해 글을 모르는 백성도 억울함을 알릴 수 있었습니다.

14 학급 청소를 친구들 모두가 힘을 합쳐서 하는 것은 인권 침해 사례에 해당하지 않습니다.

15 할머니께서는 택시는 택시비가 비싸서 자주 이용하지 못하고 꾹 참고 집에 있을 때가 많습니다.

16 국민이 경제적인 이유로 기본적이 생활이 어려울 때에는 국가나 지방 자치 단체가 나서서 도와주어야 합니다.

17 인권 교육 활동을 통해 어떤 행동이 인권을 무시하는 행동인지 알고 인권 존중을 실천할 수 있도록 합니다.

18 인권 보호 실천 방법에는 인권 표어 만들기, 인권 포스터 그리기, 인권 사진 찍기 등이 있습니다.

19 다른 사람을 무시하는 말, 몸으로 마음을 판단하는 말, 도시 중심으로 판단하는 말, 성 고정 관념을 강요하는 말 등이 인권을 무시하는 차별과 편견의 말입니다.

20 유엔 아동 권리 협약은 어린이가 주고받는 전화나 문자 등을 다른 사람이 함부로 보아서는 안 된다고 규정하고 있습니다.

1회 탐구 서술형 평가 🦕

78~79쪽

1 (1) (다)
(2) 예 노약자와 몸이 불편한 사람들을 위해 공공장소에 승강기를 설치한다.
2 (1) 허균
(2) 예 신분이 천하다는 이유로 능력을 펼칠 기회조차 주지 않는 당시의 사회 제도를 비판하였다.
3 (1) 마틴 루서 킹
(2) 백인에게 소외되고 차별받는 흑인의 인권을 신장하기 위해 노력했다.
4 (1) 학교
(2) 예 국민이 빈곤, 질병, 생활 불안 등에서 벗어나 안정적으로 살 수 있도록 하기 위해서이다.

풀이

1 (1) 건물 가까이에 장애인을 위한 장애인 전용 주차 구역을 따로 만드는 것은 장애인의 인권을 존중하는 모습입니다.
(2) (나)는 노약자와 몸이 불편한 사람을 위해 공공장소에 승강기를 설치하여 인권 존중을 실천하는 모습입니다.

상	우리 생활 속에서 인권이 존중되고 있는 모습을 잘 알고 있습니다.
중	우리 생활 속에서 인권이 존중되고 있는 모습을 일부만 알고 있습니다.
하	우리 생활 속에서 인권이 존중되고 있는 모습을 알지 못합니다.

2 허균은 『홍길동전』에서 능력이 있어도 신분 차별 때문에 뜻을 펼치지 못하는 당시의 사회 제도를 고쳐야 한다고 주장했습니다.

상	『홍길동전』을 지은 인물과 책에 담긴 내용에 대해 잘 알고 있습니다.
중	『홍길동전』을 지은 인물은 알지만 책에 담긴 내용에 대해서는 알지 못합니다.
하	『홍길동전』을 지은 인물과 책에 담긴 내용을 모두 알지 못합니다.

3 (1) 마틴 루서 킹 목사가 했던 '나에게는 꿈이 있습니다'라는 연설은 흑인도 백인과 똑같은 인권이 있다는 내용을 담고 있습니다.
(2) 마틴 루서 킹은 흑인도 백인과 똑같은 인간으로서 존엄성을 가지며 동일하게 대우해야 한다고 주장했습니다.

상	흑인의 인권 신장을 위해 노력한 마터 루터 킹에 대해 잘 알고 있습니다.
중	흑인의 인권 신장을 위해 노력한 마터 루터 킹에 대해 일부만 알고 있습니다.
하	흑인의 인권 신장을 위해 노력한 마터 루터 킹에 대해 알지 못합니다.

4 (1) 학교에서는 인권 교육 활동으로 다문화 가족에 대한 편견을 없애고 문화의 다양성을 존중하도록 하고 있습니다.
(2) 안정적인 삶이 힘든 사람들을 위해 국가에서는 사회 보장 제도를 만들어 어려움을 해결해 주려고 노력하고 있습니다.

상	인권 보장을 위해 학교와 국가나 지방 자치 단체에서 어떤 노력을 하는지 잘 알고 있습니다.
중	인권 보장을 위해 학교와 국가나 지방 자치 단체에서 어떤 노력을 하는지 일부만 알고 있습니다.
하	인권 보장을 위해 학교와 국가나 지방 자치 단체에서 어떤 노력을 하는지 알지 못합니다.

2회 탐구 서술형 평가

1 예 친구가 발표할 때 잘 들어 주는 것, 성적이 나보다 낮다고 비아냥거리지 않는 것, 발표할 때 목소리가 작다고 비난하지 않는 것, 상대방의 의견을 끝까지 잘 들어주는 것

2 (1) 방정환

(2) 예 어린이를 업신여겨서는 안 되고, 어른들과 동등한 하나의 인격체로 존중해야 한다고 했다.

3 (1) ① 신문고 제도 ② 격쟁

(2) 예 일반 백성들이 원통하고 억울한 일을 당했을 때 호소하고 해결할 수 있도록 하기 위해서이다.

4 (1) ① 시각 장애인용 점자 안내도 ② 점자 블록

(2) 예 장애인이 안전하고 편리하게 공공시설을 이용할 수 있도록 하기 위해서이다.

풀이

1 다른 친구들도 나와 똑같은 권리를 가지고 있으므로 다른 사람의 권리를 존중하는 태도가 중요합니다.

상	학교생활에서 인권 존중을 실천할 수 있는 방법을 예를 들어 잘 썼습니다.
중	학교생활에서 인권 존중을 실천할 수 있는 방법을 일부만 알맞게 썼습니다.
하	학교생활에서 인권 존중을 실천할 수 있는 방법을 쓰지 못했습니다.

2 (1) 어린이의 인권 신장을 위해 노력했던 방정환이 어린이날을 만들었습니다.

(2) 방정환이 살았던 시기에 어른들은 어린이를 자신들과 동등한 인격체로 존중하지 않았습니다.

상	어린이의 인권 신장을 위해 노력한 방정환에 대해 잘 알고 있습니다.
중	어린이의 인권 신장을 위해 노력한 방정환에 대해 일부만 알고 있습니다.
하	어린이의 인권 신장을 위해 노력한 방정환에 대해 알지 못합니다.

3 (1) (가)는 신문고 제도, (나)는 격쟁을 나타낸 것입니다.

(2) 조선 시대에는 신분이 높은 사람은 상소를 올리거나 나라의 여러 기관에서 자신의 억울함을 말할 수 있었지만 일반 백성들은 원통하고 억울한 일을 당해도 하소연하기 어려웠습니다.

상	인권 신장을 위한 옛날의 제도와 그 제도를 만들고 시행한 까닭을 잘 알고 있습니다.
중	인권 신장을 위한 옛날의 제도는 알지만 그 제도를 만들고 시행한 까닭은 알지 못합니다.
하	인권 신장을 위한 옛날의 제도와 그 제도를 만들고 시행한 까닭에 대해 알지 못합니다.

4 (1) (가)는 시각 장애인용 점자 안내도, (나)는 점자 블록입니다.

(2) 국가와 지방 자치 단체에서는 장애인이 공공시설과 교통수단 등을 안전하고 편리하게 이용할 수 있도록 편의 시설을 설치하고 운영합니다.

상	국가나 지방 자치 단체에서 장애인 공공 편의 시설을 설치하는 까닭에 대해 잘 알고 있습니다.
중	국가나 지방 자치 단체에서 장애인 공공 편의 시설을 설치하는 까닭에 대해 일부만 알고 있습니다.
하	국가나 지방 자치 단체에서 장애인 공공 편의 시설을 설치하는 까닭에 대해 알지 못합니다.

2 법의 의미와 역할

개념을 확인해요

1 법 **2** 제재 **3** 관습 **4** 도덕 **5** 식품 위생법 **6** 권리 **7** 안전 **8** 차별 금지법 **9** 저작권법 **10** 사례 **11** 법 **12** 분쟁 **13** 예방 **14** 안전 **15** 갈등 **16** 재판 **17** 공소 사실 **18** 판사 **19** 검사 **20** 사회 질서

개념을 다져요

1 ① **2** ③, ⑤ **3** ⑤ **4** 「저작권법」 **5** ⑤ **6** 어린이 보호 구역 **7** ② **8** 검사

풀이

1 법은 모든 사람들이 함께 지키기로 약속한 국가의 규칙입니다.

2 법을 어겼을 때는 제재를 받고, 사회의 변화에 맞지 않거나 인권을 침해할 때에는 법을 바꾸거나 다시 만들 수 있습니다.

3 학교와 학교 주변에서 어린이의 건강을 해치는 식품과 불량 식품 등의 판매를 금지하는 법은 「어린이 식생활 안전 관리 특별법」입니다.

4 「저작권법」은 음악이나 영화, 출판물 등 창작물을 만든 사람의 권리를 보호하는 법입니다.

5 법은 개인의 권리를 보장해 주기 위해 재판을 통해 개인 간에 발생한 분쟁을 해결해 줍니다.

6 법은 사회 질서를 유지하기 위해 어린이 보호 구역을 지정해 교통사고를 예방할 수 있게 해 줍니다.

7 사회 질서를 바로잡고, 그 사람이 정말로 죄를 지었는지 확인하며, 법을 어긴 사람에게 자신의 행동에 맞는 책임을 지게 하기 위해서 재판합니다.

8 판사는 재판을 진행하고 법에 따라 판결을 내리는 사람이고, 검사는 법을 위반한 점에 대해 심판을 요청하는 사람입니다.

1회 실력을 쌓아요

88~90쪽

1 ② **2** ①, ⑤ **3** ⑤ **4** 예 우리 일상생활의 많은 부분이 법으로 정해져 있다. **5** 「식품 위생법」 **6** ⑤ **7** ③ **8** ②, ⑤ **9** ④ **10** ⑤ **11** ③ **12** 포스터 **13** 예 내가 위험에 처하지 않는데도 돕지 않는 것은 그 의도가 매우 나쁘므로 마땅히 처벌할 수 있는 법을 만들어야 한다고 생각한다. **14** ⑤ **15** 예 개인의 생명이나 재산을 보호해 주기 위해서이다. **16** 권리 **17** ① **18** 재판 **19** 변호인 **20** ③

풀이

1 법은 국가가 만든 강제성을 가진 규칙입니다.

더 알아볼까요!

법의 의미와 특성
• 국가가 만든 강제성이 있는 규칙입니다.
• 사회 질서를 유지하고 국가에 속한 사람들의 안전을 위해 만들어진 규칙입니다.
• 사람들이 사회생활에서 지켜야 할 행동 기준입니다.

2 법은 사회의 변화에 맞지 않거나 그 내용이 다른 사람의 인권을 침해한다고 판단되는 경우, 바꾸거나 다시 만들 수 있습니다.

3 법을 지키지 않으면 범칙금을 내거나 사회봉사를 하고, 경찰서에 잡혀갈 수도 있으며, 벌을 받게 됩니다.

4 우리가 일상생활에서 행동하는 당연한 일들이 법으로 정해져 있고, 법의 적용을 받고 있습니다.

5 학교 급식은 「식품 위생법」의 적용을 받습니다.

6 「식품 위생법」은 식품이 안전하게 보관되고 유통되도록 하고 식품 영양의 질을 높이며 소비자에게 올바른 식품 정보를 제공해 국민의 건강 증진을 목적으로 하는 법입니다.

7 많은 사람이 모여서 함께 먹는 기숙사, 병원, 사회 복지 시설, 산업체, 공공 기관, 식당 등에 「식품 위생법」을 적용합니다.

8 「장애인 차별 금지법」과 「북한 이탈 주민의 안정적인 정착을 도와주기 위한 법」이 소수자의 인권을 보호하기 위해 만들어진 법에 해당됩니다.

9 우리 생활과 관련된 법은 책이나 신문, 인터넷 등에서 찾아보거나 어른들께 여쭈어 조사할 수 있습니다.

10 우리 생활과 관련된 법을 작은 책으로 만들어 나타낸 것입니다.

11 작은 책은 ③, ⑤, ②, ④, ①의 순서로 만듭니다.

12 제시된 자료는 우리 생활과 관련된 법을 포스터로 나타낸 것입니다.

13 남을 돕는 것은 개인이 선택할 일이기 때문에 법으로 만드는 것은 옳지 않다고 생각할 수도 있습니다.

14 (가), (나), (다) 모두 개인의 자유와 권리를 보장해 주는 법의 역할을 나타낸 것입니다.

15 개인의 생명이나 재산 등을 보호해 주어 안정된 삶을 살 수 있게 해 주기 위해서 법으로 소방관의 구조 활동을 규정하고 있습니다.

16 법을 지키지 않으면 다른 사람들에게 피해를 주거나 사람들 간에 갈등이 발생할 수 있습니다.

17 주차 금지 구역에 불법 주차를 하면 길이 막히고 다른 사람들에게 피해를 주게 됩니다.

18 그 사람이 정말로 죄를 지었는지 확인하고, 사회 질서를 바로잡기 위해서 법을 어긴 사람을 재판합니다.

19 변호인은 피고인을 대신해 권리를 주장하는 사람입니다.

20 법을 지키지 않으면 다른 사람의 권리를 침해하기 때문에 법을 지켜야 합니다.

2회 실력을 쌓아요

91~93쪽

1 ②   2 ②   3 (1) × (2) ○ (3) ×   4 ⑤   5 「식품 위생법」   6 안전   7 ①   8 ⑤   9 출생 신고   10 ⑤   11 ⑩ 자신의 이익만을 생각해 다른 사람이 일한 대가를 제대로 지급하지 않으려고 한다.   12 ②, ③, ④   13 ④, ⑤   14 (라)   15 ⑩ 개인의 생명이나 재산을 보호해 준다.   16 경찰관   17 ④   18 판사   19 ①   20 ⑤

풀이 ▶

1 사람들이 도로 위에서 규칙을 지키지 않으면 도로가 혼란스러워지고 교통사고 위험이 발생할 수 있으며, 자동차들이 운행하는 데 불편을 겪습니다.

2 사회의 구성원들이 양심 등에 비추어 스스로 마땅히 지켜야 할 규범은 도덕입니다.

3 형제끼리 싸우는 것이나 어른을 보고 인사하지 않는 행동은 주위 사람들의 따가운 시선을 받지만 벌을 받지는 않습니다.

4 우리가 일상생활에서 행동하는 당연한 일들이 법으로 정해져 있고 법의 적용을 받고 있지만, 다른 지역을 여행하는 것은 허가를 받지 않고도 자유롭게 할 수 있습니다.

5 「식품 위생법」은 국민의 건강 증진을 목적으로 하는 법입니다.

6 「어린이 놀이 시설 안전 관리법」과 「어린이 식생활 안전 관리 특별법」 등은 어린이를 보호하기 위한 법입니다.

7 「장애인 차별 금지법」은 소수자의 인권을 보호하기 위해 장애인들이 차별받지 않고 일을 할 수 있도록 하는 법입니다.

8 「저작권법」은 음악이나 영화, 출판물 등 창작물을 만든 사람의 저작권을 보호하기 위한 법입니다.

9 아기가 태어나면 출생 신고를 하는 것, 일정한 나이가 되면 학교에 입학하는 것 등은 모두 법으로 정해져 있습니다.

10 이밖에도 사례에 맞게 노랫말을 바꾸어 노래를 부를 수도 있습니다.

11 자신의 이익만을 생각해 다른 사람이 일한 대가를 제대로 지급하지 않는 것은 다른 사람의 권리를 침해하고 사회 질서를 어지럽히는 행동입니다.

12 우리 사회는 개인의 권리를 보장하고 안정된 사회 질서를 유지하고자 법을 만들었습니다.

13 재판을 통해 개인 간에 발생한 분쟁을 해결해 주고, 개인의 생명이나 재산 및 개인 정보를 보호해 주는 것 등이 법이 개인의 권리를 보장해 주는 역할을 하는 사례에 속합니다.

14 환경을 오염시키는 곳은 없는지 단속해 환경 파괴와 오염을 예방해 줍니다.

15 (가)는 소방관이 화재 현장에서 사람들을 구해 주는 모습이므로 개인의 생명이나 재산을 보호해 주는 법의 역할과 관련이 있습니다.

16 (다)는 범죄에서 안전하게 지켜 주는 법의 역할을 나타내고 있습니다.

17 가족회의 진행 문제는 법보다는 가족 간의 대화를 통해 해결하는 것이 좋습니다.

18 ㉠은 재판을 진행하고 법에 따라 판결을 내리는 판사 역할입니다.

19 공소 사실은 재판을 받게 된 범죄 사실을 말합니다.

20 ㉡은 피고인을 대신해서 권리를 주장하고 억울한 부분이 없도록 노력하는 변호인 역할입니다.

1회 단원 서술형 평가

94~95쪽

1 (1) (나)
(2) ⑩ (가)와 같은 행동을 하면 주위 사람들의 따가운 시선을 받지만 벌을 받지는 않고, (나)와 같은 행동을 하면 법을 어긴 것이기 때문에 범칙금을 내거나 사회 봉사를 하고 경찰에 잡혀갈 수도 있다.
2 (1) 「어린이 놀이 시설 안전 관리법」
(2) 음악이나 영화, 출판물 등 창작물을 만든 사람의 저작권을 보호하기 위해서이다.
3 ⑩ 어린이의 교육받을 권리를 보장해 준다.
4 (1) 판사
(2) ⑩ 극장의 관객 수가 크게 줄어 경제적으로 큰 피해를 입었다.
(3) ⑩ 법을 어기는 행동을 했으므로 자신의 행동에 맞는 책임을 지게 하기 위해서이다.

풀이 ▶

1 (1) (가)의 어른을 보고 인사하지 않는 것은 법을 어긴

행동이 아니지만, (나)의 돈을 내지 않고 물건을 가져오는 것은 법을 어긴 행동입니다.

(2) (가)는 양심상 지켜야 하는 관습이나 도덕을 어긴 행동이고, (나)는 누구나 무조건 지켜야 하는 강제성이 있는 법을 어긴 행동입니다.

상	법으로 제재를 받은 행동과 그렇지 않은 행동을 구분하고, 행동을 했을 때 받게 되는 제재에 대해서도 잘 알고 있습니다.
중	법으로 제재를 받은 행동과 그렇지 않은 행동은 구분했지만, 행동을 했을 때 받게 되는 제재에 대해서는 알지 못합니다.
하	법으로 제재를 받은 행동과 그렇지 않은 행동을 구분하지 못했고, 행동을 했을 때 받게 되는 제재에 대해서도 알지 못합니다.

2 (2) 「저작권법」은 저작자의 권리와 이에 인접하는 권리를 보호하고 저작물의 공정한 이용을 도모해 문화와 관련 산업의 향상 발전에 이바지하기 위해 만든 법입니다.

상	우리 생활에 적용되고 있는 다양한 법의 종류와 그 법을 만든 까닭을 잘 알고 있습니다.
중	우리 생활에 적용되고 있는 다양한 법의 종류는 알지만 그 법을 만든 까닭에 대해서는 알지 못합니다.
하	우리 생활에 적용되고 있는 다양한 법의 종류와 그 법을 만든 까닭에 대해 알지 못합니다.

3 어린이의 교육받을 권리를 보장해 주는 법의 역할을 적용한 사례로, 법은 국민들의 생명을 보호해 주고 인간답게 살아갈 수 있게 해 줍니다.

상	생활 주변에서 법이 적용되고 있는 사례를 통해 법이 어떤 역할을 하는지 잘 알고 있습니다.
중	생활 주변에서 법이 적용되고 있는 사례를 통해 법이 어떤 역할을 하는지 일부만 알고 있습니다.
하	생활 주변에서 법이 적용되고 있는 사례를 통해 법이 어떤 역할을 하는지 알지 못합니다.

4 (1) 재판에는 판사, 검사, 변호인, 피고인이 참여합니다.

(2) 누리집 불법 영화 유포로 인해 영화 제작사는 돈을 벌 수 있는 기회를 잃고 막대한 경제적 피해를 입었습니다.

(3) 이밖에도 그 사람이 정말로 죄를 지었는지 확인하고, 사회 질서를 바로잡기 위해서 재판을 합니다.

상	재판에 참여하는 사람과 재판을 하는 까닭에 대해 잘 알고 있습니다.
중	재판에 참여하는 사람은 알지만 재판을 하는 까닭에 대해서는 알지 못합니다.
하	재판에 참여하는 사람과 재판을 하는 까닭에 대해 알지 못합니다.

❸ 헌법과 인권 보장

개념을 확인해요   97~99쪽

1 헌법 **2** 존중 **3** 권리, 의무 **4** 법, 법 **5** 국민 투표 **6** 건강 **7** 주권, 국민 **8** 표현 **9** 헌법 재판소 **10** 개명 **11** 기본권 **12** 평등권 **13** 참정권 **14** 청구권 **15** 공공 **16** 의무 **17** 교육 **18** 나라 **19** 책임 **20** 조화

개념을 다져요   100~101쪽

1 헌법   **2** ①   **3** 국민이 건강하게 살아갈 권리 **4** ㉠   **5** 사회권   **6** ④   **7** 국방의 의무   **8** (1)-㉡ (2)-㉠

풀이

1 헌법은 국민의 자유와 권리를 보장해 국민이 진정한 국가의 주인이 되는 민주주의를 실현하기 위해 만든 법입니다.

더 알아볼까요!

헌법
• 국민의 자유와 권리를 보장하기 위해 만든 법입니다.
• 국민의 인간다운 생활을 보장하기 위해 만들어진 법입니다.

2 헌법은 모든 법 중에 가장 기본이 되고, 헌법을 바탕으로 여러 법이 만들어지기 때문에 '최고의 법' 또는 '법 중의 법'이라고 합니다.

3 헌법에는 국민이 건강하게 살아갈 권리를 보장해 주고 있습니다. 따라서 늦은 시간에 학원 수업을 하지 못하도록 법으로 제한하고 있습니다.

4 법이 개인의 권리를 침해했다고 판단될 경우, 국민 누구나 그에 대한 재판을 요청할 수 있습니다.

5 헌법에서는 우리가 인간답게 살아가기 위해 꼭 필요한 권리를 보장하고 있는데 이를 사회권이라고 합니다.

6 기본권이 침해되었을 때 국가에 어떤 일을 해 달라고 요구할 수 있는 권리인 청구권과 관련 있는 조항입니다.

7 국방의 의무는 나와 가족, 우리 모두의 안전을 위해 나라를 지키는 의무입니다.

8 ㉠은 개인과 나라의 발전을 위해 일을 하면서 근로의 의무를 실천하는 모습이고, ㉡은 환경 보전을 위해 노력하면서 환경 보전의 의무를 다하는 모습입니다.

7 헌법에서는 개인의 인권을 보장하고 있습니다.

8 학생들이 학원을 밤늦게까지 다니면 집에 늦게 돌아 오게 되고 잠자는 시간과 쉴 수 있는 시간이 줄어들 어서 건강이 나빠질 수 있습니다.

9 학원을 밤늦게까지 못하도록 하는 것은 학생들의 권 리와 관계 있습니다.

10 헌법 재판소는 법률이 헌법에 어긋나는지 또는 국가 권력이 국민의 권리를 침해하는지 등을 심판하는 곳 입니다.

11 인터넷 실명제는 인터넷에서 다른 사람의 명예를 훼 손하거나 불법 정보가 게시되는 것을 억제하여 건전 한 인터넷 문화를 조성하기 위한 것입니다.

12 인터넷 실명제가 인터넷 게시판 이용자의 표현의 자 유를 침해한 것이라며 헌법 재판을 요청하였습니다.

13 헌법 재판소는 인터넷 실명제 도입으로 인한 이익보 다 표현의 자유를 제한하여 발생하는 불이익이 더 크 다고 판단하였습니다.

14 자신의 이름에 불만을 갖고 있거나 이름 때문에 심각 한 고통을 겪고 있다면 이름을 바꿀 수 있습니다.

15 헌법으로 보장되는 국민의 기본적인 권리를 기본권 이라고 합니다.

16 (가)는 자유롭게 생각하고 행동할 수 있는 자유권을 나타낸 것입니다.

17 (다)는 기본권이 침해되었을 때 국가에 어떤 일을 해 달라고 요구할 수 있는 권리인 청구권을 행사하는 모 습입니다.

18 헌법에 나타난 국민의 의무는 교육의 의무, 근로의 의무, 납세의 의무, 국방의 의무, 환경 보전의 의무 입니다.

1회 실력을 쌓아요
102~104쪽

1 ③   2 ④   3 헌법   4 ④   5 ⑩ 헌법으로 국민의 자유와 권리가 보장되므로 국민이 헌법의 내용을 잘 살펴보도록 하기 위해서이다.   6 ①   7 ④   8 ④
9 ①   10 헌법 재판소   11 ⑩ 건전한 인터넷 문화 조성   12 ③   13 ⑩ 인터넷 실명제를 도입하여 얻은 이익보다 표현의 자유와 언론의 자유 등을 침해한 불이익이 크다.   14 ①   15 기본권   16 ②   17 ③   18 ④   19 ⑩ 나뿐만 아니라 다른 사람의 기본권을 보장해 줄 수 있는 바탕이 되기 때문이다.   20 ①

풀이

1 7월 17일 제헌절은 우리나라 헌법을 만들어서 국민에게 알린 것을 기념하는 국경일입니다.

2 국민의 자유와 권리, 인간다운 생활, 개인 존중, 행복한 삶을 보장받으면 인간으로서 존엄한 생활을 할 수 있습니다.

3 헌법은 국민의 자유와 권리, 인간다운 생활, 개인 존중, 행복한 삶을 보장하고 있습니다.

4 국가가 함부로 국민의 권리를 침해할 수 없도록 하기 위해서 국민의 권리가 헌법에 담겨 있습니다.

5 헌법은 국가를 운영하는 데 가장 중요하고 기본적인 내용이 담겨 있으므로 헌법의 내용을 새로 정하거나 고칠 때는 국민 투표를 해야 합니다.

6 '국가의 권력은 국민으로부터 나온다.'는 내용은 헌법 제1조에 담겨 있습니다.

더 알아볼까요!

헌법에 제시된 국민의 의무

교육의 의무	모든 국민은 자녀가 잘 성장할 수 있도록 교육을 받게 할 의무가 있음.
납세의 의무	모든 국민은 세금을 내야 할 의무가 있음.
근로의 의무	모든 국민은 개인과 나라의 발전을 위해 일할 의무가 있음.
국방의 의무	모든 국민은 나와 가족, 우리 모두의 안전을 위해 나라를 지킬 의무가 있음.
환경 보전의 의무	모든 국민, 기업, 국가는 환경을 보전하기 위해 노력해야 할 의무가 있음.

19 국민의 의무를 성실하게 실천함으로써 나라를 유지하고 발전시킬 수 있습니다.

20 헌법 재판소, 어린이 헌법 교실, 법무부 누리집, 법무부 블로그, 법사랑 사이버 랜드, 법제처 누리집에서 사례를 찾아볼 수 있습니다.

2회 실력을 쌓아요

105~107쪽

1 ②　　**2** ③　　**3** 국민　　**4** ④　　**5** ①　　**6** 국민 투표
7 ①　　**8** ⑩ 헌법에는 국민이 건강하게 살아갈 권리가 보장되어 있기 때문이다.　　**9** ④, ⑤　　**10** 인권
11 ④　　**12** 표현　　**13** ⓔ, ㉠, ㉡, ㉢, ㉣　　**14** ⑤　　**15** ㉢　　**16** 청구권　　**17** ⑤　　**18** (가), (라)　　**19** ①　　**20** ⑩ 권리와 의무를 조화롭게 실천하기 위해 노력해야 한다.

풀이 ▶

1 우리나라의 헌법을 제정, 공포한 것을 기념하기 위하여 제정한 국경일인 제헌절은 7월 17일입니다.

2 국민의 의무는 누릴 수 있도록 보장하는 권리가 아니라 지켜야 할 책임입니다.

3 대한민국의 주권은 국민에게 있고, 모든 권력은 국민으로부터 나옵니다.

4 우리나라의 헌법에 따르면 모든 국민은 인간으로서의 존엄과 가치를 가지며, 행복을 추구할 권리를 가집니다.

5 헌법에는 입법권, 사법권, 행정권을 만들고 행하는 조직과 운영에 대한 내용이 담겨 있습니다.

> **더 알아볼까요!**
>
> 헌법에 담긴 내용
> • 모든 국민이 존중받고 행복한 생활을 하는 데 필요한 내용이 담겨 있습니다.
> • 대한민국 국민이 누려야 할 권리가 제시되어 있습니다.
> • 대한민국 국민이 지켜야 할 의무가 제시되어 있습니다.
> • 국민의 권리를 보장하기 위해 국가 기관을 조직하고 운영하는 기본 원칙이 제시되어 있습니다.

6 국가의 중요한 일을 국민이 최종적으로 투표해 결정하는 제도를 국민 투표라고 합니다.

7 헌법은 국민이 건강하게 살아갈 권리를 보장하기 때문에 늦은 시간에 학원 수업을 하지 못하도록 법으로 제한하고 있습니다.

8 학원을 늦게까지 못하도록 하는 것은 학생들이 건강하게 자랄 수 있는 권리를 보장하기 위해서입니다.

9 헌법 재판소는 법이 헌법에 어긋나는지, 국가 권력이 국민의 권리를 침해하는지 등을 심판합니다.

10 헌법은 개인의 인권을 확인하고 보장해 줍니다.

11 인터넷 실명제를 도입하면 신분을 확인해야만 인터넷 게시판에 글을 쓸 수 있으므로 자신의 생각을 자유롭게 표현하기 어렵습니다.

12 표현의 자유는 민주주의를 지탱하는 중요한 가치입니다.

13 인터넷 실명제에 대한 토론할 때에는 가장 먼저 찬성과 반대의 입장에서 추구하는 권리를 생각해야 합니다.

14 우리나라는 헌법에 제시된 행복 추구권을 보장하려고 이름을 바꿀만한 충분한 이유가 있는 경우에는 법원에서 개명을 허가해 주고 있습니다.

15 참정권은 국가의 정치 의사 형성 과정에 참여할 수 있는 권리이며, 참정권과 관련 있는 내용은 ㉢입니다.

> **더 알아볼까요!**
>
> 우리의 소중한 기본권
> • 평등권: 법을 공평하게 적용받아 차별받지 않을 권리입니다.
> • 자유권: 자유롭게 생각하고 행동할 수 있는 권리입니다.
> • 참정권: 국가의 정치 형성 과정에 참여할 수 있는 권리입니다.
> • 청구권: 기본권이 침해되었을 때 국가에 어떤 일을 해 달라고 요구할 수 있는 권리입니다.
> • 사회권: 인간답게 살 수 있도록 국가에 요구할 수 있는 권리입니다.

16 ㉣의 내용에서 보장하고 있는 것은 기본권이 침해되었을 때 국가에 어떤 일을 해 달라고 요구할 수 있는 청구권입니다.

17 기본권은 국가의 안전 보장, 공공의 이익, 사회 질서 유지 등을 위해 필요한 경우 법률에 따라 제한될 수 있습니다.

18 교육의 의무, 근로의 의무, 환경 보전의 의무는 국민의 기본권인 동시에 의무입니다.

19 (나)는 모든 국민은 세금을 내야 하는 납세의 의무를 나타낸 것입니다.

20 문제 상황을 합리적으로 판단하고 권리와 의무의 조화를 추구하는 태도가 필요합니다.

1회 탐구 서술형 평가

108~109쪽

1 (1) 통일

(2) 예 ㉠, 대한민국의 주권이 국민에 있음을 명시하여 국민이 나라의 주인임을 알 수 있도록 했기 때문이다.

2 찬성하는 입장 – 예 인터넷에서 다른 사람의 명예를 훼손하거나 불법 정보가 게시되는 것을 억제하여 건전한 인터넷 문화를 조성한다.

반대하는 입장 – 예 민주주의의 중요한 가치인 표현의 자유를 제한하게 된다.

3 (1) (가) 교육의 의무 (나) 근로의 의무 (다) 국방의 의무

(2) 예 의무를 실천하는 일은 나뿐만 아니라 다른 사람의 기본권을 보장해 줄 수 있는 바탕이 되기 때문이다.

4 예 생태 보호 지역으로 지정된 땅에는 적절한 보상이 이루어질 수 있도록 해야 한다.

풀이

1 (1) 헌법에는 대한민국의 통일 정책을 명시하고 있습니다.

(2) 자신이 가장 중요하게 생각하는 헌법 내용을 뽑고, 그 이유에 대해 쓰면서 헌법의 중요성을 깨달을 수 있도록 합니다.

상	헌법에 담긴 내용과 그 헌법 내용이 중요한 까닭에 대해 잘 알고 있습니다.
중	헌법에 담긴 내용과 그 헌법 내용이 중요한 까닭 중 일부만 알고 있습니다.
하	헌법에 담긴 내용과 그 헌법 내용이 중요한 까닭에 대해 알지 못합니다.

2 인터넷 실명제를 찬성하는 입장에서는 다른 사람의 명예를 훼손하거나 불법 정보가 게시되는 것을 억제하여 건전한 인터넷 문화를 조성한다는 것을 강조하고 있으며, 인터넷 실명제를 반대하는 입장에서는 민주주의의 중요한 가치인 표현의 자유를 제한하게 된다는 것을 강조하고 있습니다.

상	신문 기사를 읽고 인터넷 실명제를 찬성하는 측과 반대하는 측의 주장을 잘 정리했습니다.
중	신문 기사를 읽고 인터넷 실명제를 찬성하는 측과 반대하는 측의 주장을 일부만 알맞게 정리했습니다.
하	신문 기사를 읽고 인터넷 실명제를 찬성하는 측과 반대하는 측의 주장을 정리하지 못했습니다.

3 (1) (가)는 자녀가 잘 성장할 수 있도록 교육을 받게 할 '교육의 의무', (나)는 개인과 나라의 발전을 위해 일할 '근로의 의무', (다)는 나와 가족, 우리 모두의 안전을 위해 나라를 지킬 '국방의 의무'입니다.

(2) 의무를 성실하게 실천함으로써 나라를 유지하고 발전시킬 수 있습니다.

상	헌법에 제시된 국민의 의무를 알고 그 의무를 실천하는 일이 중요한 까닭에 대해서도 잘 알고 있습니다.
중	헌법에 제시된 국민의 의무는 알지만 그 의무를 실천하는 일이 중요한 까닭에 대해서는 알지 못합니다.
하	헌법에 제시된 국민의 의무와 그 의무를 실천하는 일이 중요한 까닭에 대해 알지 못합니다.

4 권리와 의무 중 어느 한쪽만 중요하다고 생각하지 말고 권리와 의무를 조화롭게 생각해야 합니다.

상	권리와 의무가 충돌하고 있는 상황을 해결하기 위한 나의 생각을 정리하여 잘 썼습니다.
중	권리와 의무가 충돌하고 있는 상황을 해결하기 위한 나의 생각은 썼지만 정리되지 못했습니다.
하	권리와 의무가 충돌하고 있는 상황을 해결하기 위한 나의 생각을 쓰지 못했습니다.

1회 단원 평가 연습

110~112쪽

1 ② **2** (1) ㉢ (2) ㉢ **3** ④ **4** ④ **5** 사랑 **6** 흑인 **7** 신문고 제도 **8** 예 세밀하게 조사하고 신중하게 결정하여 억울하게 처벌을 받지 않도록 하기 위해서이다. **9** ⑤ **10** ③ **11** 사회 보장 제도 **12** ④ **13** 예 범칙금을 내거나 사회봉사를 하고, 경찰에 잡혀갈 수도 있다. **14** ③ **15** ⑤ **16** 판사 **17** 헌법 **18** ⑤ **19** ②, ③ **20** ②

풀이

1 인권은 모든 사람이 태어날 때부터 평등하게 가지는 기본적인 권리입니다.

2 (1)은 임신, 출산 등으로 직장생활을 잠시 쉬어야 할 때 이를 법적으로 보장하는 모습이고, (2)는 장애인을 위해 장애인 전용 주차 구역을 따로 만든 모습입니다.

3 인권은 모든 사람이 태어날 때부터 평등하게 가지는 것이며, 다른 사람이 힘이나 권력으로 함부로 빼앗을 수 없습니다.

4 방정환은 모든 어린이가 꿈과 희망을 품고 행복하게 자라기를 바라는 마음으로 어린이날을 만들었습니다.

5 테레사 수녀는 빈민가에서 가난한 사람들과 어린 아이들을 사랑으로 돌봤습니다.

6 마틴 루서 킹은 백인과 차별받는 흑인의 인권 신장을 위해 노력했습니다.

7 조선 시대에 백성들은 억울한 일이 있을 때 신문고를 쳐서 임금에게 억울함을 알릴 수 있었습니다.

8 옛날에 세 번까지 재판을 하는 삼복제를 시행했던 것은 생명은 옛날이나 지금이나 소중하기 때문에 억울하게 벌을 받지 않도록 하기 위해서였습니다.

9 생활이 어려운 사람에게 필요한 돈을 주어 이들의 최저 생활을 보장하고 자활을 조성할 목적으로 제정된 법률은 「국민 기초 생활 보장법」입니다.

10 은서는 피부색이 다른 다문화 가정의 아이이기 때문에 외모로 차별을 받고 있습니다.

11 시민들의 힘만으로는 할 수 없는 일도 있기 때문에 국가가 사회 보장 제도를 만들어 시행하고 있습니다.

12 다양한 사회 보장 제도를 시행하는 일은 국가나 지방 자치 단체에서 합니다.

13 법은 국가 기관에서 만든 강제적인 규범이며, 이를 지키지 않았을 때 제재를 받는다는 점에서 관습이나 도덕 등과는 구별됩니다.

14 법은 범죄에서 안전하게 지켜 주는 역할을 합니다.

15 제시된 대본은 실제의 재판을 본떠서 그 역할을 체험을 해 보는 모의재판을 하기 위해 만든 것입니다.

16 재판을 진행하고 법에 따라 판결을 내리는 사람은 판사입니다.

더 알아볼까요!

재판에 참여하는 사람
• 판사: 재판을 진행하고 법에 따라 판결을 내리는 사람
• 피고인: 범죄를 저지른 것으로 의심이 되어 재판을 받는 사람
• 검사: 법을 위반한 점에 대해 심판을 요청하는 사람
• 변호인: 피고인을 대신해 권리를 주장하는 사람

17 헌법은 모든 국민이 존중받고 행복한 삶을 살아가는 데 필요한 내용을 담고 있습니다.

18 인터넷 게임 셧다운제에 대한 토론은 ⑤, ①, ②, ③, ④의 순서로 합니다.

19 ①은 평등권, ④는 참정권, ⑤는 사회권과 관련 있는 내용입니다.

20 환경 보전의 의무는 모든 국민, 기업, 국가는 환경을 보전하기 위해 노력해야 한다는 의무입니다.

2회 단원 평가 [기출] 113~115쪽

1 ④ 2 예 키가 작은 어린이를 위해 낮은 세면대를 설치한다. 3 ④ 4 ㉠, ㉢ 5 ④ 6 테레사 수녀 7 ① 8 ⑤ 9 (1) ○ 10 예 장애가 있는 사람도 인권을 가진 사람이기 때문이다. 11 ②, ③ 12 법 13 ② 14 ④, ⑤ 15 ④ 16 헌법 17 예 건전한 인터넷 문화를 조성하기 위해서이다. 18 ③ 19 국방의 의무 20 ⑤

풀이

1 인권은 모든 사람이 태어날 때부터 평등하게 가지는 것이며, 다른 사람이 힘이나 권력으로 함부로 빼앗을 수 없습니다.

2 키가 작아서 세면대를 이용하기 힘든 어린이를 존중하기 위해 낮은 세면대를 따로 설치한 모습입니다.

3 유엔 권리 협약은 아동을 단순한 보호 대상이 아닌 권리를 가진 인간 존재로 규정하고 있습니다.

4 발표할 때 목소리가 작다고 비난하지 않으며, 성적이 나보다 낮다고 깔보고 비아냥거리지 않는 것이 학교 생활에서 인권을 존중하는 모습입니다.

5 방정환은 모든 어린이가 꿈과 희망을 품고 행복하게 자라기를 바라는 마음으로 어린이날을 만들었습니다.

6 테레사 수녀는 가난하고 아픈 사람들을 위해 평생을 바쳤습니다.

7 억울한 사정을 해결하지 못한 백성들을 위해 대궐 밖에 북을 달아 억울한 일을 호소할 수 있도록 한 것은 신문고 제도입니다.

8 「의료 보호법」은 생활 유지의 능력이 없거나 생활이 어려운 사람에게 의료 보호를 시행해 국민 보건의 향상과 사회 복지를 증진시킬 목적으로 제정된 법입니다.

9 학교에서 신체검사를 할 때 개인정보를 허락 없이 확인하는 모습은 개인 정보 유출로 인해 인권이 침해된 사례에 속합니다.

10 장애가 있는 사람도 인권을 가진 사람이기 때문에 인권을 보장받아야 합니다.

11 학교에서는 다문화 가족에 대한 사회적 차별과 편견을 예방하고 사회 구성원이 문화의 다양성을 인정하며 존중할 수 있도록 다문화 이해 교육을 실시하고 있습니다.

12 법은 국가에 속한 사람들이면 누구나 무조건 지켜야 하는 사회 규범입니다.

13 학교 급식은 많은 사람이 모여서 함께 먹는 것이므로 「식품 위생법」의 적용을 받습니다.

14 ①, ②, ③은 사회 질서 유지와 관련 있는 법의 역할입니다.

15 사람들이 법을 지키면 많은 사람이 다 함께 행복하게 살 수 있습니다.

16 헌법은 법 중에서 가장 기본이 되는 법으로 우리나라 최고의 법입니다.

17 인터넷 실명제를 찬성하는 사람들은 건전한 인터넷 문화를 조성하기 위해서 필요한 제도라고 주장하고 있습니다.

18 투표는 국가의 정치 의사 형성 과정에 참여할 수 있는 참정권과 관련 있습니다.

19 나라를 지키는 국방의 의무를 실천하고 있는 모습입니다.

20 헌법에 나타난 권리와 의무는 서로 긴밀하게 연결되어 있기 때문에 다양한 사람들이 함께 살아가는 사회에서 종종 충돌할 때가 있습니다.

3회 단원 평가 실전

116~118쪽

1 인권 **2** ③ **3** ① **4** ④ **5** 어린이 **6** ④ **7** ②
8 예 백성들이 억울한 일을 당하는 것을 막기 위해서이다. **9** 사생활 침해 **10** ③ **11** ① **12** 예 장애인이 안전하고 편리하게 공공시설을 이용할 수 있도록 하기 위해서이다. **13** 법 **14** 작은 책 **15** ② **16** 예 국민이 헌법의 내용을 잘 살펴보도록 하기 위해서이다. **17** ⑤ **18** 사회권 **19** 제한 **20** ①

풀이

1 (가)~(라)는 모두 생활 속에서 서로의 차이를 인정하고 배려하면서 인권을 존중하는 모습입니다.

2 장애인 전용 주차 구역을 따로 만든 것은 장애인의 인권을 존중하기 위한 것입니다.

3 인권은 모든 사람이 태어날 때부터 평등하게 가지는 것이며, 다른 사람의 힘이나 권력으로 함부로 빼앗을 수 없습니다.

4 허균이 살았던 조선 시대에는 신분 제도가 있었기 때문에 신분에 따라 차별을 받았습니다.

5 제1회 어린이날 선전문 「어른들에게 드리는 글」 중의 일부 내용입니다.

6 민주화 운동에 투신해 대통령까지 된 인물은 넬슨 만델라입니다.

7 격쟁, 상언 제도, 신문고 제도 등은 인권 신장을 위해 만든 제도입니다.

8 고려 시대와 조선 시대에는 사형을 판결할 때 신분과 관계없이 세 차례의 재판을 받도록 하여 백성들이 억울하게 벌을 받는 일이 없도록 했습니다.

9 친한 친구가 나의 수첩을 읽게 된다면 나만의 비밀을 다른 사람이 알게 되기 때문에 기분이 나쁠 것입니다.

10 경제적 생활 수준이 낮은 사람들은 충분한 돈이 없기 때문에 기본적인 의식주를 해결하기 어렵습니다.

11 (나)는 시각 장애인이 안전하게 다닐 수 있도록 건물의 바닥이나 도로에 깐 점자 블록입니다.

12 국가와 지방 자치 단체에서는 장애인이 공공시설과 교통수단 등을 안전하고 편리하게 이용할 수 있도록 편의 시설을 설치하고 운영합니다.

13 관습이나 도덕과 같은 사회 규범은 양심상 지켜야 하지만 법은 누구나 무조건 지켜야 하는 강제성이 있습니다.

14 우리 생활에서 법이 적용된 사례를 작은 책으로 만들어 나타냈습니다.

15 법이 사회 질서를 유지하기 위해 환경을 오염시키는 곳은 없는지 단속을 하는 것은 환경 파괴와 오염을 예방하기 위해서입니다.

16 국민의 자유와 권리가 헌법에 의해 보장되므로 국민이 헌법의 내용을 잘 살펴보도록 하기 위해서 헌법의 내용을 새로 정하거나 고칠 때 국민 투표를 합니다.

17 인터넷 실명제를 반대하는 사람들은 표현의 자유는 민주주의의 중요한 가치이기 때문에 반드시 지켜야 한다고 생각하는 사람들입니다.

18 모든 국민은 능력에 따라 균등하게 교육을 받을 권리

와 건강하고 쾌적한 환경에서 생활할 권리를 사회권에서 보장하고 있습니다.

19 헌법이 보장하는 기본권이라도 국가의 안전 보장, 공공의 이익, 사회 질서 유지 등을 위해 필요한 경우 제한될 수도 있습니다.

20 모든 국민은 개인과 나라의 발전을 위해 일할 의무가 있습니다.

1회 100점 예상문제

122~124쪽

1 ②　2 (1)-② (2)-⑦ (3)-ⓒ (4)-ⓒ　3 ①　4 (2) ○ (3) ○ (4) ○　5 행정 구역　6 ③　7 산지 8 ④　9 ⑤　10 기후　11 (1) 예 남동쪽에서 덥고 습한 바람이 불어온다. (2) 예 북서쪽에서 차갑고 건조한 바람이 불어온다.　12 해안 지역　13 ④　14 ③, ⑤　15 (1) ⑦ (2) ⓒ　16 예 14세 이하 유소년층 인구는 점점 줄어들고 있고, 65세 이상 노년층 인구는 점점 늘어가고 있다.　17 ①, ⑤　18 ④　19 고속 철도　20 ②

풀이

1 우리나라는 아시아 대륙의 동쪽에 위치하고 있습니다.

2 우리나라의 북쪽에는 러시아와 몽골이 위치해 있고, 서쪽에는 중국이, 동쪽에는 일본이 위치해 있습니다.

3 독도는 화산 활동으로 생겨났으며 우리나라는 섬 전체를 천연기념물로 보호하고 있습니다.

4 호서 지방은 금강의 서쪽을 의미하고, 호남 지방은 금강의 남쪽을 의미합니다.

5 행정 구역은 서울특별시, 강원도, 대구광역시와 같이 어느 지역의 명칭을 의미합니다.

6 강원도는 춘천, 경기도는 수원과 의정부, 전라북도는 전주, 경상남도는 창원에 도청이 있습니다.

7 산지는 높은 산들이 모여 있으며 땅의 높이 차이가 크게 나타납니다.

8 지도에서 하천은 파란색으로, 평야 지역은 초록색으로 표시되어 있습니다. 더불어 산지는 갈색으로 표시되어 있습니다.

9 물은 높은 곳에서 낮은 곳으로 흘러가므로 높은 산들이 많은 동쪽과 북쪽에서 땅의 높이가 낮은 서쪽과 남쪽으로 흐릅니다.

10 짧은 기간의 대기 상태를 가리키는 날씨와 다르게 기후는 오래 기간 반복되어 나타나는 대기 상태를 말합니다.

11 우리나라는 계절에 따라 불어오는 바람이 다릅니다.

12 대체로 해안 지역이 내륙 지역보다 겨울에 더 따뜻합니다.

13 울릉도는 겨울에 비나 눈이 많이 내려 강수량이 많은 편입니다. ①은 서울, ②은 중강진, ③은 서귀포의 강수 분포입니다.

14 폭설은 한꺼번에 눈이 많이 내리는 현상이고, 한파는 겨울철에 기온이 갑자기 내려가면서 발생하는 추위를 말합니다.

15 홍수 때에는 해안가나 하천 주변, 계곡 등 휩쓸릴 우려가 있는 곳에는 가지 않아야 하며, 폭염이 발생하면 물을 자주 마시고 오랜 시간 동안 햇볕에 노출되지 않도록 해야 합니다.

16 아이를 적게 낳는 가정이 늘어나면서 새로 태어나는 아기의 수는 점점 줄고, 전체 인구에서 노년층이 차지하는 비율은 계속해서 늘고 있습니다.

17 오늘날 우리나라의 연령별 인구 구성 비율의 변화는 저출산·고령 사회의 특징을 잘 보여 주고 있습니다.

18 농사지을 땅이 넓은 남서쪽의 평야 지역에 사람들이 많이 모여 살았던 때는 1960년대입니다.

19 1980년대에 비해 고속 국도의 수가 증가하였고, 고속 철도 등 새로운 교통 시설이 등장했습니다.

20 교통이 발달하면 원료 운송 시간과 비용이 줄어들면서 산업이 더욱 발전하게 됩니다.

2회 100점 예상문제

125~127쪽

1 ⑦ 북위 ⓒ 동경　2 예 반도이기 때문에 대륙으로도 바다로도 나아가기 쉽다.　3 ⑦ 북쪽 ⓒ 남쪽 ⓒ 서쪽 ② 동쪽　4 휴전선　5 ④, ⑤　6 (1) 강릉, 원주 (2) 경주, 상주 (3) 평양, 안주 (4) 전주, 나주　7 ⑦ 8 ⓒ　9 동해안　10 ②　11 예 남쪽으로 갈수록 기온이 높아지고 북쪽으로 갈수록 기온이 낮아진다.　12 (나)　13 ④　14 태풍　15 ②　16 저출산　17 ② 18 1970년 - 서울, 부산, 대구 / 2020년 - 서울, 부산, 인천, 대구, 대전, 광주, 울산, 수원, 창원, 고양, 용인 19 예 1970년에 비해 2020년에는 우리나라의 도시 수와 도시 인구가 크게 늘어났다.　20 제주

풀이

1 위선은 적도를 기준으로 북극까지를 북위, 남극까지를 남위라고 합니다. 경선은 본초 자오선을 기준으로 동쪽은 동경, 서쪽은 서경이라고 합니다.

2 우리나라는 아시아 대륙과 연결되어 있어 도로나 철도를 이용해 대륙으로 진출하기 유리하고, 삼면이 바다로 열려 있어 해양으로 나아가기에도 좋은 위치에 있습니다.

3 영토가 어디인지에 따라 영해와 영공이 정해지기 때문에 우리 영토의 끝이 어디까지인지 아는 것이 중요합니다.

4 북부 지방은 지금의 북한 지역을 말하고, 중부 지방은 휴전선 남쪽으로 소백산맥과 금강 하류까지를 말합니다.

5 남부 지방은 호남 지방, 영남 지방, 제주 지방으로 구분할 수 있습니다.

6 오늘날의 행정 구역은 조선 시대에 전국을 8개의 도로 나누고, 도의 명칭을 중요한 도시의 이름을 따서 정한 것에서 유래되었습니다.

7 ㉠은 해안, ㉡은 하천, ㉢은 산지, ㉣은 평야입니다.

8 하천 상류에는 다목적 댐을 건설해 홍수를 방지하고 전기를 생산합니다.

9 동해안에는 길게 뻗은 모래사장이 펼쳐진 곳이 많아 여름이 되면 해수욕을 즐기려고 관광객이 몰려듭니다.

10 꽃구경은 날씨가 따뜻하고 경치가 좋은 봄에 주로 볼 수 있습니다.

11 우리나라는 남북으로 길게 뻗어 있어 남쪽과 지방과 북쪽 지방의 기온 차이가 큽니다.

12 제시된 사진은 우리나라의 전통 가옥에서 시원한 여름을 보내려고 만든 대청입니다.

13 비가 많이 내리는 지역에서는 집이 물에 잠기는 것을 막으려고 터돋움집을 지었습니다.

14 태풍이 불면 강한 바람 때문에 나무가 쓰러지거나 뽑히고, 건물의 유리창이 깨지는 피해를 입을 수 있습니다.

15 건물 밖으로 나갈 때에는 승강기(엘리베이터) 대신에 계단을 이용하여 신속하게 이동합니다.

16 아이를 적게 낳기 때문에 초등학교에 입학하는 학생들이 줄어들었습니다.

17 인구가 줄어드는 지역에서는 교육 및 편의 시설 부족과 일손이 부족한 문제가 발생합니다.

18 지도의 범례를 보고 100만 명 이상인 도시를 찾아 정리합니다.

19 원의 개수와 크기 변화를 통해 1970년에 비해 2020년의 도시 수와 도시 인구가 크게 늘어났음을 알 수 있습니다.

20 제주는 다른 지역에서 볼 수 없는 독특한 자연환경을 활용한 관광 산업이 발달했습니다.

3회 100점 예상문제

128~130쪽

1 ② 2 예 친구의 의견을 끝까지 잘 듣는다. 발표할 때 목소리가 작다고 비난하지 않는다. 3 방정환 4 마틴 루서 킹 5 (가) 6 ③ 7 학교 8 ②, ③ 9 (1) ○ (2) × (3) ○ (4) × 10 ① 11 예 개인의 생명과 재산을 보호해 주기 위해서이다. 사회 질서를 유지하기 위해서이다. 12 재판 13 ③ 14 헌법 15 ① 16 행복하게 살아갈 권리(행복 추구권) 17 ③ 18 (1)-㉡ (2)-㉠ (3)-㉣ (4)-㉢ 19 (1) 예 모든 국민은 개인과 나라의 발전을 위해 일할 의무가 있다. (2) 예 모든 국민, 기업, 국가는 환경 보전을 위해 노력해야 할 의무가 있다. 20 ⑤

풀이

1 인권은 모든 사람에게 평등하게 주어지며 다른 사람이 빼앗을 수 없는 권리입니다.

2 이밖에도 친구에게 장난이라도 욕을 하지 않고, 장애인이나 몸이 아픈 학생을 놀리지 않습니다.

3 방정환은 어린이를 업신여겨서는 안 되고 어른과 동등한 하나의 인격체로 존중해야 한다고 주장했습니다.

4 백인과 흑인의 차별이 부당함을 알리기 위해 많은 연설을 했으며, 비폭력적인 방법으로 흑인 차별 반대 운동을 이끌어 승리했습니다.

5 격쟁은 억울한 일을 당한 사람이 임금의 행차 때 징이나 꽹과리 쳐서 임금에게 억울함을 호소했던 제도입니다.

6 사형과 같은 무거운 형벌을 내릴 때는 신분과 관계없이 세 번의 재판을 거치도록 하여 억울하게 벌을 받는 일이 없도록 했습니다.

7 다문화 이해 교육, 친구 사랑 행사, 인성 교육, 인권 계기 교육 등 학교에서는 인권 존중을 위한 다양한 교육이 이루어지고 있습니다.

8 인권을 존중하는 말에는 차이를 인정해 주는 말, 차별하지 않는 말 등이 있습니다.

9 법이 사회의 변화에 맞지 않거나 인권을 침해할 때에는 법을 바꾸거나 다시 만들 수 있습니다.

10 「저작권법」은 음악이나 영화 등 창작물을 만든 사람의 권리를 보호하는 법입니다.

11 이밖에도 범죄를 저지르지 못하게 위해서입니다.

12 법은 개인의 자유와 권리를 보장해 주지만 법을 지키지 않을 때는 재판을 해 타인에게 피해를 준 사람의 권리를 제한하기도 합니다.

13 판사는 재판을 진행하고 법에 따라 판결을 내립니다.

14 헌법은 국민의 자유와 권리를 보장하기 위해 만든 법입니다.

15 헌법을 바탕으로 여러 법이 만들며, 그 법들은 헌법에 어긋나서는 안 됩니다.

16 우리나라는 헌법에 제시된 행복 추구권을 보장하기 위해 이름을 바꿀만한 충분한 이유가 있는 경우에는 법원에서 개명을 허가해 주고 있습니다.

17 개명을 할 때 나쁜 목적이 있거나 비합리적인 경우에는 개명을 허가해 주지 않고 있습니다.

18 이밖에도 청구권은 기본권이 침해되었을 때 국가에 어떤 일을 해달라고 요구할 수 있는 권리입니다.

19 이밖에도 헌법에 나타난 국민의 의무에는 교육의 의무, 납세의 의무, 국방의 의무가 있습니다.

20 권리와 의무가 충돌할 때는 문제 상황을 분석해 합리적으로 판단하고, 권리와 의무를 조화롭게 실천하기 위해 노력해야 합니다.

4회 100점 예상문제

131~133쪽

1 인권(서로의 차이) 2 ④ 3 ④ 4 ② 5 미소 6 예 여자아이의 허락 없이 키, 몸무게, 등의 개인 정보를 확인했기 때문이다. 7 국가(지방 자치 단체) 8 ①, ② 9 ② 10 작은 책 만들기 11 사회 질서 유지-(가), (나) / 개인의 권리 보장-(다), (라) 12 (나) 13 (1) ㉢ (2) ㉡ (3) ㉣ 14 권리 15 국민 16 예 모든 국민은 인간으로서 존엄과 가치를 가지고 있다. 모든 국민은 행복을 추구할 권리를 가지고 있다. 17 국민 투표 18 ⑤ 19 ③ 20 (1)-㉡ (2)-㉢ (3)-㉣ (4)-㉠

풀이

1 제시된 그림은 어린이, 장애인, 몸이 아프고 약한 사람, 임산부, 힘없는 노인 등의 인권을 존중해 주는 모습입니다.

2 몸이 불편하여 이동이 쉽지 않은 장애인을 위해 장애인 전용 주차 구역을 따로 만듭니다.

3 유엔 아동 권리 협약은 아동을 단순한 보호 대상이 아닌 권리를 가진 인간 존재로 규정하고 있습니다.

4 어린이라는 말을 처음 사용한 사람은 방정환입니다.

5 신분이 높은 사람은 상소나 상언 제도를 통해 억울함을 알렸습니다. 또한 삼복제를 통해 무거운 형벌을 내릴 때에는 세 번의 재판을 거치도록 했습니다.

6 제시된 사례는 신체검사를 할 때 개인 정보를 허락 없이 확인하고 퍼트리는 모습입니다.

7 국가와 지방 자치 단체는 국민이 빈곤, 질병, 생활 불안 등에서 벗어나 안정적으로 살 수 있도록 사회 보장 제도를 만들어 시행하고 있습니다.

8 돈을 내지 않고 물건을 가져오는 것, 횡단보도가 아닌 곳에서 길을 건너는 것은 법으로 제재를 받아 범칙금을 내거나 경찰에 잡혀 갈 수도 있습니다.

9 「식품 위생법」은 많은 사람이 모여서 함께 먹는 곳(기숙사, 병원, 식당)이 적용 대상입니다.

10 우리가 학교에 다녀야 하는 것도 법으로 정해져 있다는 사례를 작은 책 만들기를 활용해 표현한 것입니다.

11 우리 생활에서 법은 개인의 재산과 생명을 보호해 주고 사회 질서를 유지하기 위해서 필요합니다.

12 제시된 (나)는 공장의 오폐수를 단속하는 것이므로 환경 파괴와 오염을 예방해 주는 법의 역할과 관련이 있습니다.

13 재판에 참여하는 사람은 판사, 검사, 변호인, 피고인 등입니다.

14 헌법에는 국민의 권리를 보장하기 위해 국가 기관을 조직하고 운영하는 기본 원칙이 제시되어 있습니다.

15 대한민국의 주권이 국민에게 있으며, 국가의 주인이 국민임을 명시하고 있습니다.

16 이밖에도 국가는 국민의 인권을 보장할 의무를 지고 있다는 사실을 알 수 있습니다.

17 국민의 자유와 권리가 헌법에 의해 보장되므로 국가의 주인인 국민이 헌법의 내용을 잘 살펴보도록 하기 위해 국민 투표를 합니다.

18 사회권은 인간답게 살 수 있도록 국가에 요구할 수

있는 권리입니다.

19 어린이 헌법 교실, 국가 법령 정보 센터 누리집을 방문하면 헌법 조항을 검색해 볼 수 있습니다.

20 이밖에도 모든 국민, 기업 국가는 환경 보전을 위해 노력해야 할 환경 보전의 의무가 있습니다.

5회 100점 예상문제
134~136쪽

1 ③ 2 ⓔ 영토에 따라 영해와 영공의 범위가 달라지기 때문이다. 3 ③ 4 (1) 서울특별시 (2) 세종특별자치시 (3) 제주특별자치도 5 ① 6 ④ 7 지구 온난화 8 ⑤ 9 홍수 10 (1) 저출산 (2) 고령화 11 ㉠ 수도권 ㉡ 대도시 12 ⑤ 13 ③ 14 (1) ○ 15 북 16 ①, ② 17 민철 18 ④ 19 (1) 자유권 (2) 평등권 20 근로의 의무

풀이

1 우리나라는 아시아 대륙의 동쪽에 위치하고 있습니다.

2 독도는 수산 자원과 지하자원이 풍부하고 국토 방위에 있어 중요한 장소입니다.

3 철령관을 기준으로 서쪽 지방을 관서, 북쪽 지방을 관북이라고 합니다. 또 철령관 동쪽에 위치한 지방을 관동 지방으로 구분합니다.

4 특별시와 특별자치시에는 시청이 있고, 특별자치도에는 도청이 있습니다.

5 하천 주변으로 넓고 평탄한 땅인 평야가 있습니다. 평야는 농사짓기가 좋아서 사람들이 많이 모여 삽니다.

6 높은 산지에는 사람들이 여가 생활을 즐길 수 있도록 스키장과 휴양 시설을 만듭니다.

7 지구 온난화로 인해 한라봉, 녹차 등의 따뜻한 남쪽 지방에서 자라던 작물의 재배 지역이 북쪽으로 이동하여 생산 범위가 넓어졌습니다.

8 대체로 남쪽으로 갈수록 기온이 높아져 더 따뜻하고, 북쪽으로 갈수록 기온이 낮아져 더 춥습니다.

9 자연재해 조사 보고서에는 이밖에도 피해 사례, 예방 방법과 안전 수칙 등이 들어 가야 합니다.

10 저출산 현상 때문에 초등학교의 학급당 평균 학생 수가 계속 감소하고 있으며, 고령화로 인해 노인 인구가 계속 증가하면서 고령 사회에 접어들었습니다.

11 대도시 지역은 산업이 발달하여 일자리가 많기 때문에 인구가 많습니다.

12 세종특별자치시에는 정부 세종 청사가 있습니다.

13 남녀를 구별하여 축구교실 회원을 모집하는 것은 인권을 존중하는 것이 아니라 인권을 침해하는 것입니다.

14 어린이날을 만든 사람은 방정환이고, 흑인의 인권을 위해 노력한 대표적인 인물은 마틴 루서 킹입니다.

15 조선 시대에 억울한 일을 당한 사람들의 원통함을 해결해 주려고 대궐 바깥에 북을 달아 소원을 알릴 수 있도록 한 제도가 신문고입니다.

16 관습이나 도덕과 같은 사회 규범은 양심상 지켜야 하지만, 법은 무조건 지켜야 하는 강제성이 있습니다.

17 법은 개인의 생명이나 재산 등을 보호해 주어 안정된 삶을 살 수 있게 해 줍니다.

18 헌법을 바탕으로 여러 법들이 만들며, 그 법들은 헌법에 어긋나서는 안 됩니다.

19 자유권은 자유롭게 생각하고 행동할 수 있는 권리이고, 평등권은 법을 공평하게 적용받아 차별받지 않을 권리입니다.

20 근로의 의무는 모든 국민이 개인과 나라의 발전을 위해 일할 의무입니다.

6회 100점 예상문제
137~139쪽

1 ③ 2 ④ 3 ⓔ 한반도의 평화 유지에 중요한 장소이기 때문이다. 생태계가 보존되어 그 가치를 새롭게 인정받고 있기 때문이다. 4 태백산맥 5 ①, ④ 6 ㉠ 한강 ㉡ 태백산맥 ㉢ 낙동강 ㉣ 소백산맥 7 봄 8 ③ 9 폭염 10 ⓔ 14세 이하 유소년층 인구는 더 줄고 65세 이상 노년층 인구는 더 늘어날 것이다. 11 높았다 낮았다 12 ① 13 ㉣ 14 『홍길동전』 15 ③ 16 ③ 17 (1) × (2) × (3) × (4) ○ (5) × (6) ○ 18 ⓔ 인터넷을 이용하는 사람의 이름과 주민 등록 번호를 확인한 후 인터넷 게시판에 글을 쓸 수 있도록 한 제도이다. 19 표현의 자유(또는 언론의 자유) 20 ①

풀이

1 우리나라의 주변에는 중국, 일본, 러시아, 몽골 등의 나라가 위치하고 있습니다.

2 영토는 주권이 미치는 땅의 범위로, 우리나라의 영토는 한반도와 한반도에 속해 있는 섬입니다.

3 비무장 지대는 통일이 되면 남한과 북한 사람들이 제일 먼저 만날 곳이기도 합니다.

4 관동 지방은 높은 태백산맥을 기준으로 동쪽을 영동 지방, 서쪽을 영서 지방으로 구분합니다.

5 높고 험한 산은 대부분 북쪽과 동쪽에 많고, 비교적 낮고 평탄한 평야는 서쪽과 남쪽에 발달했습니다.

6 우리나라의 주요 산맥에는 태백산맥, 소백산맥, 낭림산맥, 함경산맥, 마천령산맥 등이 있고, 주요 하천에는 한강, 금강, 영산강, 낙동강, 대동강 등이 있습니다.

7 우리나라의 봄은 온화하며 여름과 겨울보다 기간이 짧습니다. 봄에는 꽃샘추위가 나타나고 황사가 발생합니다.

8 우리나라는 지역에 따라 강수량의 차이가 큽니다. 대체로 남부 지방은 강수량이 많고, 북부 지방은 강수량이 적습니다.

9 폭염은 하루 최고 기온이 33℃ 이상으로 올라가는 매우 심한 더위입니다. 온열 질환은 열사병, 일사병 등 고온 다습한 환경에서 발생하는 질환입니다.

10 우리나라의 인구 구성 비율을 보면 14세 이하 유소년층 인구는 점점 줄어들고 있고, 65세 이상 노년층 인구는 점점 늘어가고 있습니다.

11 인구 밀도는 일정한 넓이($1km^2$) 안에 거주하는 인구로 인구의 밀집 정도를 나타냅니다.

12 우리나라는 1980년대부터 경기도에 신도시를 건설해 서울의 인구와 기능을 분산시켰습니다.

13 다른 사람도 나와 똑같은 인권이 있으므로 다른 사람의 권리를 존중하는 태도가 중요합니다.

14 허균은 『홍길동전』으로 당시의 신분 제도를 비판하고, 신분이 낮았던 백성들의 처지에서 인권 신장을 위해 노력했습니다.

15 친한 친구라도 개인 수첩을 읽는다면 기분이 나쁠 것입니다. 또한 사생활에 관련된 내용도 있어 사생활 침해에 해당합니다.

16 인권 보호와 관련된 법을 만드는 것은 국가나 지방 자치 단체에서 하는 일입니다.

17 법으로 제제를 받지 않는 행동은 주위 사람들의 따가운 시선을 받지만 벌을 받지는 않습니다.

18 이름을 숨기고 악성 댓글을 달거나 다른 사람의 명예를 훼손하는 거짓 사실을 퍼뜨리는 등의 문제를 막기 위해서 실시한 제도입니다.

19 헌법 재판소는 인터넷 실명제를 도입하여 얻은 이익보다 표현의 자유와 언론의 자유를 침해한 불이익이 더 크다고 생각하여 위헌 판결을 내렸습니다.

20 우리들이 학교에서 공부할 수 있는 것은 교육을 받을 수 있는 권리, 즉 교육의 의무와 관련이 있습니다.

MEMO

전과목

단원평가
총정리

www.kyohak.co.kr

변형 국배판 / 1~6학년 / 학기별

■ 디자인을 참신하게 하여 학습 효율성을 높였습니다.

■ 단원 평가에 완벽하게 대비할 수 있도록 전 범위를 수록
하였습니다.

■ 교과 내용과 관련된 사진 자료 등을 풍부하게 실어 학습에
흥미를 느낄 수 있도록 하였습니다.

■ 수준 높은 서술형 문제를 실었습니다.

사회

정답과 풀이

선생님이 강력 추천하는

개념 PLUS +

단원평가